해외 소싱 마스터

해외 소싱 마스터

SOURCING

이종구 지음

온라인 커머스로 성공한 사람들의 비밀

온라인 커머스 성공은 '잘 파는 것'이 아니라 '잘 사는 것'에 달렸다

사업의 판도를 바꾸는 방법 '해외 소싱'의 모든 것

RADIO BOOK

프롤로그

"해외 소싱으로 성공하는 온라인 커머스, **지금이 기회다**"

단군이래 요즘처럼 개인이 장사해서 돈 벌기 쉬운 때는 없었다

요즘 장사하는 사람들 사이에서 흔히 하는 말입니다. 다소 의아하게 들릴 수도 있지만 생각할수록 맞는 말입니다. 최근 주위를 돌아보면 돈 버는 회사는 별로 없는데 돈 버는 개인사업자는 눈에 띄게 많아졌습니다. 성공한 회사도 사실 그 시작을 보면, 처음부터 어느 정도 갖출 것 다 갖추고 시작한 경우보단 처음엔 아주 작게 시작했다가 장사가 잘 돼 직원을 충원하고 규모가 커진 경우가 대부분입니다. 이전과는 많이 달라진, 주목해야 할 현상입니다.

소자본 개인사업자로 시작하는 것과 처음부터 규모를 갖춘 법인으로 시작하는 것은 완전히 다른 이야기입니다. 사업 아이템은 물론 전략, 전술 모두가 다를 수밖에 없습니다. 사실 여건이 안 돼 그렇지 사업을 시작하는 입장에선 할 수만 있다면 규모 있게 사업을 시작하고 싶겠지요. 판돈이 많아야 돈 벌 가능성이 크다고 이왕이면 많은 자본금과 이것저것 모양새를 다 갖추고 시작하는 게 성공하기 더 유리하다고 생각합니다.

개인사업자에겐 아무리 사업 아이템이 좋아도 일정 규모 이상의 매출과 이익을 얻기 위해선 쉽게 넘기 힘든, 소위 말하는 '진입장벽'이 존재합니다. 잘 알려진 브랜드, 좋은 상권에 위치한 매장, 큰 규모와 시스템을 갖춘 물류센터, 세분화된 조직과 전문 인력, 방대하고 디테일한 시장분석 데이터, 위기관리 노하우, 효율적인 내부 소통을 위한 사내 결재·인사 인트라넷, 오래 쌓인 영업 인맥 등이 바로 이런 진입장벽입니다. 그래서 맨손으로 시작하는 개인사업자에겐 큰 회사와 경쟁해 성공을 거둔다는 것이 마치 계란으로 바위치기처럼 무모하게 여겨질 수밖에 없지요. 규모 있는 법인 기업은 자금력과 오랜 기간 축척된 노하우와 네트워크 등을 바탕으로 이런 진입장벽을 높게 쌓아 잠재 위협 요소가 되는 경쟁력 있는 개인사업자를 방어합니다.

그런데 주목해야 할 점은 오늘날 바로 이런 큰 기업이 만든 진입장벽이 오히려 스스로의 발목을 잡는다는 것입니다. 바꿔 얘기하면 예전엔 개인사업자가 이런 진입장벽에 가로막혀 쉽게 성공하지 못했지만 지금은 이런 거추장스러운 것들이 없어서 성공이 더 수월해졌다는 것입니다.

아이러니한 이야기가 아닐까요? 하지만 이것은 지금 시장 곳곳에서 숱하게 벌어지고 있는 엄연한 현실입니다. 특히 이런 현상은 온라인 커머스 시장에서 가장 드라마틱 하게 일어나고 있습니다.

옛말에 '소 뒷걸음질 치다가 쥐잡는다'라는 말이 있습니다. 최근 몇 년 사이 온라인 커머스 사업을 시작한 분은 이 말이 뭔지를 제대로 경험한 운이 좋은 분입니다. 스스로 제대로 인지하지 못하는 사이에 너무나 많은 시장 환경 변수가 진화하고 변화하면서 이전보다 개인사업자가 온라인으로 장사해 돈 벌기 좋은 시장으로 환경이 변해 버린 것이지요.

무너지고 있는 진입장벽

최근 몇 년 사이 인터넷, 특히 모바일 시장이 엄청나게 커지면서 큰돈이 된다는 것을 뒤늦게 깨닫고 온라인 커머스에 뛰어든 많은 대형 기업은 큰 재미를 보지 못하고 있습니다. 오히려 온라인에서 무리한 가격 할인으로 기존 오프라인 매장, 대리점과의 가격 마찰, 유통사의 무리한 무료배송 요구로 인한 비용 이슈, 이전엔 수면 위로 떠오르지 않았던 소비자 리뷰와 컴플레인 등 여러 가지 예상치 못한 문제로 어려움을 겪고 있습니다. 그래서 이제는 그만 둘 수도, 그렇다고 계속해도 이익이 나지 않는, 말 그대로 이러지도 저러지도 못하는 상황에 처한 경우가 많습니다. 대신 예전엔 듣지도 보지도 못했던 신규 개인 업체가 기존 대형 기업을 대신해 온라인 커머스의 엄청난 강자로 속속 등장하고 성장하고 있습니다.

온라인 커머스가 본격적으로 뜨기 시작한 10여 년 전만 해도 온라인 시장 역시 큰 기업이 대부분 매출을 독식했습니다. 그 이유는 그들의 브랜드 파워와 상품 소싱력 때문이었지요. 그때만 해도 소비자에게 온라인 쇼핑은 오프라인 시장의 대안 정도로만 인식됐기 때문에 오프라인 강자가 당연히 온라인에서도 강자로 군림했습니다. 반면 오프라인 인기 브랜드 상품을 제대로 소싱할 능력이 없던 개인사업자는 큰 매출을 기대하기 어려웠지요. 이들이 대신 구해다 팔 수 있는 상품이란 큰 기업이 팔지 않는 상품, 즉 대중에게 잘 알려지지 않은 상품이었습니다. 그래서 도매시장을 뒤지고, 잘 알려지지 않은 지역 특산물을 찾고, 중소기업이 만든 무명 브랜드 상품을 찾고, 중국산 중저가 아이디어 상품을 찾으러 다녔습니다. 가전제품을 예로 들면 삼성, LG 같은 브랜드 상품은 개인사업자 입장에선 쉽게 구할 수 없으니 대신 이름 없는 중소기업의 헤어드라이어기, 포푸리 제거기, 중국산 휴대용 손 선풍기 등과 같이 비교적 시장에서 손쉽게 소싱할 수 있는 상품을 취급했습니다. 대신 상품 정보 페이지를 열심히 만들고 개인 차원에서 동원할 수 있는 모든 SNS 채널을 이용해 열심히 홍보하고 리뷰를 관리하는 게 할 수 있는 최선이었습니다.

그런데 갑자기 시장 환경이 변화하기 시작했습니다. 국내 경제가 눈에 띄게 나빠지면서 시장이 양극화되고 동시에 저가 시장이 급성장했습니다. 그 결과 명품을 제외한 모든 중고가 브랜드 위상이 쇠퇴하면서 오히려 무명 브랜드에 대한 소비자 거부감이 크게 낮아졌습니다.

온라인 유통 시장에선 '소셜커머스'란 새로운 형태의 쇼핑몰이 등장했습니다. 이들은 대기업 상품을 주로 유통하던 메이저 온라인 유통회사와 경쟁하기 위한 전략으로 비非 브랜드 상품, 중소기업 상품을 인터넷 전용 상품으로 선정해 좋은 자리에 노출해주고 자금도 밀어줬습니다. 네이버 역시 온라인 커머스 사업에 뛰어들어 '스마트스토어'란 오픈마켓을 론칭하고 아예 핵심 전략 차원에서 개인사업자를 지원하고 있습니다. 마케팅 툴 역시 과거엔 큰 자본이 있어야 가능했던 구좌 광고보단 열정과 아이디어만 있으면 상대적으로 높은 효과를 기대할 수 있는 페이스북, 인스타그램, 유튜브 등이 기존 마케팅 채널의 대안으로 급성장했습니다.

각종 인력 아웃소싱 업체가 속속 등장하면서 회사에 전문 직원이 없어도 웹디자인, 상세페이지 작업, SNS 홍보 등을 대행으로 진행할 수 있게 됐고 최근엔 3자 물류 서비스까지 등장하면서 자체 창고가 없어도 상품을 보관하고 소비자에게 배송할 수 있는 여건이 마련됐습니다.

마지막 진입장벽, 상품 소싱력

진입장벽이 하나씩 해체되며 개인사업자에게 유리한 시장 환경으로 변하는 과정에서 큰 기업이 마지막까지 믿고 있던 진입장벽은 '상품력',

바로 '소싱 노하우'였습니다.

아무리 개인사업자가 성공할 수 있는 시장 환경이 조성됐다 해도 정작 파는 상품의 경쟁력, 특히 가격 경쟁력이 없다면 무슨 의미가 있을까요? 만일 상품을 도매 사이트나 시장에서 사다 판다면 아무리 배수를 많이 잡아도 두 배 이상 붙이기 어렵습니다. 그나마 운 좋게 상품이 대박난다 해도 경쟁자 역시 같은 도매시장에서 비슷한 물건을 사다 팔기 때문에 자기들끼리 할인 경쟁을 하게 되고 그 결과 유통업체에 수수료 주고 물류비 주면 사실 남는 게 하나도 없는 경우가 많습니다. 그래서 남들이 없는 상품을 배수를 많이 붙여서 유통할 힘이 있는 대형 기업이 결국은 경쟁에서 승리할 수밖에 없고, 바로 이 소싱력이 개인사업자에겐 넘기 힘든 진입장벽인 것이지요.

그래서 사업에서 성공하기 위해선 '잘 사는 것' 이 가장 중요합니다. 아무리 다른 조건이 과거에 비해 유리하게 변했어도 '잘 사는' 문제를 해결하지 못하면 절대 돈을 벌 수 없습니다. 지금 온라인 커머스에서 큰 성공을 거두고 있는 개인사업자들을 자세히 관찰해 보시기 바랍니다. 방법은 여러 가지지만 결국엔 이 '잘 사는' 진입장벽을 넘었기 때문에 성공한 것입니다.

장사의 기본은 뭘까요? 바로 잘 사서 잘 파는 것입니다. 그런데 개인사업자 입장에선 바로 이 '잘 사는 것'에서부터 대기업의 진입장벽이 너무 높게 느껴지다 보니 '잘 사는 것'에 대해 깊게 고민하기보단 다소 수월해 보이는 '잘 파는 것'에만 집중하는 경향이 있습니다. 어차피 대기업이 팔고 있는 브랜드 상품을 팔 수도 없고 그렇다고 상품을 기획하고 디자인해서 생산하자니 원가가 너무 높아지고, 또 값싼 해외 공장에서 물건을 주문하자니 공장 측에서 요구하는 최소 주문 수량이란 것이 존재해 적은 자본으론 엄두를 내지 못해 자꾸 잘 사는 것에 대한 고민을 피하게 됩니다.

최근 1인 창업 붐이 커지다 보니 관련 내용의 강의나 도서가 많아졌습니다. 하지만 대부분 한결같이 잘 파는 것에 대해서만 이야기하고 있습니다. 그것도 상품의 본질과는 무관한 마케팅, 홍보, 상위 노출같이 단편적이고 단기간의 반짝 성과를 위한 내용이 많습니다.

20여 년간 유통회사를 운영해 온 솔직한 저의 경험을 놓고 말씀드리자면 저는 잘 사는 것이 잘 파는 것보다 몇 배 더 중요하다고 생각합니다. 뻔한 얘기 같지만 정말로 경쟁력 있는 상품은 자기가 알아서 팔려 나갑니다. 잘 파는 기술이 꼭 필요할 때는 이미 잘나가는 상품이 더 많이 팔리게 날개를 달아 줄 때, 그리고 잘 팔리지 않는 상품을 억지로라도 팔리게 만들 때입니다. 좋은 상품은 특별한 기술을 걸지 않아도 결국엔 스스로 팔려 나가기 마련입니다. 즉 둘 다 모두 중요하지만 잘 파는 기술 없이 성공할 수는 있어도 잘 사는 기술 없이는 절대로 성공할 수 없다는 것입니다.

상품을 잘 산다는 의미

그렇다면 과연 개인사업자가 소자본으로 대기업과 경쟁해서 이길 수 있는 상품을 '잘 사는 것'이 가능한 일일까요? 그렇습니다. 현재 시장 환경에선 가능합니다. 제가 이 책을 쓴 동기 중 하나도 바로 이러한 중요한 변화를 알리기 위해서입니다.

먼저 우리는 좋은 상품이란 어떤 것인지, 좋은 상품을 선정하는 기준이 과연 무엇인지를 과거와 다르게 생각해 봐야 합니다.

많은 사람이 현재 시장에서 가장 잘 팔리는 상품을 가장 장사하기 좋은 상품, 경쟁력 있는 상품이라고 생각합니다. 그래야 안전하기 때문이지요. 대신 여기엔 대가가 따릅니다. 현재 잘 팔리는 상품에 대한 정보는 모두에게 오픈돼 있어 이미 시장에서 많은 셀러가 경쟁적으로 팔고 있다고 봐야 합니다. 파는 사람이 많다 보니 시간이 갈수록 당연히 가격은 낮아집니다. 즉 이런 상품으로는 높은 마진을 붙여 팔 수 없습니다. 남는 돈은 적어도 판매량을 늘려서 한번 승부를 걸어 보겠다는 무모한 접근 역시 힘만 들고 결국엔 지쳐서 포기하게 됩니다.

그래서 우선 '잘 팔리는 상품을 살 것인지, 잘 팔릴 상품을 살 것인지'를 심각하게 고민해 봐야 합니다. 만일 현재 잘 팔리는 상품을 따라 파는 것이 아니라 미래에 잘 팔릴 상품을 미리 예측해서 판다면 이야기는 정말 쉽게 풀립니다. 이 경우엔 현재 시장에 없는, 나만 파는 물건이기 때문에 마진을 서너 배 붙일 수 있습니다. 가장 완벽한 시나리오입니다. 대신 문제는 '내가 신도 아닌데 어떻게 미래에 잘 팔릴 물건을 예측할 수 있는가'입니다.

큰 기업은 자본의 힘으로 미래에 잘 팔릴 상품을 예측해서 소싱하는 것이 가능합니다. 최대한 소량 다품종으로 상품을 소싱해 와서 시장에 깔아 놓고 뭐가 잘 팔리는지 관찰합니다. 시간이 어느 정도 지나 매출이 많이 나오는 상품을 파악하면 이후 해당 상품을 공장에 대량으로 재주문합니다. 그런데 상품 구매 단가라는 것은 기본적으로 많이 사면 싸지고 적게 사면 비싸집니다. 우리가 상품을 소싱해서 최소한의 이익을 보려면 일정 수량 이상 주문해서 배수를 어느 정도 붙일 수 있는 저렴한 가격으로 구매해야 합니다. 하지만 소량씩 상품을 주문하면 원가가 올라 남는 이익이 하나도 없게 됩니다. 시간과 자금의 여유가 있는 큰 기업은 구매 단가가 높아져도 시장 테스트를 위해 최대한 다양한 상품을 소량으로 구매합니다. 즉 비싸게 사서 싸게 팔아 손해를 보더라도 미래에 잘 팔릴 만한 상품을 선별하기 위해서 이런 방식을 과감하게 사용하는 것이지요.

자본금이 넉넉하지 못한 개인사업자에게 이런 방법은 시간과 비용이 많이 들기 때문에 따라 할 수 없는 또 하나의 진입장벽이었습니다. 하지만 이 역시 최근 중국의 제조공장 환경이 빠르게 변하면서 급격히 무너지고 있습니다. 전 세계적으로 개인사업자가 크게 늘면서 공장 입장에선 큰 거래처와 거래하면서 적은 마진을 남기는 것보단 수량이 적더라도 높을 마진을 남길 수 있는 개인사업자와 거래하는 것이 장기적으로 더 이익이 된다는 것을 깨닫기 시작했습니다. 그래서 최근엔 아무리 주문을 많이 한다 해도 웬만해서는 독점계약을 주지 않습니다. 최소 주문 수량도 예전보다 점점 낮아지고 있으며 최근엔 아예 재고를 만들어 놓고 최소 주문 수량 없이 상품을 판매하는 공장도 많아지고 있습니다. 아예 여러 공장에서 구매한 상품을 창고에 쌓아 놓고 도도매[1] 판매를 하는 신생 로컬 업체도 생기고 있습니다.

즉 아무리 큰 기업이 수량을 많이 주문해도 독점계약을 주는 공장이 줄고 있고 구조적 · 전략적으로 상품을 적은 수량으로 판매하는 공장, 도매상이 과거에 비해 많아졌습니다. 그 결과 자본이 많지 않은 개인사업자도 큰 기업처럼 상품을 조금씩 사와 시장 반응을 테스트하며 '잘 팔릴 상품'을 예측할 수 있게 됐습니다.

큰 기업이 바뀐 시장 환경에 적응하기 전, 지금이 바로 기회다

과거에 '사업을 잘한다'라는 것은 앞서 설명한 여러 가지 진입장벽을 튼튼하게 쌓고 유지하는 것, 즉 시스템을 잘 만들고 유지하는 일상적인 노력을 열심히 한다는 뜻이었습니다. 하지만 지금은 좋은 브랜드를 만들

1) 도매상들에게 도매하는 행위

고 좋은 장소에 매장을 내고, 물류센터를 잘 운영하고, 온라인에 진출하고 전용 앱을 만들고 SNS 마케팅을 열심히 하는 이런 일상적인 노력이 더 이상 성공을 보장하지 않습니다. 오늘날의 온라인 커머스 환경에선 승자의 원칙이 달라졌습니다. 게임의 룰이 바뀐 것이지요. 결론부터 말씀드리면 바뀐 게임의 성패는 경쟁력 있는 상품과 그 상품을 화제성 있게 만드는 강하고 간단한 메시지, 그리고 메시지의 파급 능력에 달려 있습니다. 즉 자금과 조직의 힘 없이도 개인의 번뜩이는 아이디어와 노력만으로도 충분히 해 볼 만한 게임이 된 것이지요.

예전엔 매출 100억 원을 내기 위해선 상품 가지 수가 최소 천 개는 돼야 했습니다. 하지만 지금은 아닙니다. 들어 보지도 못한 작은 회사가 상품 한두 가지로 100억 원 매출을 만드는 것을 주변에서 흔히 목격할 수 있습니다. 거대한 조직이 하나의 상품을 대박내기 위해 수단과 방법을 가리지 않고 온 가족이 함께 달려드는 개인을 당해 내기 어려운 시대가 온 것입니다.

최근 큰 기업도 바뀐 게임의 룰에 맞게 시장에 적응하려고 여러 시도를 하고 있습니다. 하지만 스스로 만들어 놓은 진입장벽이 너무 거추장스러워 빠르게 변화하는 데 애를 먹고 있습니다. 온라인에 과도한 집중을 하게 되면 기존 오프라인 매출에 타격을 주기 때문에 개인사업자처럼 과감한 결정을 내리기가 쉽지 않습니다. 또 이미 큰 조직에 길들여진 기업문화가 하루아침에 바뀌기도 어렵습니다. 하지만 그들도 이제는 온라인이 대세인 현실을 인지하고 있기 때문에 빠른 의사 결정을 위해 조직을 개편하고 기존의 브랜드를 과감하게 버리고 새로운 브랜드를 론칭하고 있습니다. 오프라인 매장 수를 줄이고 온라인 커머스에 집중하기도 합니다. 아직은 가시적인 성과를 거두는 곳이 눈에 띄지 않지만 시간이 흐르면 어떤 형태로든 변화된 시장 환경에 적응할 것입니다.

그래서 제가 드리고 싶은 말씀은 지금이 바로 온라인으로 상품을 파는 개인 사업을 시작할 적기라는 것입니다. 단 아무리 환경이 개인이 장사하기 유리하게 변했다 해도 예전의 개인사업자처럼 남들도 다 파는 물건을 소위 '떼다 파는 식'으로는 안됩니다. 나만의 경쟁력 있는 상품이 반드시 필요합니다. 그러기 위해선 눈을 해외로 돌려야만 합니다.

저는 1999년에 유통회사를 시작해서 20여 년간 해외에서 상품을 직접 소싱해 해왔습니다. 덕분에 소싱 환경이 지난 20여 년간 어떻게 변해 왔는지 두 눈으로 목격했습니다. 좋은 소싱처가 어디에 숨어 있고 또 그런 업체를 어디서, 어떻게 찾는지, 그들을 어떻게 설득해야 더 좋은 조건으로 상품을 구매할 수 있는지, 소싱에 있어 가장 큰 위험 요소는 무엇인지, 또 최근 이런 고급 정보가 얼마나 많이 일반인에게 오픈됐는지 역시 직접 몸으로 겪었습니다. 물론 아직도 일반인이 쉽게 접근하기 힘든 소싱 관련 고급 정보가 많습니다. 하지만 과거와 비교하면 지금의 소싱 환경은 제 입장에선 허탈하리만큼 개인도 쉽게 접근할 수 있게 변한 것이 사실입니다.

제가 볼 때 앞으로의 온라인 커머스는 경쟁력 있는 수많은 개인사업자가 바글거리는 개미군단 생태계로 변할 것입니다. 그리고 수많은 개인사업자의 성공사례가 넘쳐날 것입니다. 성공한 개인사업자가 시간이 지나 큰 기업으로 성장할 수도 있겠지요. 하지만 이들이 성공을 지속하기 위해선 지금 우리가 보는 전형적인 기업의 모습으로는 경쟁을 버티기 어려울 것입니다. 기업의 규모가 커져도 조직의 운영 형태는 개인사업자의 집합체 모습을 유지해야 할 것입니다. 사실 그건 그때 가서 걱정해도 늦지 않는 행복한 고민입니다. 지금은 일단 개인사업자로서 바뀐 게임의 룰 안에서 승자로 발돋움하는 얘기를 해보기로 합시다.

이 책은 크게 세 파트로 나누어져 있습니다. 첫 번째 파트에선 최근 몇 년간 급속도로 변한 국내 시장 환경에 대한 자세한 설명과 이런 변화된 환경에서 개인이나 소규모 기업이 어떤 전략을 짜야 성공할 수 있는지에 대해 담았습니다. 두 번째 파트에선 앞에서 설명한 전략 중 가장 핵심인 해외 소싱에 대해서 심도 있게 다룹니다. 세 번째 파트에선 실제 꼭 알아야 할 무역박람회와 현지 도매시장을 소개하고 어떤 제품을 어떻게 소싱해야 하는지 그 비밀을 밝힙니다.

단 어떤 상품은 어디 가서 사면 좋다는 식의 단편적인 정보를 나열하기보단 해외 소싱의 근본적인 목적과 각자의 상황에 맞는 소싱처의 종류, 여러 소싱처의 장단점, 그리고 해외 소싱을 잘하기 위해 반드시 알아야 할 여러 정보 등 해외 소싱의 전체적인 원리, 즉 이 바닥이 어떻게 돌아가는지를 전반적으로 이해할 수 있는 내용을 담았습니다.

사실 주어진 업무만 성실하게 하면 되는 신입 MD라면 이렇게까지 포괄적인 큰 그림에 대한 이해가 없어도 됩니다. 하지만 만일 해외 소싱으로 사업을 운영해야 하는 회사의 오너나 중견 MD라면 단순히 어디서, 어떤 물건을 싸게 살 수 있다는 정보 이상에 해외 소싱 원리를 반드시 알아야 합니다. 그래야만 같은 물건이라도 어떤 나라에서 어떤 종류의 소싱처를 통해 어떤 방식으로 소싱해야 할지 판단할 수 있습니다. 또 서로 다른 종류의 소싱처마다 장단점은 무엇인지, 그들이 처한 상황이나 입장이 어떤지를 이해해야 보다 합리적이고 전략적인 협상을 할 수 있습니다. 정보가 많을수록, 즉 대안이 많을수록 협상의 힘이 생기고 빠른 의사 결정을 할 수 있습니다. 배경지식이 충분하지 않은 상태에선 자칫 불리한 조건으로 계약을 하기도 쉽고 또 운 좋게 엄청난 소싱 기회를 만나도 가치를 몰라봐 날릴 수도 있습니다.

한국은 중소기업이나 개인이 해외 소싱을 시작한 지 얼마 되지 않아 이 분야 전문가가 많지 않습니다. 특히 원료나 부품 등이 아닌 일반 소비재는 해외 소싱이 본격적으로 시작된 시점이 불과 20년 전입니다. 바로 제가 해외 소싱 사업을 처음 시작한 시점이기도 합니다. 그러다 보니 일반인은 무역회사에 취직하지 않는 이상 해외 소싱에 대한 제대로 된 정보나 지식을 얻기 힘든 것이 현실입니다. 최근 유튜브 등에서 구할 수 있는 해외 소싱 관련 정보는 특정 상품의 소싱처에 대한 제한된 내용이 대부분입니다. 그런데 문제는 그런 정보를 포스팅하는 사람 대부분이 영세한 개인 업체이다 보니 소싱처의 종류가 알리바바나 타오바오 또는 중국의 도매시장처럼 한정적인 정보에 국한될 수밖에 없다는 데 있습니다. 이런 소싱처는 상품을 소량으로 구매할 수 있다는 장점이 있지만 가격이 워낙 비싸고 상품의 종류가 적습니다. 무엇보다 정보가 일반인 모두에게 오픈돼 있어 누구나 마음만 먹으면 잘 팔리는 상품을 따라 살 수 있습니다. 그래서 소싱처의 역할을 오래 할 수 없다는 단점이 있습니다. 물론 이와 같은 소싱처도 사업 초기에는 그 역할을 할 수 있습니다. 하지만 조금만 사업을 깊게 하다 보면 실제 소싱해야 하는 곳은 결국 원청 공장으로 귀결되게 마련이고 그 공장도 여러 형태가 존재한다는 것을 알게 됩니다. 그래서 어떨 때는 이런 공장에서 주문해야 하고, 다른 때에는 저런 공장에서 주문해야 하는지를 제대로 알아야 합니다. 이런 다양한 소싱처 생태계를 이해해야지만 내가 처한 상황에 맞는 소싱 전략과 올바른 의사결정을 할 수 있습니다.

이런 점에서 저는 이 책이 유통사업을 시작하는 분은 물론 기업의 소싱 업무를 담당하는 직원 모두에게 물고기를 잡는 원리를 알려주는, 해외 소싱의 교과서 역할을 할 수 있기를 기대합니다. 특히 온라인 커머스 사업을 처음 시작하거나 현재 운영하는 분을 위해서 현재 온라인 시장 환경의 변화는 어떤 방향으로 진행되고 있는지, 이 흐름에서 해외 소싱이 어떤 역할을 할 수 있는지에 대한 인사이트를 전달하고자 많은 노력을 했습니다. 부디 이 책이 여러분의 성공적인 온라인 사업전략 수립과 경쟁력 있는 해외 소싱력을 갖추는 데 큰 도움이 되기를 기원합니다.

저자 이종구

CONTENTS

CHAPTER 1

온라인 시장 환경의 변화 '게임의 룰이 바뀌었다'

• • •

게임에서 이기기 위해서는 먼저 룰이 어떻게 바뀌었는지 알아야 합니다. 게임의 룰은 최근 크게 네 가지 분야에서 큰 변화가 생겼습니다. 바로 소비심리, 영업 환경, 경쟁 환경 그리고 소싱 환경입니다.

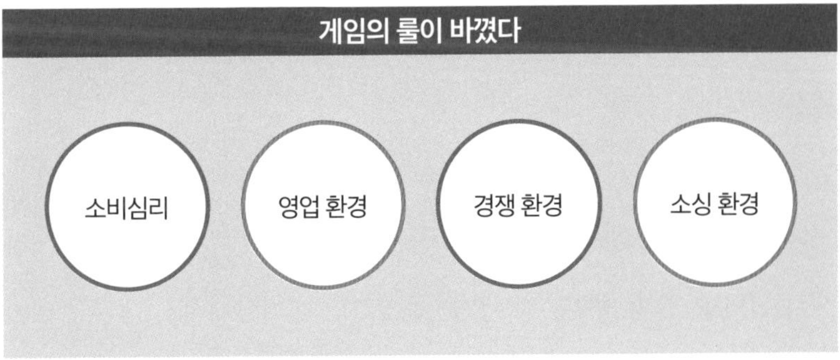

말씀드린 대로 사업의 성패는 상품 소싱력에 달려 있습니다. 하지만

그에 앞서 소비심리, 온라인 영업 환경, 경쟁 환경 변화를 제대로 파악하지 않은 상태에서는 올바른 구매 의사결정을 내릴 수 없습니다. 변화된 환경에 맞는 올바른 전략을 먼저 수립해야, 비로소 그 전략을 실행하기 위한 최적화된 무기, 즉 상품을 구매할 수 있습니다.

저는 지난 20여 년간 유통업계 일을 하면서 절반은 직접 회사를 운영하고 절반은 기업 임원으로 일했습니다. 그 기간 동안 다양한 업무를 맡아 진행했지만 제가 가장 중요하게 여기며 끝까지 챙겼던 업무는 물건을 구매하는 일이었습니다. 웬만한 일은 직원을 시켜서 대신하는 경우가 많았지만 상품을 고르는 일만큼은 반드시 제가 직접 챙겼습니다. 상품 구매 업무가 중요해서기도 하지만 일이 가장 재미있어서 그랬는지도 모릅니다. 20여 년간 제가 직접 구매한 상품 가지 수를 한번 계산해 보니 적어도 30만 개는 넘을 것 같습니다. 그렇게 많은 상품을 구매하면서 수많은 성공과 실패를 경험하다 보니 지금쯤이면 제가 상품만 봐도 잘 팔릴지 안 팔릴지 알 수 있는, 마치 구매의 달인이 됐을 거라 생각하는 분이 많은데 사실은 그렇지 않습니다.

솔직히 말씀드리자면 불과 5,6년 전만 해도 저는 대박 상품을 고르는 남다른 능력이 있었습니다. 생활, 가구, 인테리어, 주방용품 사업을 시작해서 편의점, 슈퍼, 마트, 로드숍을 운영하던 대기업에서 구매담당 임원으로 일했고 또 당시 가장 뜨거웠던 소셜커머스 회사에서 상품본부장으로 일하면서 웬만한 대한민국 대박 상품의 트렌드를 누구보다 가까이 경험했던 저로서는 잘 팔리는 상품을 고르는 일에 대해선 누구보다 자신이 있었습니다. 하지만 지금은 사정이 달라졌습니다. 물론 저보다 구매 경험이 적은 사람보단 성공 확률이 높겠지만 확실히 예전 같지 않습니다. 예전에는 소위 '잘 팔리는 상품의 법칙'이란 게 존재해 이에 따라 상품을 고르면 웬만해선 실패가 없었습니다. 유사 상품의 과거 판매 데이터를 연구하고 샘플을 놓고 소비자 품평회를 거치면 미래 판매를 정교하게 예측할 수 있었습니다. 비슷한 경쟁사 제품보다 더 디자인이 좋고 가격이 싸면 어느 정도 매출이 보장됐습니다. 그런데 시간이 갈수록 점점 예상을 빗나가는 상품이 나오기 시작하더니 이제는 도무지 미래를 종잡을 수 없게 돼버렸습니다. 과거엔 하나도 팔리지 않던 상품이 갑자기 미친 듯이 팔리고 또 어느 순간 매출이 곤두박질치는 등 상품의 라이프 사이클도 과거에 비해 눈에 띄게 짧아졌습니다.

이유는 바로 시장 환경이 예전보다 훨씬 복잡해졌기 때문입니다. 이전엔 상품 선정을 위해 알아야 했던 변수가 한두 가지였다면 지금은 반드시 알아야 할 변수가 훨씬 많아졌습니다. 소비자, 영업 환경, 경쟁 환경, 소싱 환경 측면에서 여러 가지 변수가 복잡하게 얽히고 변화하자 예전처럼 간단하고 논리적인 미래 예측이 불가능하게 됐습니다. 상황이 이렇게 복잡해지면 변화된 상황에 맞게 이럴 수도 저럴 수도 있는 탄력적인 의사결정이 필요합니다. 결과적으로 이런 변화는 누구에게 유리할까요? 소위 얘기하는 '감'이 뛰어나고 발 빠르게 대처할 수 있는 개인사업자입니다. 큰 기업은 항공모함처럼 한번 방향을 틀기 위해선 많은 시간과 비용이 들기 때문에 시시각각 변하는 시장 요구에 발 빠른 대응을 하기가 구조적으로 어렵습니다. 또한 큰 기업은 구조적으로 '감' 만으로는 큰 의사결정을 할 수 없습니다. 탄탄한 논리적인 근거가 있어야 조직을 움직일 수 있습니다. 하지만 논리만으로 변화무쌍한 현재의 시장 환경을 일일이 따라가기는 어렵습니다.

시장 트렌드에 민감한 신규 온라인 유통회사도 이런 변화를 포착하고 기존의 큰 기업보단 순발력 있는 중소 브랜드나 개인사업자를 유치하기 위해 발 빠르게 움직이고 있습니다. 네이버는 1인 사업자를 대상으로 3개월간 수수료를 면제해주는 정책을 시작했고 최근 모바일에서 돌풍을 일으키고 있는 전문 커머스 업체는 자본금이 부족해 상품 대량 구입이 힘든 개인사업자를 위해 서로 동의한 상품에 한해 상품 구입비를 선지급해주기도 합니다.

제가 상품본부장으로 근무했던 소셜커머스 회사 역시 메인 페이지 노출 상품을 기존의 매출 순이 아니라 경쟁사에 없는 특별하고 매력 있는 개인 업체 상품을 노출하도록 전략적으로 지원하고 있습니다. 그러다 보니 유명 브랜드 상품보단 개인사업자나 중소기업 상품이 좋은 자리에 노출되는 경우가 늘어났습니다. 그리고 이런 과감한 시도는 대부분 좋은 결과로 이어지고 있습니다.

도대체 환경이 어떻게 바뀌었길래 과거에는 대기업의 진입장벽에 막혀 제대로 숨도 쉬지 못했던 중소 브랜드, 개인사업자가 이런 약진을 할 수 있게 된 것일까요? 이들의 경쟁력은 과연 어디에서 비롯된 것일까요? 지금부터 차근차근 유통시장 생태계가 어떻게 변했고 또 개인사업자는 이런 변화의 흐름에 맞게 어떤 전략을 수립해야 하는지에 대해 설명하겠습니다.

01

소비심리의 변화
'이름 없는 브랜드가 더 성공하기 쉽다'

신규 사업을 준비하는 분이 가장 먼저 고민하는 게 바로 브랜드입니다. 아무리 좋은 상품을 소싱해도 소비자가 전혀 알지 못하는 신규 브랜드로 론칭하는 점은 부담스럽습니다. 그래서 대중에게 잘 알려진 브랜드를 로열티를 주고 빌려 쓰기도 합니다. 그런데 최근 몇 년간 소비심리 측면에서 브랜드가 차지하는 역할이 급격하게 변했습니다. 결론부터 말하면 명품이 아닌 이상 브랜드는 매출에 있어 더 이상 프리미엄 역할을 하지 못하고 있습니다. 때로는 브랜드가 판매에 오히려 안 좋은 영향을 미치기도 합니다.

지난 수십 년간 브랜드가 매출에 미친 큰 영향력 때문일까요? 아직도 이 명백한 사실을 인정하기 어려워하는 사람이 많습니다. '브랜드의 몰락', '브랜드의 위상 절하' 등으로 부르는 이런 현상은 오프라인보단 온라인에서, 지방보다 도심에서, 중장년층보단 젊은 층에서 더 두드러지게 나타납니다. 이런 현상은 결과적으로 누구에게 이익일까요? 바로 젊은 고객을 대상으로 제대로 된 브랜드 없이 온라인 유통업을 하는 중소업체와 개인사업자입니다.

지금 우리가 입고 있는 옷만 봐도 예전과는 뭔가 많이 달라진 것을 알 수 있습니다. 지금 여러분이 입고 있는 옷에 브랜드 로고가 크게 박혀 있는 아이템이 몇 개나 되나요? 과연 과거에도 그랬을까요? 불과 십 년 전까지만 해도 모든 아이템에는 브랜드 로고가 눈에 띄게 박혀 있었습니다. 겉옷은 물론이고 양말, 속옷까지 브랜드 로고가 있었지요. 로고가 없는 아이템은 시장에서 산 싸구려라는 의미였고 로고 없는 옷을 입는 사람은 상대적으로 나이 들거나 가난한 사람으로 보였습니다. 반대로 입고 있는 옷에 유명 브랜드 로고가 많이 붙으면 붙을수록 더 잘 사는 사람, 더 패셔너블한 사람처럼 보였습니다. 그래서 예전에 소개팅을 나가면 옷차림엔 최대한 유명 브랜드가 붙은 아이템이 많았습니다. 그런데 요즘은 소개팅을 나갔는데 남자가 입은 티셔츠에 샤넬 로고가 크게 박혀 있고, 바지에는 돌체앤가바나 금속 로고가 번쩍거리고, 손목엔 금장 롤렉스, 신발은 구찌로 도배돼 있으면 어떤 사람으로 보일까요? 과연 남자가 매력적으로 보일까요? 반대도 마찬가지입니다. 소개팅에 나온 여자가 온몸을 온통 명품으로 휘감고 있으면 남자에서 과연 좋은 이미지로 비칠까요? 분명 불필요한 의구심을 가지게 될 것입니다. 십 년 전에도 이랬을까요? 아닙니다. 중요한 자리라면 당시 대부분이 당연히 그런 모습으로 앉아 있었을 겁니다. 그 시대에는 옷가지뿐 아니라 우리 생활을 둘러싼 모든 상품이 최소한 어느 정도 알려진 브랜드 상품으로 갖춰져야 '내가 어느 정도 사는 사람이구나', '누가 보더라도 흉잡힐 정도로 보이진 않겠구나'라는 일종의 안도감을 느낄 수 있었습니다. 이왕이면 명품, 명품을 사기 힘들 경우엔 그래도 어느 정도 알려진 브랜드 상품을 구매했습니다. 그래서 이 상품이 소위 메이커냐 아니냐가 구매에 중요한 의사결정 조건 중 하나였습니다.

최근 한 달 동안 여러분이 구매한 물건을 한번 기억해 보시기 바랍니다. 그중에 로고가 눈에 띄게 박혀있는 브랜드 제품이 몇 개나 될까요? 반대로 이전에 알지 못했던 무명 브랜드 상품의 비중은 얼마나 될까요?

제가 GS리테일에 근무했던 10년 전부터 이런 현상이 눈에 띄게 늘어나기 시작했습니다. GS25 편의점에서 매주 상품군별로 매출 순위가 보고되는데 어느 순간 무명 브랜드 상품 매출이 점점 늘어나기 시작했습니다. 그리고 아주 독보적인 상품 몇 가지를 빼고는 상위 매출 리스트에 무명 브랜드 상품이 계속 새롭게 바뀌는 현상이 시작됐습니다. 소비자가 처음 보는 무명 브랜드 상품을 구매하는 것을 꺼리지 않기 시작한 것입니다.

또 한 가지 흥미로운 점은 대기업에서 출시하는 기성 브랜드 역시 패키지에 '남양', '빙그레' 같이 기존에 소비자에게 잘 알려진 브랜드 네임을 작게 쓰고, 대신 '한 입 뚝딱', '딸기가 우유 속에 퐁당'처럼 브랜드인지 카피인지 분간하기 어려운, 처음 보는 이름으로 상품을 출시하는 트렌드가 생기기 시작했습니다. 소비자의 상품 선택 기준이 기존에 알던 브랜드보다 자극적으로 눈에 띄는 카피나 디자인이 더 중요해졌기 때문입니다.

도대체 무슨 변화가 있었던 것일까요? 기존에 알고 있었던 브랜드의 위상, 브랜드의 법칙이 왜 예전과 달라진 것일까요? 이 변화를 이해하려면 우리는 소비자 시장의 모양이 예전과 달리 모래시계처럼 바뀐 것을 알아야 합니다.

◀ 피라미드 모양에서 모래시계 모양으로 변한 소비자 시장 ▶

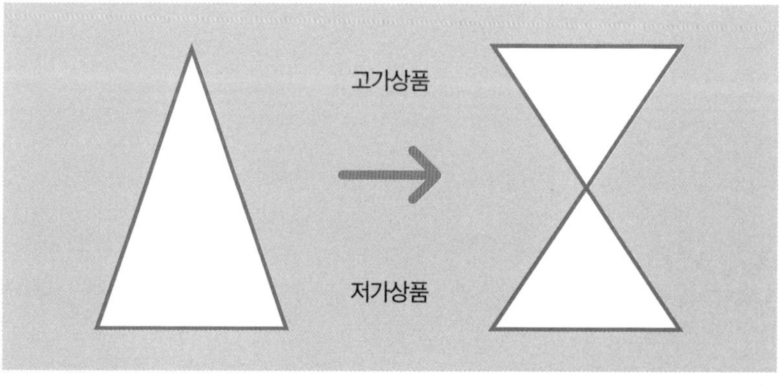

일반적으로 소비자 시장의 모양은 위는 좁고 아래로 갈수록 넓어지

는 삼각형, 즉 피라미드 모양이었습니다. 즉 위쪽 고가 시장 소비는 적고, 아래쪽 저가 시장으로 갈수록 소비량이 많아지는 구조였습니다. 브랜드는 상품군별로 나름 서열이라는 것이 있어서 그 순위대로 피라미드에서 꼭대기는 명품으로 시작해 그 아래로 2등, 3등, 4등 식으로 각자 순서대로 자리를 차지하고 마지막 맨 아래에는 노브랜드 상품이 위치했습니다. 당시엔 고급 백화점은 명품을 포함한 상위 순위 20등까지 판매하고 지방 백화점이나 마트는 브랜드 순위 10등부터 50등까지 상품을 팔고 시장이나 길거리에선 그 아래의 잘 알려지지 않은 브랜드 상품이나 아예 브랜드가 없는 상품을 팔았습니다.

예전엔 이 소비 피라미드 모양이 소비자의 사회적 · 경제적 수준SES : Socio-Economic Status을 표현하는 구매력 SES 모양과 일치했습니다. 사회적 · 경제적 능력이 높은 인구는 상대적으로 적고 사회적 · 경제적 능력이 떨어지는 인구는 아래로 갈수록 점점 많아지는 모양이지요. 즉 각자 자기가 처한 사회적 · 경제적 수준에 맞게 소비해왔다는 뜻입니다. 사회적 · 경제적 순위 상위 1등인 소비자는 1등 브랜드를 사고, 10등 소비자는 10등 브랜드를 사고 아주 하층에 위치한 소비자는 무명 브랜드 상품을 샀다는 말이지요.

그런데 지금은 어떨까요? 상위 1등에 위치한 루이비통 가방을 사는 소비자가 과연 사회적 · 경제적으로 1등에 위치한 소비자뿐일까요? 1인분에 10만 원씩 하는 상위 1% 스시집에 최근 강남에 많이 생겼습니다.

이곳에서 식사를 하는 소비자가 과연 SES 순위 1%에 속하는 사람들뿐일까요? 겉으로만 봐선 판단이 어렵지만 아마도 그렇지 않은 사람도 꽤 많을 겁니다. 최근 이런 상향 소비 현상이 과거에 비해 눈에 띄게 늘어났습니다. 명품 브랜드는 물론 비행기 비즈니스 클래스 티켓, 특급 호텔 숙박, 수입 자동차 등 곳곳에서 흔하게 볼 수 있습니다.

그렇다고 최근 경제 환경이 좋아져서 상위 계층이 늘어났을까요? 아닙니다. SES 모양은 과거와 비교해 변한 것이 없습니다. 여전히 위는 좁고 아래는 넓은 피라미드 모양이지요. 많은 사람이 본인의 경제적 여건과는 무관하게 상향 소비를 하고 있는 것입니다. 이 같은 소비 변화의 원인은 여러 가지가 있겠지만 가장 중요한 변화는 예전보다 개인이 자신의 생활을 보여줄 사람이 늘어났기 때문입니다. 바꿔 말하면 내가 뭘 먹고, 뭘 입고 어떻게 사는지 보고 있는 사람이 늘어났다는 말도 되고 나도 예전보다 다른 사람이 어떻게 살고 있는지 더 자세히 들여다볼 수 있게 됐다는 것입니다. 바로 SNS 때문입니다.

젊은 층일수록 이런 현상이 더 극대화됩니다. 인스타그램과 페이스북, 카카오스토리 등이 생활의 일부가 된 상황에서 상위 소비에 대한 정보를 이전보다 많이 접하고 본인도 모르게 익숙해집니다. 비싼 식당에서 식사를 하고 수입차를 몰고 특급 호텔에서 숙박하는 모습을 아주 흔하게 접하면서 나도 그런 소비를 하지 않으면 받게 되는 상대적인 박탈감이 과거에 비해 훨씬 커졌습니다.

이런 시장 환경에서 가장 큰 피해를 보는 것은 브랜드 등수 10등 안에 들지 못하는 소위 중하위권 브랜드 상품입니다. 과거에 비해 개인의 소비가 남에게 보이는 빈도가 늘어난 상황에서, 경제적 순위가 40등인 개인이 굳이 40등짜리 브랜드 상품을 사서 남들에게 내가 40등짜리라는 정보를 알리고 싶지 않기 때문입니다. 핸드백의 경우, 지금 시점에 굳이 땡처리 행사를 365일 하는 '○○' 브랜드 로고가 크게 박힌 가방을 들고 다니고 싶은 소비자가 얼마나 될까요? 그렇다고 모두가 샤넬이나 루이비통 백을 살 수 없는 상황에서 소비자가 선택한 브랜드는 무엇일까요? 그렇습니다. 오히려 아무 로고도 없는 핸드백이 더 마음이 편합니다. 굳이 내가 40등인 걸 동네방네 알릴 바엔 등수에 대한 정보가 아예 없는 핸드백을 들고 다니는 게 지금의 소비 패턴입니다.

이런 상황에서 소비자에게 희소식이 들려왔습니다. 바로 대형 저가 브랜드가 시장에 대거 등장한 것입니다. 예전엔 저가 브랜드라고 하면 시장에서 파는 싸구려 상품이었는데 이제는 유니클로, H&M, 샤오미, 유통사 PB 상품 등 괜찮은 품질의 초저가 상품이 시장에 마구마구 등장했습니다. 이런 브랜드의 특징은 타깃 소비자가 상하 계층을 모두 망라한다는 점입니다. 부자도 가난한 사람도 상관없이 상품을 구매합니다. 즉 브랜드의 등수를 초월한, 등수가 아예 없는 브랜드란 점입니다. 나의 등수가 남에게 보이는 것이 부담스러웠던 오늘날의 소비자에겐 더할 나위 없는 선택이겠지요.

그래서 이제는 어정쩡한 순위에 있는 브랜드가 설자리를 잃게 된 것입니다. 예전에 백화점 2,3층에 주로 위치했던 국내 여성복 브랜드의 초라한 모습과 현재 무신사처럼 온라인 사이트에서 대박을 치고 있는 브랜드를 한번 보면 이와 같은 시대의 변화를 바로 체감할 수 있습니다.

이런 오픈된 환경에서 무명 브랜드가 시장에 마구 쏟아지고 있고 또 그중 일부는 입소문을 타고 대박을 터뜨리면서 소비자는 일종의 혼돈에 빠지게 됩니다. 일부 명품 브랜드를 제외하고는 소위 브랜드 서열이 무너진 것이지요. 뭐가 좋은 상품이고 뭐가 나쁜 상품인지, 이제는 브랜드만 보고서는 알 수 없는 상황에 놓인 것입니다. 그래서 예전보다 댓글 수, 추천 수, 상품 후기가 구매 의사결정에 차지하는 비중이 높아졌습니다.

이런 상황에서 어정쩡한 이미지가 고착화된 오래된 기성 브랜드는 오히려 피해를 입을 수도 있습니다. 소비자에게 과거에 중하위로 인식된 브랜드는 아무리 쌈빡한 상위 1% 상품을 출시해 봤자 굳어진 기존 브랜드 이미지 때문에 제대로 상품을 어필하기 어려워졌습니다. 이런 경우엔 아예 소비자가 알지 못하는 새로운 브랜드로 상품을 론칭하는 게 훨씬 판매에 유리하지만 회사 입장에선 인지도 있는 기존 브랜드를 버린다는 것이 쉬운 의사결정은 아닙니다.

최근에 소셜커머스 사이트에서 카테고리별로 상위 매출을 기록하고 있는 상품의 브랜드를 한번 체크해 보면 이런 상황을 금방 눈치챌 수 있습니다. 거의 모든 카테고리에서 상위 자리는 예전엔 잘 알지 못했던 브랜드로 채워져 있습니다. 이제 브랜드는 개인사업자 입장에선 진입장벽이 아닙니다. 오히려 새로운 브랜드를 론칭하는 개인사업자에게 상황이 유리해졌습니다

한번 쓰고 버리는 '버츄얼 브랜드Virtual Brand'의 등장

그렇다면 우리는 이런 환경에서 '브랜드'를 어떤 식으로 만들고 운영해야 할까요? 브랜드를 공부할 때 가장 중요하게 강조하는 것이 바로 '브랜드 빌드업Build up', '브랜드 충성심Loyalty'입니다. 브랜딩의 최종 목적은 소비자에게 브랜드 충성심을 얻어내는 것입니다. 그래야 향후 경쟁 브랜드가 등장해도 소비자가 이탈하지 않고 계속 우리 브랜드 상품을 구매한다는 것인데 지금의 시장 환경에선 상당히 회의적인 접근입니다. 지금의 소비자는 상위 5% 명품을 제외하고는 브랜드 충성도라는 개념이 상당히 희박해졌습니다. 매일 새롭게 론칭하는 신박한 신규 브랜드에 대한 만족감을 통해 쌓인 학습효과 덕분에 지금의 소비자는 이미 알고 있는 브랜드보다 오히려 기존에 알지 못했던 새로운 브랜드에 더 큰 기대를 하고 있습니다. 기존에 쓰던 브랜드 상품에 만족하고 있는 소비자라도 전에 알지 못했던 신규 브랜드를 접하면 왠지 모를 기대와 호기심으로 접근합니다. 이제는 '유명 브랜드'라는 단어 자체가 주는 느낌이 과거

에 비해 촌스럽게 들리지 않나요?

그렇다고 브랜드가 이제 더 이상 쓸모없다는 말을 하는 게 아닙니다. 브랜드의 역할이 과거와 달라진 것이지요. 오늘날 브랜드의 역할이란 '아, 이 상품은 내가 아는 브랜드 상품이니까 적어도 엉터리는 아니겠지' 정도의 안심을 주는 보험 역할 정도로 그 위상이 줄었습니다. 기존 매출을 안정적으로 유지하기 위한 목적으로서는 브랜드 역할이 반드시 필요하지만 뭔가 새로운 대박 매출을 터트리기 위해선 때론 기존 소비자에게 알려진 브랜드를 과감하게 버리고 새로운 브랜드를 론칭하는 게 더 유리할 수 있게 된 것입니다.

만일 운 좋게 신규 브랜드로 대박을 냈다면 어떻게 할까요? 누구라도 그 브랜드를 계속 키우고 싶을 것입니다. 해당 브랜드 이름으로 상품군을 늘려서 브랜드 우산 효과를 보려는 것이 일반적입니다. 하지만 지금의 현실은 불행히도 그렇지 않습니다. 과거에 비해 신규 브랜드가 대박나기 쉬워진 탓에, 고객은 또 다른 신규 브랜드를 찾아 금세 떠나버립니다.

물론 영원히 성공하는 브랜드는 없습니다. 한번 뜬 브랜드는 언젠가 지기 마련이지요. 그런데 문제는 최근 들어 그 수명이 엄청나게 짧아졌다는 것입니다. 아무리 성공한 브랜드라 하더라도 그 브랜드를 사용해서 새로운 상품을 출시하거나, 브랜드 충성심을 높이기 위해 굳이 불필요한 투자를 할 필요가 없습니다. 그 시간에 새로운 브랜드를 하나 더 만드는 것이 지금의 시장 상황에선 올바른 선택입니다.

최근엔 이런 변화를 간파하고 전략적으로 실행에 옮기는 회사를 주변에서 흔히 찾아볼 수 있습니다. '블랭크코퍼레이션'이란 회사도 그중 하나입니다. 블랭크코퍼레이션은 먼저 '바디럽'이란 브랜드로 소위 '국민 베개'로 잘 알려진 '마약 베개'를 대히트 시켰습니다. 블랭크코퍼레이션은 이후 여러 가지 상품을 론칭했는데 브랜드 전개 방식이 이전과는 판이하게 다릅니다. 한 브랜드가 성공하면 다음 상품은 히트한 브랜드로 론칭하는 것이 일반적인 것에 비해 이들은 상품별로 서로 다른 브랜드를 사용합니다.

론칭하는 상품도 그 카테고리가 천차만별입니다. 건강식품, 샤워꼭지, 남성 속옷, 이불, 주방용품, 문구, 화장품 등 도대체 무슨 상품을 전문으로 파는 회사인지 종잡을 수 없습니다. 건강 베개란 상품으로 히트를 쳤으면 후속 상품도 건강이든 침구류든, 뭔가 히트친 상품과 유사한 콘셉트에서 카테고리를 넓히는 것이 일반적인데 이들은 그런 개념조차 없이 상품을 론칭시켰습니다. 그리고 내놓는 상품마다 한 회사에서 나온 브랜드라고는 예상하기 어려운 정도로 서로 다른 콘셉트와 인격을 가지고 있습니다.

◀ 블랭크코퍼레이션이 현재 운영하고 있는 버츄얼 브랜드들 ▶

BODYLUV	공백0100	[illegible]
BLACK MONSTER	UNCOATED—247®	A NORMAL SEOUL
arrr	Aloitti	모도리
[illegible]	RBN	Aikaa
elbategev	kinkou	COMMON DAY
Dr.wonder	vivevive	Dr.denti
N.19	MARK	친친상회

이들에겐 브랜드 일관성이나 브랜드 충성도 같은 개념은 더 이상 큰 의미가 없습니다. 상품별로 그 상품이 잘 팔리는 데 도움이 되는 브랜드만 있으면 되는 것입니다. 즉 브랜드란 '상품의 매출에 도움이 되는 유용한 도구' 그 이상 그 이하도 아닌 것이지요. 그리고 지금도 계속 새로운 브랜드로 새로운 상품을 론칭하고 있습니다. 이전에 사용한 브랜드는 매출이 좋으면 일정 기간 유지하고 매출이 떨어지면 바로 버립니다. 이렇듯 브랜드에 대해 아주 쉽게 접근하고 있습니다. 최근 소비자가 브랜드를 대하는 태도를 제대로 이해하고 있는 것이지요.

이런 종류의 브랜드를 저는 '버츄얼 브랜드virtual brand'라고 부릅니다. 필요할 때 빨리 만들어 쓰고 필요 없으면 쉽게 버리는 브랜드입니다. 미국의 '타깃Target'이란 대형마트도 역시 이런 버츄얼 브랜드 전략을 사용하고 있습니다. 유통회사가 PB 브랜드를 론칭할 때 타 회사는 브랜드에 자기 회사 이름을 사용해 브랜드 일관성을 강조합니다. 월마트, 세이프웨이, 테스코, 까르푸 등 잘 알려진 전통적인 유통회사 대부분이 이런 PB 전략을 쓰고 있습니다. 한국의 한 대형마트도 '○○○○ 좋은 상품', '○○○○ 알뜰상품'처럼 '이 상품을 ○○○○ 가 만들었다'라는 점을 브랜드명을 통해 알리려고 합니다. 무명 브랜드로 파는 것보단 아무래도 기존 고객이 알고 있는 회사 이름을 넣는 것이 매출에 더 도움이 된다는 판단 때문이겠지요. 하지만 이런 접근은 오늘날의 소비자 구매심리와는 거리가 멀다고 생각합니다. 반면, 타깃이 론칭하는 PB 상품 브랜드에는 타깃이란 말이 들어가지 않습니다. 각각의 상품군별로 매출에 도움이 될 만한 경쟁력 있어 보이는 브랜드를 달고 상품을 론칭합니다. 그래서 소비자는 타깃의 PB 상품을 보면 이 상품이 새로 론칭한 브랜드 상품인지 타깃의 PB 상품인지 분간하기 어렵습니다.

◀ '타깃'이 운영하고 있는 버츄얼 브랜드 PB 상품 ▶

글로벌 대형 유통회사인 타깃이 이런 과감한 PB 브랜드 전략을 사용하는 것이 옳은지, 그른지에 대해서는 아직도 논란이 있습니다. 하지만 개인사업자 입장에서 신규 상품을 론칭할 때라면 이야기가 달라집니다. 잃을 게 없는, 맨땅에 헤딩하는 신규 사업자라면 꼭 필요한 브랜드 전략이 바로 이 버츄얼 브랜드라고 생각합니다. 버츄얼 브랜드 전략을 취하면 서로 다른 상품 카테고리를 한 브랜드로 묶어야 한다는 불필요한 걱정을 할 필요가 없습니다. 장사만 되다면 어떤 상품이든지 각각의 브랜드를 만들어 팔면 됩니다. 양말을 파는 사람이 소고기를 팔 수도 있는 것이고, 화장품을 팔다가 전자시계를 팔 수도 있습니다.

상품이 두 개면 각기 다른 두 개의 브랜드로, 세 개면 세 개의 서로 다른 인격을 가진 브랜드로 각각의 공간에서 론칭해야 합니다. 중요한 것은 이 서로 다른 상품을 한 공간에 모아서 팔면 자칫 전문성이 떨어져 보일 수 있다는 점입니다. 그래서 마치 상품별로 다른 회사가 운영하는 것처럼 보여야 합니다. 우리는 상품이 많아지면 이들을 한곳에 모아서 사세를 과시하고 거기에 상품을 포괄하는 브랜드를 붙여서 그 브랜드를 유명하게 만들려는 습관이 이미 몸에 배어 있습니다. 소비자는 기업의 사세에는 관심이 없습니다. 소비자가 관심 있는 것은 전문성입니다. 브랜드도 상품의 전문성을 강조하는 데 도움이 되는 역할을 감당하기 위해 디자인되고 운영돼야 합니다.

여러분이 론칭하는 신규 브랜드의 장점은 바로 소비자가 모른다는 것입니다. 모른다는 것이 과거엔 무관심이었지만 지금은 호기심을 자극할 수 있습니다. 여러분이 소비자와 만나는 모든 접점에서의 커뮤니케이션은 최대한 소비자의 호기심을 자극하는 데 초점을 맞춰야 합니다. 기존의 브랜드와는 다른 방식으로 소비자에게 어필해야 합니다. 상세페이지 구성, 설득하는 방식, 톤 앤 매너, 폰트까지 최근에 히트친 새로운 브랜드 방식을 참고해 뭔가 다르게 접근해야 합니다. 그래서 '이 브랜드는 내가 알아두면 좋겠다, 모르고 지나가면 왠지 손해 볼 수 있겠다'라는 생각이 들게 만들어야 합니다. 그리고 그 상품이 잘 팔리는 데 유리하다고 생각하는 브랜드 이름을 찾아 로고를 만들고 마치 그 상품군에서 대박을 치는 상품인 양 가장 전문적인 느낌을 줘야 합니다. 이런 면에서 블랭크코퍼레이션에서 론칭한 브랜드의 상세페이지에서 볼 수 있는 새로운 접근 방식은 최근 온라인 커머스 업계에 종사하는 사람이라면 모두가 교과서처럼 봐야 할 좋은 표본입니다.

만일 상품이 실패하면 기존 브랜드를 과감하게 버리고 완전히 새로운 브랜드로 다시 론칭하면 됩니다. 같은 상품이라도 새로운 로고와 이름으로 기존과는 다른 상세페이지와 톤 앤 매너, 인격으로 마치 다른 회사에서 새로운 상품을 론칭한 것처럼 시장에 진입하십시오. 어차피 크게 히트하지 못한 상품을 기억하는 소비자는 없습니다. 소비자는 늘 새로운 브랜드에 기대하고 있습니다. 기존 브랜드에 대한 미련은 과감히 버려야 합니다.

오프라인 vs 온라인, 승패는 이미 결정됐다

큰 기업이나 사업 구조상 매장을 부득이하게 운영해야 하는 경우를 제외하고는 앞으론 오프라인 매장에 대한 희망을 버려야 합니다. 특히 개인사업자가 지금 상황에서 오프라인 매장을 내는 것은 자살행위라고 생각합니다. 이미 오프라인 매장은 소비자 입장에선 어쩔 수 없는 상황에서만 상품을 구매하는 곳으로 변했습니다. 여기서 어쩔 수 없는 경우란 당장 급하게 상품을 사야 하는 경우나 반드시 직접 보고 경험해 봐야 하는 상품, 즉 위생용품, 화장품, 간식, 기호식품, 급하게 필요한 장보기 식품이나 대형 가구, 대형 가전용품입니다. 하지만 이런 상품군은 이미 대기업이 독식하고 있어 개인이 파고들 여유가 없습니다. 게다가 최근 배송이 점점 빨라지고 온라인에서 구현할 수 있는 여러 기술이 발달하면서 이런 상품마저 오프라인 매출이 빠른 속도로 줄어들고 있습니다. 먼 미래까지 생각할 필요도 없이 오프라인 매장의 불황은 지금 이 순간 모든 유통회사가 겪고 있는 심각한 문제입니다.

제 주변에도 요즘 오프라인 매장 운영으로 이익을 내는 회사를 찾기 어렵습니다. 대부분 매장을 빨리 정리하고 싶은데 계약 기간 내에 매장을 철수하면 위약금과 인테리어비, 원상복구금 등 손해가 너무 커 손해를 덜 보고 매장을 정리하는 방법을 알아보느라 다들 고민이 많습니다. 그나마 사정이 좀 나은 회사는 조금이라도 서둘러 온라인으로 사업의 무게중심을 옮긴 곳인데 이마저도 온라인에서 번 돈을 오프라인 매장에서 발생한 마이너스 메우면 남는 것이 없는 경우가 대부분입니다.

얼마 전만 해도 사세, 즉 그 회사가 얼마나 성장하고 있는지를 파악하는 기준은 매장을 몇 개 가지고 있느냐, 도심 중심가에 매장이 있느냐, 매장과 창고 크기가 얼마나 되느냐였습니다. 사업을 운영할 때 매장 개수가 중요한 이유는 어떤 종류의 사업을 하든 기본적으로 물류센터 운영비, 본사 인건비 등 고정된 '판매관리비'를 매장 수와 관계없이 지출해야 하기 때문입니다. 그래서 가능한 많은 매장을 내서 매출을 많이 끌어올려야만 기존 고정비가 전체 비용에서 차지하는 부분을 줄일 수 있습니다. 또한 매출 볼륨을 키우기 위해선 상품의 가짓수가 많아야 하기 때문에 매장 사이즈도 커지게 됩니다. 그래서 우리가 알만한 대부분의 브랜드가 사업을 처음 론칭할 때 가장 먼저 하는 일이 도심 상권을 시작으로 전국적으로 매장 개수를 늘리는 일이었습니다. 매장 수가 많으면 고정비 비중을 줄일 수 있고 또 브랜드 인지도도 올라가 백화점 같은 수수료 매장 입점 시 남보다 유리한 조건으로 계약을 할 수도 있고 대리점 모집도 수월해집니다.

또, 우리가 낚시를 할 때도 물고기가 많아 보이는 한 곳만 집중 공략하기보단 가능한 한 여러 곳에 그물을 쳐야 의도치 못한 곳에서 대박이 날 가능성이 있는 것처럼 유통업계 경험이 많은 사람일수록 매장을 여기저기에 많이 내야 예상외의 대박 매장이 나올 가능성이 높다고 생각합니다.

유통회사라면 누구나 믿고 따르던 이와 같은 사업 루틴이 급속도로 무너지기 시작한 것이 불과 4,5년 전의 일입니다. 우선 매장에 들어오는 손님의 숫자가 예전에 비해 절반으로 줄었습니다. 유동인구가 많은 상권에 위치해서 입점 고객 수가 예전과 비슷한 수준을 유지하는 매장도 매출이 반 토막 났습니다. 온라인에서 비슷한 상품을 더 싸게 팔아 장사가 안 되나 싶어서 동일한 상품을 매장에서 온라인 가격과 동일하게 팔아 봐도 결과는 같습니다.

제가 운영하는 유명 쇼핑몰에 위치한 한 대형 매장에서 시험 삼아 동일 상품을 온라인 최저가보다 더 싸게 팔아 봤지만 결과는 마찬가지였습니다. 하도 기가 차서 하루는 제가 매장에서 고객이 온라인보다 싸게 파는 상품에 어떻게 반응하는지 옆에서 관찰해 보기도 했습니다. 손님들은 상품 앞에 서서 예상대로 핸드폰을 열고 그 상품의 온라인 최저가를 검색하더니 "와, 매장이 온라인보다 더 싸게 파네?"라며 신기해하더니 정작 구매는 하지 않고 그냥 돌아갔습니다. 이게 현실입니다. 요즘 소비자가 온라인에서 상품을 사는 이유가 가격이 싸다는 것 말고도 뭔가가 더 있는 것이지요. 이미 상품을 온라인에서 사는 것이 습관이 돼 버렸을 수도 있고, 뭔가 온라인에서만 사용 가능한 쿠폰이나 다른 혜택이 있을 수도 있고, 다른 주문 상품과 묶음 배송을 받을 수 있다는 점이 있을 수도 있고, 집까지 힘들게 들고 가지 않아도 된다는 것도 이유일 수 있습니다.

이처럼 온라인에서 소비자에게 제공하는 혜택은 가격 이외에도 복잡하게 얽혀 있어 오프라인 입장에선 하나하나 따라잡기가 불가능합니다. 그냥 현실로 받아들이는 수밖에 없습니다. 이런 현상은 젊은 고객이 많을 상권일수록, 도심지역일수록 더 심합니다. 그래서 그나마 오프라인 매장을 운영하면서 사업을 유지하는 브랜드의 대부분은 50세 이상 고객을 대상으로 지방 상권에서 장사하는 경우입니다.

브랜드 아이덴티티Identity와 인지도 그리고 대세감, 즉 사세를 소비자에게 알리기 위해 중심상권에 어느 정도 규모의 플래그십 매장이 한 개쯤은 꼭 필요하다는 생각도 이젠 시대착오적 발상입니다. 지금은 돈이 없어서 온라인으로 사업을 시작하지만 언젠간 중심가에 내 브랜드 이름의 멋진 매장을 하나쯤 오픈하고 싶다고 생각은 빨리 접어야 합니다.

앞서 설명했듯이 소비자가 브랜드에 기대하는 역할이 달라졌습니다. 과거엔 매장 역할이 소비자에게 '우리는 이렇게 멋진 브랜드야'라는 브랜드 정체성을 알리는 도구였지만 요즘 매장에서 브랜드에 감탄하는 소비자가 얼마나 될까요? 최근 복합 공간이니 콘셉트 매장이니 하면서 인테리어를 휘황찬란하게, 마치 설치미술처럼 멋지게 한 매장 중에 제대로 장사가 되는 곳이 있을까요? 예전에는 매장 조명이 특이하고 '쿵쿵' 음악 소리를 크게 틀어 놓은 의류 편집매장이 큰 인기를 끌었습니다. 상품도 의류뿐 아니라 '토털 라이프스타일숍' 운운하면서 도서, 문구, 생활용품, 가구, 심지어는 음료와 식품까지 팔았습니다. 그런데 지금 그런 콘셉트로 제대로 운영되는 매장이 몇 개나 될까요? 대다수 매장이 문을 닫았든지 아니면 원래의 의류 전문 매장으로 도로 개편했습니다. 음악 볼륨도 '시끄럽다'는 손님 컴플레인에 줄이고 조명도 도로 환하게 하고 쇼핑에 방해되는 복잡한 인테리어도 다 철수했습니다.

요즘 소비자가 좋아하는 매장은 업의 본질에 충실한 느낌을 주는 매장입니다. 지금은 불매 운동으로 기피 브랜드가 됐지만 유니클로가 대표적인 예입니다. 유니클로는 매장을 브랜딩 수단으로 사용하지 않습니다. 오히려 자제합니다. 마치 '우리는 좋은 옷을 싸게 만들어 파는 것 말고는 아무것도 모릅니다'라고 말하는 것처럼 본질적인 부분 이외에는 매장에 아무런 인테리어 장치가 없습니다.

이것이 오늘날 소비자가 브랜드에 바라는 것입니다. 상품력과 가격을 직접 판단할 능력을 갖춘 오늘날의 소비자는 더 이상 브랜드의 유혹에 속지 않습니다. 핸드폰으로 몇 분만 검색하면 상품평, 최저 가격, 유사 상품 등 모든 정보를 파악할 수 있는 소비자는 오히려 자신을 유혹하려고 인테리어에 이런저런 노력을 하는 브랜드의 활동에 불쾌감을 느낍니다. 카페도 장식이 화려한 곳보단 커피 본질의 맛을 깊게 파는 곳이 최근 인기를 얻는 이유도 마찬가지 아닐까요? 겉모습보단 커피를 내리는 기계나 도구, 전문 인력에 돈을 투자하는 모습을 보여야 비로소 소비자 마음을 움직일 수 있습니다.

이제는 소비자의 문화적 수준이 브랜드보다 높아졌다는 점을 인정해야 합니다. 인터넷이 발달하고 개인의 해외여행이 활발해지면서 이미 소비자는 브랜드가 알고 경험한 것보다 훨씬 더 많은 것을 보았습니다. 이런 수준에 이른 소비자에게 브랜드는 감히 더 이상 새롭고 감동적인 것을 보여 줄 게 없다고 봐야 합니다. 소비자가 브랜드에 기대하고 바라는 것은 문화적 감동이나 안도감이 아니라 전문성과 안정성 그리고 가격, 즉 믿음입니다.

지금 온라인에서 연 매출 몇 백 억씩 올리고 있는 소위 '핫'한 개인 브랜드를 보면 변변한 매장 하나 없는 곳이 대부분입니다. 매장이 있어도 변두리에 창고형 매장을 두고 물류센터 겸 사무실 겸해서 쇼룸 형태로만 운영하고 있습니다. 그렇다고 이 회사 상품이 브랜드 아이덴티티나 인지도가 다른 경쟁 브랜드에 비해 약하지 않습니다. 오히려 엄청난 열성 팬을 가진 경우가 더 많습니다. 이런 회사일수록 매장에 들어가는 비용 대신 딜Deal 콘텐츠 제작이나 SNS 홍보에 비용을 더 써서 오히려 매장 방문 고객보다 몇 백배 많은 소비자에게 브랜드를 알리고 있습니다. 그래서 온라인으로 성공하는 회사는 모두 매장보다 딜 콘텐츠에 승부를 거는 것입니다.

오프라인에선 매장을 보면 이 회사가 대기업인지 소기업인지를 한 번에 알 수 있습니다. 우선 매장이 위치한 장소나 크기를 보면 알 수 있고 매장 내 인테리어나 집기, POP, 상품 연출 방식을 보면 바로 파악이 가능합니다. 이 회사가 믿을 만한 곳인지 아닌지는 매장을 방문해 보면 누구라도 알 수 있습니다. 하지만 장소를 온라인으로 옮겨 놓으면 이야기는 달라집니다. 이제 싸움은 완전한 제로베이스에서 시작됩니다. 아무리 대기업 상품이라도 온라인 쇼핑이란 전쟁터에선 1인 기업 상품과 같은 사이즈의 화면, 딜 콘텐츠 공간에서 싸워야 합니다. 차이라고는 브랜드 인지도밖에 없는데 새로운 브랜드에 대한 소비자 개방성이 높아진 지금은 그마저도 예전처럼 구매에 큰 영향을 주지 않습니다. 오프라인 싸움터에서 소비자에게 대기업처럼 보이기 위해서는 수백억의 비용이 들지만 온라인에서는 수십만 원으로 가능합니다. 오프라인에서는 수십, 수백 명의 재능 있는 인력이 있어야 가능했던 일이 온라인에서는 재능 있는 한두 명만 있으면 가능해졌습니다.

딜 콘텐츠에서 가장 중요한 것은 바로 상품 사진, 상품설명 기획력, 그리고 사용 후기입니다. 소비자는 이것을 통해 소위 '대세감', 즉 대기업스러운지 아니면 이름 없는 구멍가게스러운지 파악합니다. 이것들 외에는 여러분이 특별히 통제할 수 있는 변수가 없습니다. 사진을 구멍가게처럼 찍는 것과 대기업처럼 찍는데 들어가는 비용의 차이는 그 효과를 고려할 때 그렇게 크지 않습니다. 그래서 사진 찍는 비용에 과감하게 투자할 필요가 있습니다. 나머지 상품 설명과 사용 후기 같은 것은 특별히 돈이 들어가는 항목이 아닙니다. 이것들은 얼마나 시간과 정성을 쏟느냐의 싸움입니다. 대기업이라고 특별한 방법이 있는 것이 아니기 때문에 여러분의 의지에 따라 충분히 이길 수 있고 개인사업자일수록 오히려 더 유리할 수 있는 항목입니다. 큰 기업에서 일하는 월급쟁이 직원은 아무리 실력이 있어도 죽자고 달려드는 개인사업자의 노력과 정성을 절대로 이길 수 없습니다.

큰 기업은 워낙 상품 가짓수가 많아 한번 딜 콘텐츠를 만들면 향후 수정하는 경우가 거의 없습니다. 계속 새로운 상품이 입고되면 촬영팀, 콘텐츠 제작팀이 미리 짜 놓은 스케줄대로 일을 쳐내야 하기 때문에 이미 만들어 놓은 상품의 콘텐츠가 반응이 안 좋다고 해도 다시 손댈 엄두를 내지 못합니다. 이런 상황에서 직원이 일일이 알아서 수정한다는 것은 기대하기 어려운 일입니다. 하지만 개인사업자는 그렇지 않습니다. 이들은 팔릴 때까지 계속 딜 콘텐츠를 수정합니다. 사진을 수정하고 헤드 카피도 바꾸고 옵션 순서도 바꾸고 폰트도 바꿉니다. 본인 기업인 만큼 온 가족이 목숨을 걸고 달려듭니다. 좋지 않은 상품평이라도 하나 달리면 어떻게든 작성자에게 연락해 상품평을 내리게 만듭니다. 안 되면 협박을 해서라도 되게 만듭니다. 경쟁사 딜 콘텐츠에 악평을 달기도 하지요. 조금이라도 경쟁사가 잘못한 부분이 있으면 해당 구청에 민원을 넣기도 합니다. 이렇게 죽자 살자 달려드는 사람을 기업이 어떻게 당할 수 있을까요? 유일한 방법은 더 싼 가격으로 누르는 수밖에 없는데 기업 입장에선 그만큼 손해가 발생합니다. 그래서 지금 온라인 전쟁에서는 마음먹고 달려드는 개인이 승자가 될 수밖에 없는 것입니다.

02

개인에게 유리해진 **온라인 영업 환경의 변화**

창고비 부담 낮춰주는 개인사업자 대상 3자 물류3PL의 등장

모든 사업에는 고정비와 변동비가 있습니다. 매출이 얼마 나오든지 상관없이 매월 고정적으로 들어가는 비용들, 예를 들면 창고와 사무실 임대료, 직원 인건비, 장비 구매 비용 혹은 렌털비, 대출 이자 등을 고정비라고 부릅니다. 이와 반대로 매출이 많이 나오면 많이 나가고 매출이 안 나오면 덜 나가는 비용, 즉 매출과 연동돼 지출되는 비용을 변동비라고 부릅니다. 같은 인건비라도 정규직을 채용하면 매출이 안 나와도 바로 해고할 수 없기 때문에 고정비로 잡히는 것이고 외주 직원을 채용하면 매출이 많으면 많이 쓰고 매출이 적으면 바로 직원 수를 줄 일 수 있기 때문에 변동비로 잡히게 됩니다.

당연히 개인사업자 입장에선 변동비보다 고정비 비중을 낮춰야 사업을 보다 안정적으로 운영할 수 있습니다. 매장 없이 온라인으로만 사업을 시작하는 경우, 아무리 작은 규모로 사업을 시작하더라도 초기에 어쩔 수 없이 들어가는 돈이 있습니다. 우선 창고가 있어야 하고 창고를 관리할 직원이 필요합니다. 사무실도 있어야 합니다. 사무실 보증금에 월세, 사무가구, 컴퓨터, 냉난방시설, 인터넷 설치비 등 이것저것 돈이 들어갈 곳이 많이 생깁니다. 거기에다 매출이 늘기 시작하면 일손이 모자라 정직원을 하나둘 채용하기 시작합니다. 촬영 업무가 늘어나면 각종 장비도 추가 구매해야 하고 스튜디오도 따로 만들어야 합니다. 이렇게 어느 순간 고정비 비율이 높아집니다. 올라간 매출이 계속 유지되면 문제없겠지만 잠시라도 매출이 떨어지는 순간이 오면 이미 상승한 고정비는 바로 금전적 손해로 이어집니다. 이런 상황이 닥치면 대부분 상품을 더 많이 구매해서 상승된 고정비를 커버할 수 있는 수준으로 매출을 끌어올리려고 하지만 만에 하나 예상과 다르게 매출이 원하는 만큼 오르지 않으면 늘어난 재고 때문에 더 큰 손해를 입게 됩니다. 온라인으로 창업한 회사가 아주 흔하게 겪는 패턴입니다. 자본금이 넉넉한 상태에서 창업한 경우라면 이런 위기를 버틸 수 있지만 대부분의 온라인 사업자는 상품 구매도 빠듯한 자금으로 사업을 시작하기 때문에 이런 예상치 못한 상황을 버티기가 쉽지 않습니다.

그런데 지난 4,5년 사이에 고정비를 구조적으로 절감할 수 있는 새로운 형태의 사업모델이 등장했습니다. 그중 하나가 바로 '3자 물류3PL'입니다. 과거에는 이 물류창고라는 것이 사업을 시작할 때 가장 골치 아픈 문제였습니다. 우선 직원 구하는 게 쉽지 않습니다. 창고 대부분이 도시 외곽에 위치해 근처에 사는 젊은 사람도 없고 요즘 힘쓰는 젊은 직원은 도무지 물류 일을 하려고 들지 않습니다. 힘들게 뽑아도 워낙 직원이 귀하다 보니 근처 물류센터에서 돈을 더 주면 바로 떠납니다. 요즘은 배송이 며칠만 지연돼도 쇼핑 플랫폼이 페널티를 먹이기 때문에 어떤 식으로든 지정된 날짜 안에 배송을 완료해야 합니다. 그래서 만일 물류 직원이 펑크 나면 비싼 비용으로 일용직 아르바이트를 써야 하거나 기존 직원에게 몇 배의 야근 수당을 주면서 일을 마쳐야 합니다. 그렇지 않아도 최저임금, 시간외 수당이 오른 지금 이렇게 예상치 못하게 나가는 인건비가 절대로 만만치 않습니다. 그래서 제 주변에서 온라인 사업하는 사장님을 보면 물류 직원 펑크가 자주 나다 보니 본인이 직접 창고에서 박스 까고 물건 나르는 분이 많습니다.

또 작은 규모로 시작한 온라인 사업의 매출이라는 것이 큰 기업처럼 늘 안정적으로 예측 가능한 것이 아니어서 올랐다 내렸다 종잡을 수가 없습니다. 다행인지 불행인지 어느 날 갑자기 매출 대박이 터지면 지정된 기간에 배송을 처리하기 위해 많은 수의 직원이 필요하게 됩니다. 그래서 직원을 늘리는데 이렇게 되면 매출이 떨어지는 날엔 일이 없어서 다들 낮잠이나 자는 일이 발생합니다. 돈이 새고 있는 것이지요. 이런 널뛰기 매출 때문에 창고 규모도 좁은 것보단 넓은 것이 좋다고 어쩔 수 없이 평균 물동량보다 큰 평수의 창고를 얻어야 합니다.

운이 좋게 지속적으로 매출이 늘어나는 경우에도 창고 이슈는 계속 있습니다. 계속 더 큰 평수의 창고를 찾아 이사를 가야 하기 때문입니다. 오프라인 창고라는 게 그냥 빈 공간만 있으면 되는 게 아니라 공간을 효율적으로 운영하기 위해 그 안에 앵글을 설치해야 합니다. 그래서 매번 창고를 이전할 때마다 비용이 만만치 않게 듭니다. 상품을 빼내서 운반하고 재적재하는 것도 전부 돈입니다. 그래서 온라인 장사하면 결국 창고 때문에 돈을 못 번다는 얘기가 있는 것입니다.

사실 현실적으로 가장 심각한 문제는 내부 도둑입니다. 더더욱 물류센터가 사무실과 분리된 회사라면 반드시 발생하는 문제입니다. 재고 조사도 다 비용입니다. 아무리 CCTV와 세콤을 설치해두 마음먹고 훔치는 내부 도둑을 잡기가 정말 힘듭니다. 게다가 내부 도둑은 일반 도둑과는 달리 그 훔쳐 가는 스케일이 너무나 큽니다.

그래서 전 이전부터 늘 3PL 서비스를 찾았지만 쉽지 않았습니다. 그나마 몇 군데 찾은 곳은 모두 대기업만을 대상으로 영업해 월 택배 건수가 일정 수준을 넘지 못하면 물류센터에서 요구하는 최소 비용을 맞추기 어려워 이용이 불가능했습니다. 3PL 업체는 위탁업체를 대신해 창고를 얻고 직원을 쓰기 때문에 월 고정비가 존재하게 되고 이 고정비를 커버

하기 위해선 안정적으로 많은 물동량을 확보해야만 합니다. 그래서 대기업만을 대상으로 영업을 했던 것이지요.

그런데 최근에 온라인으로 사업을 하는 개인사업자가 대폭 증가하면서 고객 대상을 개인사업자까지 넓힌 3PL 물류센터가 속속 등장하기 시작했습니다.

3PL은 큰 공간에서 직원을 여유 있게 두고 여러 업체 상품을 위탁받아서 계약된 크기의 공간을 할당합니다. 상품이 도착하면 차에서 물건을 내려서 앵글에 적재한 후 매출이 발생하면 위탁 회사에서 전표를 받아서 상품을 찾아 포장 후 배송업무까지 진행해줍니다. 임대료도 그때그때 사용하는 공간에 따라 유동적으로 책정을 할 수 있고 배송 대행비는 물동량이 어느 정도 있다면 택배 발송료로 건당 2,500원 정도에 계약 가능합니다. 이 비용에는 포장비, 박스비, 인건비가 모두 포함돼 있어 단가 측면에서도 개인이 직접 택배사나 포장업체와 계약하는 것보다 물동량이 많은 3PL이 훨씬 저렴합니다. 물동량이 많으면 택배사와 건당 비용을 낮게 계약을 할 수 있는 것은 물론이고 배송 중간에 발생하는 상품 파손 시 택배사 부담 비율도 더 유리한 조건으로 계약할 수 있습니다. 개인이 택배사와 직접 거래했을 때는 꿈도 못 꾸는 이야기입니다. 저는 개인사업자라면 무조건 3PL 서비스를 사용해야 한다고 생각합니다.

단 계약서를 꼼꼼히 작성해야 합니다. 남의 공간에 내 물건을 맡겨 놓는 것이기 때문에 기존에 다른 업체가 거래했던 계약서를 보여 달라고

해서 파손, 분실, 배송사고 등에서 안전성이 보장되도록 내용을 작성하고 건당 책정 비용에 포장비나 택배비 등 누락된 항목이 있는지 확인해야 합니다. 그리고 물동량이 늘어났을 경우엔 계약 기간 내에도 건당 서비스 비용을 낮출 수 있다는 내용도 계약서에 포함하면 좋습니다.

고정 인건비 줄여주는
개인 아웃소싱 중개 업체의 등장

온라인 영업 환경의 또 하나 큰 변화는 바로 '개인 아웃소싱 중개 업체의 등장'입니다. 온라인에서 상품을 팔기 위해선 딜 콘텐츠를 만들어야 하는데 이를 위해선 상품을 촬영하고 상품페이지를 디자인하고 매력적으로 글을 써야 합니다. 또 SNS에서 최근 트렌드에 맞게 상품을 광고해야 합니다. 이 모두가 개인의 노력만으론 해결할 수 없는 전문성이 필요한 일입니다. 그렇다고 전문직 인원을 뽑기엔 고정비가 늘어 나고 막상 뽑아도 작은 개인 사업체에 지원하는 인력에게 아주 높은 전문성을 기대하기도 현실적으로 어렵습니다. 그래서 생각하는 것이 전문 아웃소싱 업체에 업무를 위탁하는 것인데 이 또한 비용이 만만치 않습니다. 아무래도 그들도 업체이다 보니 이윤을 남겨야 하기 때문에 어쩔 수 없는 일이겠지요.

그런데 최근 크몽, 숨고 등 예전엔 없었던 새로운 형태의 인력 중개 업체가 등장하기 시작했습니다. 이 중개 업체는 업무를 직접 위탁받는 방식이 아니라 각각의 전문분야 인력을 원하는 클라이언트에게 매칭시켜주는 서비스를 합니다. 홈페이지에 들어가면 제품 상세 촬영, 연출샷 촬영, 오픈마켓 딜 등록, 상세페이지 제작, 상품후기 관리, 블로그체험단 운영, 브랜드 인스타 운영 대행, 네이버 키워드 상단 노출 등 아주 디테일한 여러 분야의 대행 서비스를 찾아 볼 수 있습니다.

◀ 개인 아웃소싱 중개 서비스 '크몽' 홈페이지 ▶

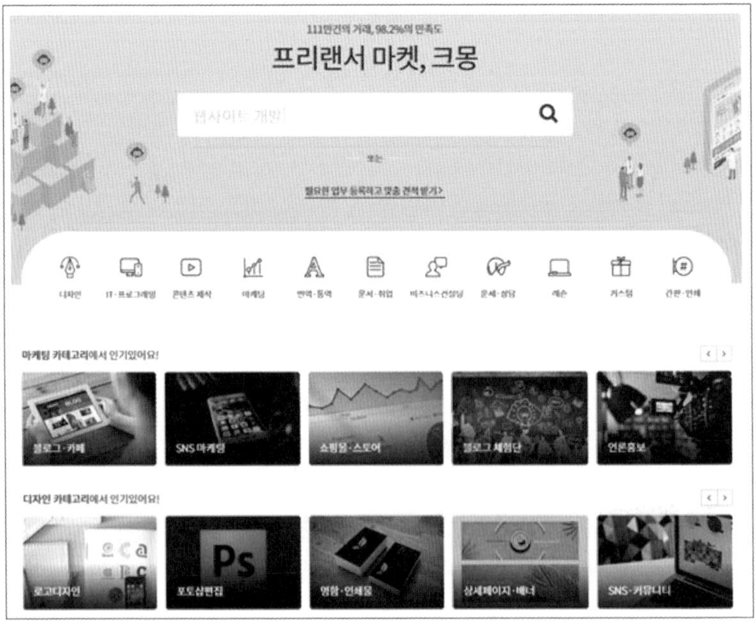

여기에 등록된 업체 대부분이 개인이거나 아주 작은 규모의 회사입

니다. 등록된 개인이 제공하는 서비스가 구체적이고 자세히 표기돼 있어 대행 내용을 찾기 편하고 여러 개인이 비슷한 서비스를 놓고 경쟁해 가격이 상당히 합리적입니다. 대단하게 뛰어난 결과물을 기대하기는 어려울 수도 있지만 여기에 등록된 사람들은 각자의 전문 분야에서 계속 일을 해왔기 때문에 정해진 비용만 지불하면 일정 수준 이상의 결과물을 안정적으로 기대할 수 있는 장점이 있습니다.

아웃소싱 중개 업체를 사용하면 또 좋은 점이 언제든지 내가 원할 때 업체를 바꿀 수 있다는 점입니다. 서비스 비용이 아주 디테일한 업무 단위로 책정돼 있어 결과물이 마음에 들지 않으면 처음부터 다시 일을 시작해야 하는 번거로움 없이 바로 그 부분만 다른 업체로 바꿀 수 있습니다. 내 직원이 아니어서 일을 시킬 때 눈치 보는 일도 없습니다. 돈만 더 주면 직원에겐 지시하기 껄끄러운 주문, 예를 들어 경쟁사의 잘된 디자인이나 사진을 보여주고 비슷하게 흉내 내서 만들어 달라는 일도 할 수 있습니다. 얘기만 잘하면 다른 고객이 의뢰한 내용이나 본인이 일할 때 참고하는 다른 경쟁 업체 자료도 보여 달라고 해서 참고할 수도 있지요.

또, 대행 업무의 메뉴가 워낙 다양하다 보니 고객 체험단 운영, 인터넷 기사 노출, 네이버 키워드 상단 고정 노출처럼 예전엔 미처 생각하지 못했거나 엄두가 안 났던 일도 한번 시도해 볼 수 있습니다. 어차피 큰 고정 비용이 들어가는 일이 아니다 보니 적은 비용으로 여러 가지 테스트를 해 볼 수 있는 것이지요. 일단 여러 시도를 통해 시장 반응을 보고 결과가 좋게 나오는 방법에 돈을 더 투자하는 이른바 'Do Plan Do See'를 실행하기 더할 나위 없이 좋은 환경이 된 것입니다.

임대료 고정비 낮추고 업무 효율 높이는 '공유 오피스'

사업을 하면 제일 아까운 것이 사무실에 들어가는 자잘한 비용인데, 공유 오피스를 이용하면 월세와 관리비 말고는 특별히 들어가는 돈이 없습니다. 물론 보증금을 요구하는 공유 오피스도 있지만 일반 사무실에 비하면 상당히 적은 금액입니다. 직원이 늘어나면 자리 비용을 하나 추가하면 되고 직원이 줄면 그만큼 덜 내면 된다는 점도 매력적입니다. 직원이 아주 많이 늘어나서 독립적인 공간, 독립적인 리셉션과 간판이 필요하다면 그런 종류의 공간 역시 제공해 줍니다. 대부분의 공유 오피스가 쾌적하고 세련된 직원 휴식 공간을 제공해 외부 손님이 방문할 때도 편리합니다. 청소는 물론 설거지도 해줍니다. 또 상주 경비원이 있어 방문자는 반드시 내부 직원 승인이 있어야 출입이 가능하다는 점도 상당히 매력적인 부분입니다.

저는 공유 오피스에 거주하는 가장 큰 장점은 대외 이미지 관리에 유리하다는 것이라고 생각합니다. 공유 오피스 대부분이 임대료가 비싼 사무실 번화가에 위치하고 있기 때문입니다. 또 인테리어도 잘 돼 있고 탕비실, 카페, 휴게실 등 복지시설도 잘 갖춰져 있어 직원도 훨씬 좋아합니다. 사무실이 안 좋은 경우 가장 큰 애로사항은 바로 직원 채용입니다. 요즘 직원은 월급을 물론 환경을 상당히 중요하게 생각해 면접 보러 와서 사무실 위치나 시설이 맘에 들지 않으면 바로 마음을 닫아 버립니다. 그래서 작은 규모의 회사가 직원 채용에서 손해를 많이 볼 수밖에 없었습니다.

또 공유 오피스는 채광이나 온도 조절, 특히 공조 시설이 개인 사무실에 비해 잘 갖춰져 있어 업무 효율이 오릅니다. 빛이나 공기 퀄리티가 업무 효율에 미치는 영향은 사실 많은 사람이 인지하고 있는 것보다 훨씬 큽니다. 별것 아닌 것 같아도 건축에서 가장 비용이 많이 들어가는 부분 중 하나가 공기 정화 시설입니다. 작은 건물에선 갖추기 어려운 시설이지요. 특히 요즘처럼 내기 오염이 심한 때에는 더욱 공조 시설이 중요합니다. 그래서 그런지 공유 오피스에서 일하는 직원은 일반 사무실에 있을 때보다 야근을 더 자주 하는 것 같습니다. 아무래도 집보다 시설도 좋고 커피도 공짜로 마시고 공기도 좋다 보니 자연스러운 현상이 아닌가 싶습니다.

이처럼 우리 주변 곳곳에서 개인사업자가 장사하는데 유리하도록 여러 영업 환경이 빠르게 바뀌고 있습니다. 이 모두가 결국은 비용 측면에서 고정비 비율을 낮추는 데 도움이 되는 변화입니다. 대신 변동비는 상승할 수 있습니다. 정직원을 뽑아서 내 공간에서 일하는 것보단 아무래도 외주 서비스를 쓰면 전체 비용은 더 많이 들 수 있습니다. 그러다 보면 천 원짜리 상품을 팔았을 때 남는 이익금이 이전보다 줄어들 수도 있습니다. 하지만 전체 비용 측면에서 고정비 비율이 낮아지고 변동비 비율이 높아진다는 의미는 이익금이 줄더라도 그 금액을 어느 정도 예측할 수 있게 된다는 뜻입니다. 고정비 비율이 높으면 이익률이 높아도 장사가 안 될 경우 비용 지출에 대한 리스크가 존재해 만일을 대비해서 상품 배수를 높게 책정하게 됩니다. 그래서 일반적으로 구매가의 3.5배 정도를 소비자가로 여유 있게 책정합니다. 세일을 하더라도 나중에 비용이 어떻게 발생할지 몰라 함부로 가격을 내려 팔기도 두렵습니다. 하지만 모든 비용이 매출과 연동해서 발생하는 구조라면 내가 1개 팔 때마다 남는 금액이 어느 정도인지 예측 가능하기 때문에 더 과감하게 가격 정책을 운영할 수 있게 됩니다. 소비자가를 상품 구매가의 2배만 붙여도 손해는 확실히 보지 않는다는 확신이 있어 그 가격에 팔 수 있는 것입니다.

이렇다 보니 고정비 비율이 높은 대기업은 개인사업자를 당해 내기가 어렵습니다. 고정비가 높으면 소비자가를 낮추기 위해 건드릴 것이라곤 상품 구매가밖엔 없습니다. 상품 구매가를 낮추기 위해선 주문 수량을 늘려야 합니다. 힘들게 소비자가를 낮추면 개인사업자가 비슷한 상품의 마진을 2배만 붙여서 싸게 팔아 버립니다. 오프라인은 몰라도 온라인에선 비슷한 상품을 더 싸게 파는 곳이 있다면 대기업이든 개인사업자든 소비자는 개의치 않고 한 푼이라도 더 싼 곳에서 상품을 구매합니다. 이렇게 되면 대기업은 상품만 창고에 산더미같이 쌓이게 되고 결국엔 손해 보면서 땡처리할 수밖에 없지요. 바로 이런 현상이 지금 우리 시장에서 비일비재하게 일어나고 있습니다.

03

'규모의 싸움'에서 '정성의 싸움'으로, **온라인 경쟁 환경의 변화**

지금 온라인에서는 무슨 상품이 팔리는가?

현재 온라인에서 소위 대박을 치고 있는 상품의 특징을 분석해 보면 예전에 비해 큰 변화가 생긴 것을 알 수 있습니다. 물론 온라인에서 발생하는 매출의 대부분은 라면, 물, 햇반 같은 필수 식품부터 휴지, 세제 같은 생활 소모품, 그리고 브랜드 의류, 브랜드 가전제품처럼 소비자가 과거에 오프라인 매장에서 구매하던 상품이 온라인으로 옮겨 온 것입니다. 하지만 최근에는 기존 오프라인에선 거의 팔리지 않던 상품이 온라인이란 특수성과 맞아떨어지면서 갑자기 매출이 폭발하는 경우가 많습니다. 여러분이 관심을 가져야 할 게 바로 이런 상품입니다.

저는 소셜커머스란 새로운 온라인 커머스가 급성장하던 시기에 티켓

몬스터라는 소셜커머스 회사 상품본부장으로 일하면서 이런 변화를 직접 목격하고 또 한편으론 리딩했습니다. 소셜커머스 초기에는 기존 오프라인 베스트셀러 상품을 좀 더 싼 가격으로 온라인에서 판매하는데 치중했었습니다. 하지만 시간이 흐르면서 오프라인에서는 별 반응이 없던 몇몇 상품이 유독 소셜커머스에서는 판매량이 급등하는 현상을 발견했습니다. 그래서 저는 이런 상품을 리스트업하고 상품의 공통적인 특징을 분석한 후 '소셜 특화 상품' 또는 '온라인 특화 상품' 이란 말을 만들어 특별히 관리했습니다.

이 '소셜 특화 상품'을 이해하기 위해선 이런 상품이 집중적으로 팔리던 소셜커머스란 곳이 당시 온라인 쇼핑몰과는 어떻게 달랐는지, 그 특징을 먼저 알아야 합니다. 과거에는 종합몰, 오픈마켓, 소셜커머스, 브랜드몰, 마트몰 등 여러 종류의 온라인 커머스가 자기만의 특징에 맞게 각각 다른 인터페이스와 방식으로 운영됐습니다. 그러나 소셜커머스가 급성장 하면서 점점 모든 온라인 커머스가 소셜커머스의 특징을 따라 하면서 지금은 사실상 모든 커머스가 비슷비슷한 형태를 띠게 됐습니다. 그러면서 과거에 유독 소셜커머스에서 대박을 쳤던 소셜 특화 상품이 이제 다른 온라인 커머스에서도 대박을 치고 있습니다. 그래서 소셜커머스의 특징에 제대로 이해하는 것이 중요합니다.

첫째로 다른 커머스가 검색이나 매출 순으로 상품이 노출된 것과 달리 소셜커머스는 편집자의 의도에 따라 상품 위치가 정해집니다. 지금 소셜커머스 메인 페이지 노출은 따로 노출을 관리하는 팀에서 광고비나 매출현황, 상품의 특수성 등 여러 가지 요인을 감안해 결정합니다. 과거에는 메인 딜 노출 관리가 상당히 유동적이어서 마음만 먹으면 기존에 매출이 전혀 없던 신규 딜을 상단에 올릴 수 있었습니다.

둘째로 메인 딜의 섬네일 디자인 및 상세페이지 제작을 업체가 아닌 소셜커머스 내부에서 직접 진행했습니다. 당시 소셜커머스가 다른 커머스와 비교해서 디자인이 상당히 세련됐다는 느낌을 많이 줬는데 이 원인이 다른 커머스는 상품을 등록한 업체가 제공한 상세페이지와 섬네일을 그대로 사용한 것에 비해 소셜커머스는 내부 디자이너가 업체가 제공한 상품 이미지와 상세 내용을 참조해 별도의 디자인 작업을 했기 때문입니다. 그러다 보니 자체 디자인 능력이 뛰어난 일부 큰 회사 상품은 별다른 영향이 없었지만 상품은 좋은데 디자인이 열악했던 중소기업과 개인사업자가 올린 상품이 큰 수혜를 받았습니다.

셋째로 상세페이지 형태입니다. 기존의 다른 커머스의 경우엔 상품 섬네일을 누르면 상세 옵션 상품으로 넘어가고 옵션을 누르면 해당 상품 정보로 넘어가는, 클릭에 의한 세부 정보 전달식이었습니다. 소셜커머스는 메인 섬네일을 클릭하면 여러 가지 옵션 상품이 한꺼번에 들어가 있는, 길이가 긴 하나의 이미지 형태의 페이지로 넘어갔습니다. 그래서 딜 안에 있는 옵션 상품을 끝까지 보려면 마우스 스크롤을 계속 내리면서 모든 페이지를 다 봐야 하는 번거로움이 있었습니다. 당시 제가 이점을 불편하다고 느껴서 개발자에게 '우리도 다른 커머스처럼 클릭으로 페이지를 넘어가게 할 수 없냐'라고 했더니 '그렇게 만들면 회사가 보유한 서버 용량이 충분하지 못해서 로딩 시간이 오래 걸린다. 로딩 시간이 오래 걸리면 중도에 소비자의 페이지 이탈률이 높아지기 때문에 당장은 이대로 버텨야 한다'라고 하더군요.

그러나 이 클릭이 안 되는 번거로운 하나의 긴 페이지가 소셜커머스의 아주 중요한 특장점을 제공해 줬습니다. 마치 소가 뒷걸음치다가 쥐를 잡은 격이라고 생각됩니다. 회사 입장에선 하나의 긴 페이지 안에서 스크롤을 계속 내리면서 모든 옵션을 보여줘야 하기 때문에 최대한 페이지 내용을 소비자가 지루하지 않게 느끼도록 재미있게 꾸며야 하는 숙제가 생겼습니다. 그래서 여러 재미있는 아이디어가 등장했습니다. 만화도 들어가고 소비자 반응도 넣고 폰트도 재미있게 만들어 가면서 마치 잡지를 읽는 듯한 느낌을 주도록 최대한 상세페이지를 흥미롭게 꾸미기 시작했습니다. 마치 거대한 캔버스에 아티스트가 작업을 하듯이 평범하고 지루해 보일 수 있는 상품 정보를 재창조한 것이지요. 거기에다 당시 소셜커머스에는 '에디터'라는 다른 회사에는 없던 직원이 있었는데 이들의 역할은 상세페이지를 기획하고 재미있는 글을 쓰는 것이었습니다. 주로 문예 창작과 출신 직원이 많았는데 바로 이들이 상세페이지를 재미있게 만드는 데 큰 역할을 했습니다.

네 번째 특징은 소셜커머스의 판매 수량이 실시간으로 노출된다는 것이었습니다. 그래서 기존에 자주 구매하던, 대중에게 잘 알려진 상품이 아닌 처음 접하는 새로운 상품은 판매량 정보가 매출에 상당한 영향을 줄 수밖에 없었습니다. 여담입니다만, 당시 회사 내부에선 이 실시간 판매량 노출에 관해 이슈가 많았습니다. 업체가 마음만 먹으면 얼마든지 조작이 가능했습니다. 예를 들어 화장품 상품 옵션에 100원짜리 공병을 넣어 놓고 딜이 시작되자마자 화장품 업체에서 공병을 천 개 구매하면 고작 십만 원만 들여서 상품 판매 수량을 천 개로 만들 수 있었습니다. 이 밖에도 예전에 천 개가 팔리고 종료된 딜을 그대로 살려서 이미지만 새 상품으로 바꾼 후 신규 딜을 올릴 때 예전 판매 수량을 그대로 안고 시작하는 편법도 있었습니다. 일부 소셜커머스에선 아예 판매 수량을 직접 조절하는 프로그램을 개발했다가 법적으로 문제가 되기도 했었습니다. 어찌 되었든 현재 판매 수량을 소비자가 직접 보면서 쇼핑하는 것이 다른 커머스와는 상당히 다른 상품별 매출 패턴을 만들어 냈습니다.

'소셜 특화 상품' 또는 '온라인 특화 상품'이란 바로 이런 소셜커머스만의 여러 특징과 만났을 때 매출이 극대화되는 고유의 성격을 가진 상품입니다. 즉 뭔가 복잡하고 매력적인 설명이 반드시 필요한 상품, 다른 소비자의 후기, 평가, 구매량 정보가 필요한 상품, 기존엔 이런 설명과 설득, 신뢰 부분이 충분하지 않아서 구매를 망설였던 상품입니다. 상품성은 뛰어난 데 그걸 소비자에게 잘 표현하지 못해서 묻혔던 상품, 어딘가 위험해 보여 구매를 망설였던 상품, 기존에 모르는 브랜드라서 기피했던 상품이지요. 그리고 주로 이런 상품은 대기업에서 출시된 상품이나 기존에 시장에서 잘 팔리던 상품이 아닌 중소기업이나 개인사업자가 출시한 상품이 대부분이었습니다.

◀ 소비자에게 큰 인기를 얻은 소셜 특화 상품의 예 ▶

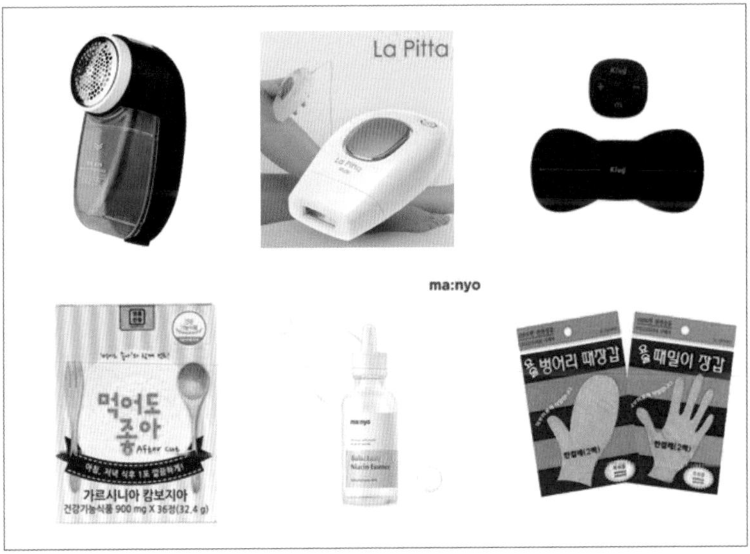

세탁소에서 쓰는 포푸리 제거기, 휴대용 레이저 제모기, 소형 안마기, 명품 화장품 브랜드와 내용물을 똑같이 넣고 5분의 1 가격에 파는 일명 '미투Me Too' 콘셉트의 화장품, 다이어트 식품, 수압이 강한 샤워 꼭지, 때가 미친 듯이 밀리는 때밀이 장갑, 척추 교정 방석, 명품 가죽 · 가방 세척제, 탈모 치료 에센스 등등. 당시 제가 소셜 특화 상품으로 특별히

관리하고 밀어준 상품들입니다. 대충 어떤 콘셉트인지 감이 오시나요? 거의 대부분 기존에도 여기저기에서 팔던 아이디어 상품이거나 기존 아이디어에 조금 새로운 콘셉트를 더한 상품입니다.

그리고 예외는 있지만 거의 다 중국 해외 소싱으로 기존에 있던 제품을 들여온 것입니다. 이런 상품을 수입하는 업체는 대부분 유통력이 약하고 콘텐츠를 푸는 능력이 떨어져 B급 마트나 지방 상권에 유통했고 오픈마켓에 입점해도 워낙 상세페이지 퀄리티가 낮아 제대로 노출도 안 된 상태로 있었습니다. 그러다 소셜커머스가 가진 세련되고 전문적인 상세페이지 기획력과 만나면서 상품 아이디어가 가진 잠재력이 폭발을 한 것이지요.

'소비자의 삶을 해킹하라', 라이프 해킹 상품Life Hacking Product

그렇다면 이런 상품이 가진 아이디어의 공통점은 무엇일까요? 바로 생활을 개선하는 것에 모든 초점이 모아진다는 점입니다. 전문용어로 이런 상품을 '라이프 해킹 상품'이라고 합니다. 여기서 해킹이란 용어를 사용한 것은 기존에 소비자가 알고도 그냥 넘어갔던 생활의 불편한 부분을 굳이 꼭 집어서 문제화시킨 후에 그것을 해결해주기 때문입니다. 주로 국민 총생산GNP 이 2만 달러 수준으로 오랜 기간 정체된 나라에서 이런 라이프 해킹 상품 매출이 급증합니다. 소득 수준이 3만 달러를 넘어가면 기존 제품을 고급 사양으로 바꾸는 제품의 전면적 교환 현상이 일어나지만 2만 달러 수준으로 정체되면 큰 비용이 들어가는 소비보다는 소소하게 기존에 불편했던 부분을 개선하는 소극적 소비가 일어납니다. 이런 점에서 최근 한국 시장에서 라이프 해킹 상품의 매출이 급증하는 것은 자연스러운 현상이라고 볼 수 있습니다.

이런 라이프 해킹 상품만 집중 공략해서 대박을 친 회사가 있습니다. 앞서 얘기한 '바디럽'이란 '마약 배게'로 유명한 블랭크코퍼레이션입니다. 수면이라는 생활의 가장 중요한 부분을 개선한다는 콘셉트를 파고들어서 별로 특별할 것도 없는 베개를 가지고 엄청난 매출을 만들어 냈습니다. 이 회사에서 출시한 상품을 보면 모두가 라이프 해킹이란 콘셉트를 집중 공략하는 것을 알 수 있습니다. 마약 이불, 매직 샤워 꼭지, 수납제품, 남성 기능성 화장품, 디퓨저, 기능성 칫솔 등 모든 상품이 기존에 생활용품을 사용하면서 조금이라도 불편했던 혹은 불편할 수 있는 점을 문제화시켜서 그것을 해결해준다는 공통점을 가지고 있습니다.

그리고 블랭크코퍼레이션은 원래 마케팅 회사로 출발했기 때문에 상세페이지를 세련되게 구현하는 능력이 뛰어났습니다. 이들이 만든 상세페이지를 보면 한두 줄이면 끝날 상품 설명을 스크롤을 끝도 없이 내려도 다 읽지 못할 만큼의 방대한 양으로 디테일하게 풀어냅니다. 이런 세련되고 설득력 있는 상세페이지 연출력과 라이프 해킹을 통한 아이디어 상품이 만나면서 최근 변화된 온라인 커머스 환경에서 그 잠재력이 폭발한 것이지요.

이외에도 '청춘세탁'이란 회사에서 출시한 세탁소에서도 잘 지우지 못하는 섬유 얼룩을 제거해주는 만능 얼룩제거 클리너, '생활공작소'의 청소 · 위생용품, '삼분의 일' 매트리스, 마시는 링거 워터 '링티' 등 최근 화제가 되고 있는 상품을 자세히 관찰해 보면 공통적으로 라이프 해킹이란 콘셉트를 표방하고 있다는 것을 알 수 있습니다.

온라인 커머스 시장에 뛰어든 여러분은 어떤 경쟁자와 싸움을 하고 있는지, 그들이 어떤 콘셉트를 내세우고 있는지 우선 파악해야 합니다. 이제는 소비자에게 이 상품을 왜 꼭 사야 하는지에 대한 명확한 이유와 근거를 주장할 수 없는 상품은 팔기 어려워졌고 그 내용을 상세페이지에서 신선한 방식으로 구체적으로 표현해줘야 합니다.

한 가지 좋은 소식은 이와 같은 접근 방식을 대기업은 따라 하기 어렵다는 것입니다. 그들은 이미 기존에 베스트셀러로 굳혀진 상품이 존재해 새로운 아이디어를 장착한 신상품을 공격적으로 출시하는 것에 큰 부담을 가지고 있습니다. 자칫하면 매출이 잘 나오고 있는 상품의 위상에 피해가 갈 수 있기 때문입니다. 그리고 그들이 온라인 커머스에서 상세페이지를 제작하는 과정을 보면 아무리 좋은 실력을 가진 직원이라도 워낙 운영하는 상품 개수가 많아 일을 쳐내는데 급급합니다. 당연히 상품마다 정성을 쏟아 상세페이지를 기획하고 제작하기 어렵습니다. 대기업이 출시한 상품의 상세페이지를 찾아보면 바로 이런 차이를 느낄 수 있습니다. 반면 중소기업이나 개인사업자는 상품 하나하나의 매출에 회사 전체의 운명이 좌우될 수 있기에 상세페이지를 만드는 데 영혼과 정성을 쏟습니다. 오프라인 시장에선 상권이나 규모에 의해 게임이 좌우되지만 어차피 핸드폰이나 모니터에서 싸우는 온라인에선 결국 대기업이나 개인사업자나 정해진 규격의 사각형 안에서 공평한 싸움을 할 수밖에 없습니다. 그곳에선 더 이상 규모의 싸움이 아닌 정성의 싸움으로 게임의 룰이 바뀌게 됩니다.

그리고 이런 온라인 대박 상품의 특징은 그 소싱처가 거의 다 중국이라는 점입니다. 블랭크코퍼레이션도 초창기에는 중국에서 기존 상품을 골라서 수입해 온 후 브랜드만 바꿔서 파는 형태였습니다. 제가 지금 관심 있게 보고 있는 라이프 해킹 상품 대부분이 중국에서 파는 상품을 그대로 수입한 것입니다. 한국에서 일부 가공해서 파는 제품도 있지만 결국엔 상품의 대부분은 해외 소싱을 하지 않고는 경쟁력 있는 가격을 절대로 만들 수 없습니다. 이런 점에서 이제 시장의 기회는 오히려 하나의 제품을 출시하기 위해 기존의 복잡한 프로세스를 거쳐야 하는 큰 기업보다 해외 소싱으로 바로 완제품을 조달할 수 있는 개인에게 더 많이 열려 있다고 봐야 합니다.

04

기회의 문이 열렸다,
해외 소싱 환경의 변화

해외 소싱, 개인이 하기 쉬워졌다

장사의 핵심은 상품입니다. 나만의 상품이 없다면 그 장사는 오래 지속될 수 없습니다. 위탁판매 사이트나 도매사이트에서 구매한 상품처럼 남들도 다 파는 상품으로는 경쟁력이 없습니다. 상품을 아무리 눈썰미 있게 잘 고르고 좋은 가격으로 구매해서 상세페이지를 잘 만들고 마케팅을 열심히 해서 대박을 터트려도 그건 아주 잠깐입니다. 그 상품을 바로 다른 셀러가 따라 사서 상세페이지를 더 좋게 만들고 더 싸게 팔아 버리면 일주일도 안 가서 매출이 고꾸라집니다. 초기 자본이 많이 들어가지 않는다는 이유로 위탁 상품으로 사업을 시작하는 분이 많은데 시험 삼아서 시장 적응 연습을 하는 것이라면 몰라도 절대로 이런 상품으로는 큰

돈을 벌 수 없습니다.

국내 공장에서 상품을 공급받는 경우도 마찬가지입니다. 큰 금액을 제안하지 않는 이상 개인사업자가 공장에서 독점으로 상품 공급을 받는 것은 쉬운 일이 아닙니다. 운 좋게 독점계약을 얻어도 제 경험상 국내 공장 거래에서 독점이 오래 지속되는 경우는 극히 드물다고 봐야 합니다. 만일 상품이 잘 팔리면 반드시 곧바로 큰 유통기업이 훨씬 더 큰 금액으로 그 공장에 상품 공급을 요청합니다. 공장에서 기존에 거래하던 개인에게 재계약을 해줄 리 없습니다. 요즘엔 아예 공장에서 인터넷으로 직접 상품을 팔려고 합니다. 인터넷으로 자신들 상품이 잘 팔리는 것을 안 이상 굳이 남 돈 버는 걸 도와줄 이유가 없겠지요. 처음엔 아무리 화기애애한 분위기로 공장과 계약해도 자기 상품이 온라인 판매로 큰돈이 되는 걸 눈치를 챈 이후부터는 누구라도 마음이 흔들리게 마련입니다.

그렇다면 나만의 상품은 어떻게 구할 수 있을까요? 가장 먼저 생각할 수 있는 방법은 본인만의 디자인과 아이디어를 가지고 국내 공장에서 상품을 제작하는 것입니다. 하지만 국내 원자재 가격과 인건비를 감안할 때 저가의 중국산 제품이 넘치는 온라인 시장에서 경쟁력 있게 팔릴만한 가격을 만들기가 쉽지 않습니다.

그래서 어쩔 수 없이 해외로 눈을 돌려야 합니다. 해외에서 우리가 상품을 구매할 수 있는 소싱처는 제조공장일 수도 있고 도매시장일 수도 있고 아웃렛이나 일반 숍일 수도 있습니다. 어디든 간에 일단 바다를 건너면 국내보다 싼 가격으로 경쟁자가 쉽게 얻을 수 없는 상품을 구매할 가능성이 높아집니다.

하지만 문제는 해외 소싱이 개인사업자에겐 너무 먼 얘기처럼 느껴진다는 것입니다. 어디서부터 시작해야 할지도 모르겠고 과정도 복잡해서 전문지식이 필요할 것 같고 자본도 많이 들어갈 것 같고 언어 문제도 큰 걸림돌입니다. 그렇다고 중간에 수입 에이전시를 끼고 하자니 마진 이슈도 있고 바가지를 쓰지는 않을까, 사기를 당하지는 않을까 걱정도 됩니다. 그래서 해외 소싱은 일반인이 쉽게 접근하지 못하는 성역처럼 여겨져 왔습니다.

최근 해외 소싱에 부담을 느끼는 분들이 많이 사용하는 방법이 알리바바 같은 온라인 무역 사이트를 이용하는 것입니다. 뒤에 자세한 설명을 드렸지만 알리바바에만 의존해서는 제대로 된 해외 소싱을 할 수 없습니다. 물론 초보자에겐 도움이 될 수 있지만 알리바바는 해외 소싱이란 큰 그림의 아주 일부에 불과합니다. 진짜 제대로 돈을 벌기 위해선 현장에서 얼굴을 맞대고 상품을 직접 눈으로 고르고 협상하는 해외 소싱의 핵심으로 바로 뛰어들어야 합니다.

제가 해외 소싱을 처음 시작하던 20년 전과 비교해 보면 지금의 해외 소싱 환경은 제 입장에선 약이 오를 만큼 엄청나게 변했습니다. 지금은 누구라도 큰돈이 없이도 원하는 상품을 경쟁력 있는 가격으로 수입할 수 있는 시대가 열렸습니다. 그럼 지금부터 이런 해외 소싱 환경의 변화에 대해서 하나씩 알아보겠습니다.

다양해진 무역박람회 - 지역 도시 단위 박람회의 등장

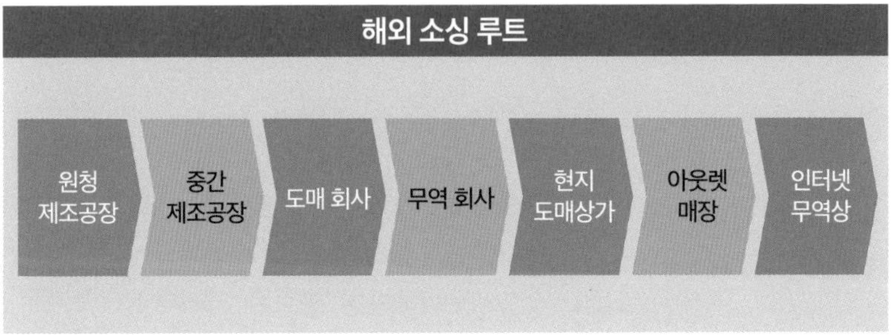

해외에서 상품을 살 수 있는 루트는 제조공장, 무역회사, 현지 도매상가, 아웃렛, 인터넷 무역 중개 사이트 등 다양합니다. 사실 소싱 루트는 이보다 훨씬 더 많고 각각의 장단점이 복잡하게 얽혀 있는데 그중 가장 접근성이 용이하고 소싱 환경이 쾌적한 무역박람회에 대해 말씀드리겠습니다. 무역박람회는 잘 아시는 대로 각 상품별로 특화돼 전 세계 주요 도시에서 개최됩니다. 전시 상품의 카테고리와는 무관하게 전시에 참가하는 고객 특성에 따라 크게 네 종류로 나눠 볼 수 있습니다.

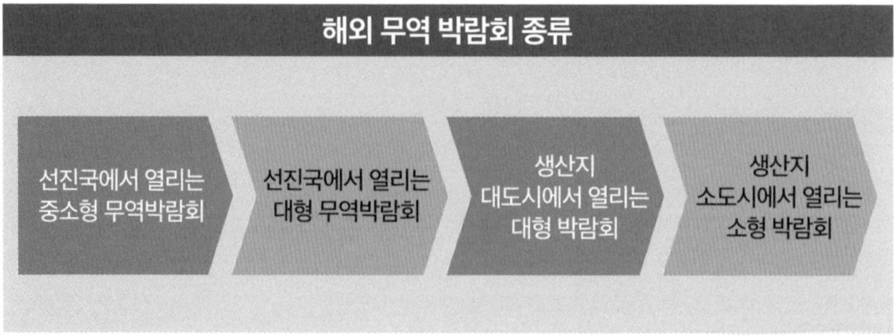

첫 번째는 선진국에서 열리는 중소형 무역박람회입니다. 주로 유럽, 미국, 일본 등 소득 수준이 높은 나라에서 개최됩니다. 생활용품을 예로 들면 프랑스 파리에서 봄 · 가을, 매년 2회씩 개최되는 '메종&오브제'가 대표적인 선진국 중소형 무역박람회입니다. 이 박람회의 주 구매자는 인근 지역에서 중소 규모의 소매 매장을 운영하는 개인사업자입니다. 그래서 최소 주문 수량MOQ : Minimum of Quantities이 적습니다. 디자인 별로 많아 봤자 1카톤[2]만 주문해도 오더를 받아 줍니다. 단점은 가격이 비쌉니다. 왜냐하면 이 박람회에 나와 있는 업체는 공장이 아니라 대부분 그 지역 연고의 수입 유통회사입니다. 자신들의 디자인으로 중국이나 동남아 공장에서 상품을 주문해 재고를 확보한 상태에서 소량으로 판매합니다. 어떻게 보면 일종의 로컬 도매 형태이지요. 하지만 선진국 업체 상품이다 보니 디자인이 상당히 세련되고 기능도 앞선 제품이 정말 많습니다

---

2) 6~12개 정도

다. 이런 박람회에 가면 MOQ도 적고 무엇보다 상품이 예뻐 눈이 돌아가지만 현지 도매가격으로 상품을 구매해서는 국내에서 제대로 된 배수를 붙여서 팔기 어려워 입맛만 다시고 돌아오는 경우가 많습니다. 하지만 가격에 큰 구애 받지 않고 특별하고 예쁜 상품을 구매하는 상류 고객 대상으로 장사하는 분이나 기존에 팔던 주력 상품 외에 큰 비용 안 들이고 상품 구색을 늘리고 싶은 분에겐 적합한 박람회입니다.

이곳에선 중국이나 베트남 등지 공장에서 디자인 카피를 목적으로 온 사람도 자주 목격할 수 있고 워낙 디스플레이를 예쁘게 한 부스가 많아서 비주얼 머천다이저VMD 공부나 눈요기를 하러 온 일반인, 관련 전공 학생도 많습니다.

두 번째로는 역시 선진국에서 열리는, 각 상품 카테고리에서 가장 대표적인 박람회입니다. 예를 들어 가구는 쾰른 박람회, 생활용품은 프랑크푸르트 박람회, 가전제품은 바르셀로나 박람회 식으로 해당 카테고리에서 세계적으로 가장 유명하고 규모가 큰 박람회입니다. 앞서 설명한 선진국에서 열리는 중소형 박람회가 소매 매장을 운영하는 분에게 소량 판매를 위한 곳이었다면 이곳은 대형 매장이나 도매업자의 대량 구매를 위한 곳입니다. 이곳에 가면 지금 어떤 업체가 제일 잘나가는지, 현재 어떤 상품이 대세인지, 미래에는 어떤 상품이 출시될 것인지 등 해당 카테고리에 한해 가장 다양하고 깊이 있는 정보를 얻을 수 있습니다. 워낙 규모가 크다 보니 온갖 종류의 업체가 참가하는데 부스 참가 업체 입장에서 이 박람회의 가장 중요한 고객은 기존 거래 고객입니다. 신규 주문보단 이들이 주문하는 양이 엄청나기 때문이지요. 즉 신규 고객을 유치하는 것에 집중하기보단 기존 거래 고객과 만나서 인사도 하고 신제품도 선보이면서 추가 주문을 받는 것이 박람회에 참가하는 업체의 주요 목적입니다. 그래서 전시 부스 규모도 과할 정도로 거창하고 디스플레이도 세련되고 각종 시연 행사, 세미나 등 전시 외 볼거리도 많습니다. 중소사업자에겐 이런 박람회는 실제로 상품을 주문하러 가는 것보단 해당 카테고리 시장의 전반적인 트렌드를 알아보는 시장조사 차원으로 방문하는 것이 좋습니다. 그러다 보니 최근 들어 이런 종류의 무역박람회는 과거에 비해 그 위상이 점점 줄어들고 있습니다. 저도 이런 곳은 최근에는 실제로 물건을 구매하러 방문하기보단 업계의 경향이나 요즘 유행하는 상품이 뭔지를 공부하는 차원으로만 이용하고 있습니다.

세 번째로는 중국이나 동남아 등 현지 공장이 많은 지역에서 열리는 대형 박람회입니다. 이곳이 바로 유통회사 대부분의 주요 소싱 루트입니다. 많은 사업체의 1년 장사가 바로 이곳에서 결정된다는 말이 있을 만큼 가장 중요한 무역박람회입니다. 이곳은 현지 공장이 직접 부스를 얻어 나오기 때문에 무엇보다 상품 가격이 싸다는 장점이 있습니다. 대신 MOQ가 높아 상품을 잘 고르면 대박이지만 만일 실패하면 엄청난 재고 부담에 손실이 커집니다.

이런 박람회에 참가하는 업체는 대부분 한 가지 카테고리에 전문성을 가진 제조공장입니다. 예를 들면 저가 유리컵 공장, 고가 유리컵 공장, 인조 모피 러그 공장, 디지털 탁상시계 공장, 요가 매트 공장, 사진 액자 공장 등 아주 세분화된 상품만 전문적으로 제조하는 공장입니다. 그래서 고객은 한 부스에서 한 가지 카테고리 상품만 대량 구매할 수 있습니다. 그러다 보니 여러 종류의 다양한 상품을 판매하는 소매상보단, 한 가지 카테고리에 전문화된 장사를 하는 사람 또는 대형 도매상이 주로 방문합니다.

이런 공장과 거래를 하기 위해선 최소 몇 가지 조건을 충족해야 합니다. 우선 오더한 상품의 합계가 최소 20피트 컨테이너를 채울 만큼의 부피가 돼야 합니다. 크리스마스트리처럼 부피가 큰 상품은 큰 문제가 아니지만 만일 젓가락처럼 작은 부피의 상품이라면 어마어마한 수량을 주문해야 하는 문제가 생깁니다. 두 번째로는 컬러별, 사이즈별, 디자인별 주문 금액 합계가 최소 1,500~2,000달러가 넘어야 합니다. 그래야 공장에서 생산 라인을 해당 상품 제조에 맞춰 세팅할 수 있기 때문입니다.

만일 식기 세트를 주문한다고 쳤을 때, 세 가지 컬러를 고르고 국그릇, 밥그릇, 나눔 접시, 큰 접시, 종지 접시 이렇게 다섯 사이즈를 고르고, 디자인을 세 가지 골랐다면 3x5x3, 총 45가지 상품을 주문하는 꼴이 됩니다. 한 상품별로 MOQ를 200만 원씩 치면 전체 주문하는 금액이 9천만 원에 이릅니다. 이쯤 되면 아무리 디자인이 예쁘고 가격이 믿기 어려울 정도로 싸도 쉽게 구매 결정을 내리기 힘듭니다. 그럼에도 불구하고 최근 전 세계 시장 흐름이 고가의 브랜드 상품보단 저가의 자사 제품 수요가 급증하고 있어 이런 현지 공장이 많은 지역에서 열리는 대형 무역박람회 규모는 해가 갈수록 점점 커지고 있습니다.

그렇다면 소자본을 가진 중소업체에게 이런 박람회는 그림의 떡이기만 한 것일까요? 그렇지 않습니다. 4,5년 전부터 이곳에도 큰 변화가 생기기 시작했습니다. 바로 MOQ가 예전에 비해 상당히 낮아졌다는 점인데, 이 이야기는 바로 뒤 편에서 자세히 설명하겠습니다.

제가 강조하고 싶은 건 네 번째입니다. 네 번째는 지역 단위 무역박람회, 쉽게 말해 대형 현지 박람회에서 파생된 미니 박람회입니다. 소비재 상품에서 가장 대표적인 현지 무역박람회는 중국 광저우에 매년 봄, 가을에 열리는 켄톤 페어입니다. 우리나라 코엑스 전시장 전체 크기의 약 20배 정도 되는 어마어마한 규모의 전시장이지만 이 켄톤 페어의 인기가 급증하자 그 큰 장소로도 참가를 희망하는 업체 수요를 감당하기 어려워졌습니다. 자연스럽게 참가 부스 비용도 크게 올라 웬만큼 큰 공장이 아니면 참가 비용을 내기 어려울 정도가 됐습니다. 무역박람회에 꼭 참가하고 싶은 신규 중소 공장은 대안이 필요하게 됐습니다. 상황이 이렇다 보니 예전엔 부스가 텅텅 비어 볼 것도 없었던 상해 텍스타일 페어와 동아시아 소비재 박람회 같은 소형 지역 박람회가 그 수요를 흡수하며 최근 급성장했습니다.

이곳이 바로 개인사업자가 집중 공략해야 할 무역박람회입니다. 우선 참가 업체가 신생 업체나 공장 규모가 작은 경우가 많아 소위 '헝그리 정신'이 남아 있는 곳이 많습니다. 그래서 가장 중요한 MOQ라든지 디자인 요구, 샘플 제작 등 공장 입장에서 다소 손해인 부분도 상당히 협조적으로 나옵니다. 켄톤 페어에 참가하는 공장은 이미 많이 배가 불러 '어차피 당신 말고도 팔 손님 많다'라는 식으로 주문 수량이 많지 않으면 면전에서 무시하는 경우도 많습니다. 하지만 이런 로컬 페어에서는 주문 수량이 적어서 생산이 곤란해도 일단 대화를 하면서 방법을 찾아보자는 적극적인 태도를 보이는 곳이 많습니다.

또한 이곳에선 메이저 박람회에 참가하는 대형 업체의 과거 하청 공장이었거나 지금도 하청을 받는 공장을 자주 발견할 수 있습니다. 보통 한 공장에서 상품을 주문하면 그 공장에서 상품을 하나부터 열까지 다 제조한다고 생각하는 경우가 많은데 그것은 현실을 조금만 알면 구조적으로 불가능한 얘기입니다. 우선 중국 공장은 전 세계를 대상으로 상품을 생산하기 때문에 주문 수량을 미리 예측하기 어렵습니다. 그래서 주문량이 폭주할 때가 많고 그럴 때마다 바로바로 외주로 사용할 수 있는 하청 공장을 미리 확보하고 있습니다.

또, 중국의 땅값과 인건비가 계속 오르고 있어 큰 공장이 가지고 있는 현재의 생산 여건만으론 경쟁력 있는 원가를 만들어 내기 어렵습니다. 그래서 점점 더 오지에 위치하고 더 인건비가 싼 하청 공장에 주문을 넘길 수밖에 없는 구조입니다. 당연히 이런 하청 공장 원가는 메이저 박람회에 참가하는 큰 공장보다 훨씬 낮습니다.

큰 공장은 자기들이 거래하고 있는 하청 공장 정보가 바이어에게 노출되는 것을 상당히 꺼립니다. 자기들의 실제 원가가 노출되는 것은 물론 바이어가 하청 공장과 직접 거래를 시작하면 바로 기존 오더가 끊기기 때문이지요. 그래서 하청 공장 입장에선 자기들에게 오더를 주는 큰 공장에게 페어 참가 사실이 알려지면 문제가 생기기 때문에 다른 공장 이름을 사용하거나 다른 직원을 고용해 페어에 참가하기도 합니다.

여러분이 중국의 대형 공장의 하청 공장을 찾았을 때 절감할 수 있는 비용이 얼마나 큰 지 한번 예를 들어 보겠습니다. OOO라는 영국 브랜드를 달고 있는 접시가 현재 국내에서 3만 원에 팔리고 있습니다. 대부분의 경우가 그렇듯이 브랜드만 영국 것이지 제조국은 중국입니다. 이 상품을 팔고 있는 국내 업체는 3만 원짜리 접시를 영국 회사에서 수입할 때 아무리 비싸게 줘도 1만 원 이상은 안 주었겠지요. 그렇다면 이 영국 업체는 중국 공장에서 얼마에 접시를 구매했을까요? 아마도 5천 원 이하일 겁니다. 그러면 이 중국 공장이 하청 공장을 사용했다면 하청 공장에서 3천 원 정도에 접시를 샀다는 계산이 나옵니다.

만일 이 브랜드가 국내에 정식 라이선스 등록된 유명 브랜드일 경우에는 여러분이 하청 공장에서 직접 물건을 구매해도 해당 브랜드를 달고 판매할 수 없고 디자인도 카피가 명백해 문제가 됩니다. 하지만 해당 상품이 만일 한국에 아직 유통되지 않거나 큰 인지도 없는 브랜드 상품이라면 이야기가 달라집니다. 검증된 좋은 디자인의 상품을 3천 원에 사와서 마진을 세 배 붙여 판다 하더라도 소비자 가격이 9천 원에 불과해 기존에 3만 원에 팔고 있는 같은 상품에 비해 엄청난 가격 경쟁력을 갖게 됩니다.

지역 박람회가 중요한 또 다른 이유는 바로 일본 바이어 때문입니다. 이 일본 바이어의 실력이 보통이 아닙니다. 일본은 우리나라보다 수십 년 앞서 해외 소싱을 시작했습니다. 그래서 일본 바이어가 거래하는 공장에서 물건을 사면 절대로 안 망한다는 말이 있을 정도로 이들에겐 여러 가지 면에서 배울 점이 많습니다. 일본과 한국은 물론 다른 부분도 많지만 생활용품은 생활습관이 비슷해서 그런지 유사한 부분이 많습니다. 그래서 일본에서 히트친 상품이 몇 년 후 한국에서 히트하는 경우가 많습니다.

저는 예전부터 이 일본 바이어들이 어디서 물건을 사는지 유심히 관찰했습니다. 10여 년 전만 해도 일본 바이어들은 켄톤 페어처럼 큰 무역 박람회에서 상품을 주문했습니다. 물론 지금도 켄톤 페어에 일본 바이어가 많이 오지만 예전처럼 자주 보기는 힘들어졌습니다. 그러면 이들은 어디로 갔을까요? 이들이 있는 곳이 바로 이 로컬 무역박람회입니다. 켄톤 페어처럼 세계적으로 너무 유명해진 박람회에는 너무 많은 사람이 방문해 공장 정보나 상품 정보가 일반인에게 대부분 오픈됐습니다. 또 앞서 설명했듯이 대형 박람회에 참가하는 공장의 태도나 가격이 예전보다 안 좋아지자 당연히 더 나은 옵션이 있는 중소 박람회로 발길을 돌리기 시작한 것입니다. 그래서 지역 무역박람회에 가면 일본 업체와 거래하는 작은 규모의 좋은 공장을 많이 발견할 수 있습니다. 일본인은 상품 퀄리티나 일하는 방식 등 모든 면에서 상당히 까다롭기 때문에 자기들이 거래하는 공장을 치밀하게 트레이닝시킵니다. 서비스가 좋은 대신 단가가 비싼 대형 공장보단 규모는 작지만 가격이 싸고 미래 발전 가능성이 높은 양질의 공장을 발굴해서 자기들이 일하기 편하도록 트레이닝시키는 것이지요. 그래서 일본 바이어와 거래하는 공장을 만나면 일하기가 상당히 수월합니다. 게다가 일본 바이어는 중국 공장 상품을 디자인 그대로 사지 않고 자신들이 아이디어를 내서 개선하는 경우가 많습니다. 우리 입장에선 좀 치사해도 일본인 바이어가 오랜 시간 공들여 개발한 좋은 디자인의 상품을 그대로 주문할 수 있는 기회가 생기기도 합니다. 큰 기업은 몰라도 적은 자본으로 사업을 시작하는 개인사업자라면 반드시 이런 기회를 노려야 합니다.

지금 온라인 쇼핑몰에서 나름 대박을 치고 있는 상품의 소싱처가 바로 이 로컬 소형 박람회인 경우가 많습니다. 한 상품이 대박나면 누구라도 바로 같은 물건을 따라 사는 경우가 많은데 아직 이 로컬 박람회는 일반인에게 잘 알려져 있지 않아 상품을 따라 사려는 경쟁자가 소싱처를 찾아내기 쉽지 않습니다. 그래서 이 로컬 박람회는 이런 곳이 존재한다는 사실 자체도 남에게 알려주지 않는 영업 비밀입니다.

그렇다면 이런 지역 소형 박람회 정보는 어디서 얻을 수 있을까요? 우선 중국은 큰 도시마다 가장 대표적인 무역 전시장이 있습니다. 그 지역 전시장 홈페이지에 들어가서 연간 박람회 일정표를 찾아보면 본인이 관심 있는 상품 카테고리의 전문 박람회를 의외로 쉽게 찾을 수 있습니다. 다른 나라의 경우도 그 나라의 수도에 있는 전시장을 찾아서 연간 박람회 일정을 검색해보면 분명 관심 가는 전시를 발견할 수 있을 겁니다.

다음엔 구글로 박람회 정보를 검색해서 박람회 성격이 어떤지, 방문객 평이 어떤지 확인해야 합니다. 대부분의 로컬 박람회가 한국인에게는 잘 알려져 있지 않아 국내 검색으로는 제대로 된 검색 결과를 기대하기 어렵습니다. 그래서 구글이나 일본 야후, 중국어가 가능하면 중국 검색 사이트를 이용하는 것이 좋습니다. 요즘엔 구글 번역기가 웬만한 외국 사이트를 다 번역해 주기 때문에 필요한 정보는 충분히 알아낼 수 있습니다.

이외에도 '인포르마' 같은 세계 무역박람회 정보를 업종별, 시기별로 검색할 수 있는 무역 전문 포털 사이트 이용도 추천합니다.

◀ 인포르마 마켓 Informa Market 전시회 검색 화면 ▶

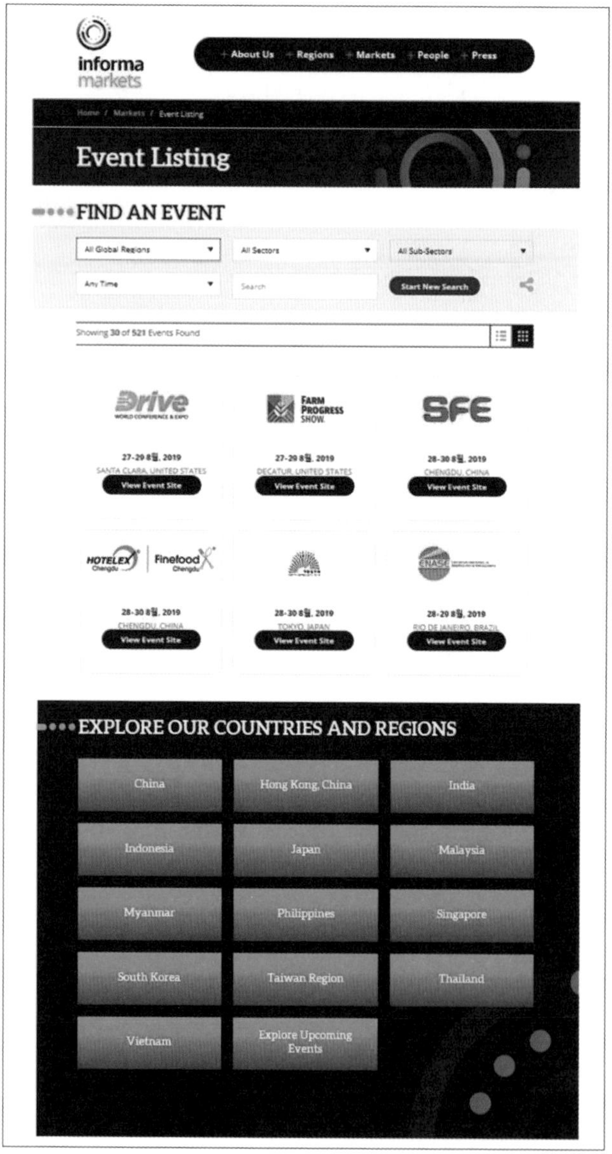

◀ 상해 국제 무역 전시장 홈페이지 ▶

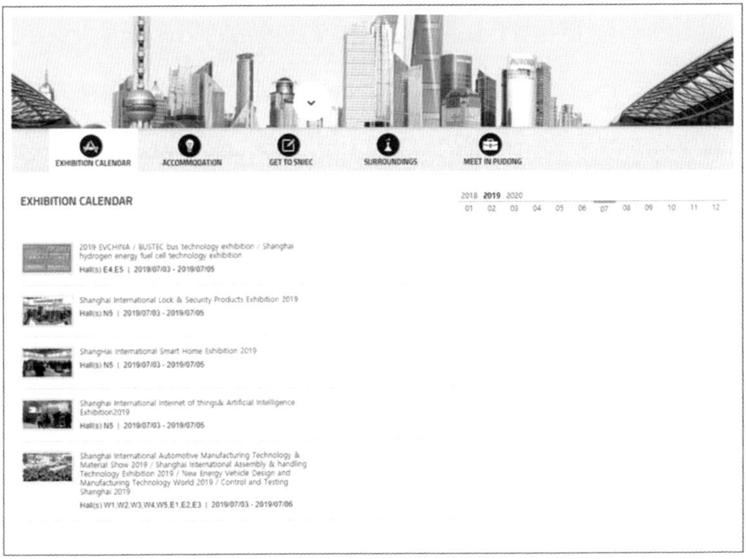

싸고 좋은 물건을 고르기가 쉬워졌다

장사에는 아주 오래된 몇 가지 불변의 법칙이 있습니다. 그중의 하나가 '예쁘고 좋은 물건은 비싸고, 안 예쁘고 나쁜 물건은 싸다'라는 것입니다. 또 하나는 '물건을 많이 사면 가격이 내려가고 조금 사면 가격이 올라간다'라는 것이지요. 수요와 공급의 법칙상 당연한 이야기입니다. 이런 점에서 소싱의 최종 목적은 남보다 예쁜 물건을 더 싸게 더 조금씩 구매하는 것, 이 모순을 풀어 내는 거라고 말해도 과언이 아닙니다.

돈을 많이 투자해서 비싸고 예쁜 물건을 대량으로 주문하면 가격이 내려갑니다. 또는 비싸고 예쁜 물건을 시장에서 나 혼자만 판매할 수 있게 업체와 독점계약하거나 기술이나 디자인 등의 특허를 확보하면 가격을 마음대로 통제할 수 있습니다. 하지만 이 모두가 많은 비용이 들어가는 방법이라 중소 상인에게는 현실적이지 않습니다. 그래서 중소 상인은 예쁜 물건을 알맞은 양으로 싸게 파는 곳이 운 좋게 얻어걸리지 않을까 하는 마음으로 전시장을 걷고 또 걷습니다. 이들에겐 상대적으로 시간이 재산이라 시간을 투자해 상품을 찾습니다. 그래서 무역박람회에 가보면 큰 회사에서 온 팔자 좋은 직원은 정장 차림으로 기존에 거래하는 몇 군데 공장 부스만 방문해 업체가 타주는 커피 마시면서 우아하게 상담 시간을 보내지만 작은 회사 직원이나 사장님은 등산복에 운동화 신고 하루에 몇만 보씩 걸으면서 전시장에서 행군을 합니다.

무역박람회는 여러 종류가 있습니다. 장사에서 가장 중요한 요소가 가격이기 때문에 1순위로 모든 업체가 방문하는 곳이 현지 대형 박람회입니다. 소비재의 경우엔 중국 광저우에서 일 년에 두 번씩 열리는 켄톤 페어가 가장 대표적입니다. MOQ는 크지만 제품 가격이 국내 소비자가의 4분의 1 정도로 상당히 저렴해 국내 웬만한 수입 유통회사는 전체 상품의 절반 이상을 바로 이 켄톤 페어에서 소싱합니다. 그런데 이런 현지 대형 박람회의 단점은 예쁜 물건을 찾기가 생각만큼 쉽지 않다는 점입니다. 과거엔 처음 사업에 뛰어든 사람이 큰 기대를 안고 켄톤 페어에 가면 대부분 큰 실망감과 막막함을 금치 못했었습니다. 우리나라 코엑스의

20배도 넘는 큰 전시장에 부스들이 따닥따닥 붙어서 쫙 깔려 있고 값은 싸도 상품 디자인이 도저히 한국에서 팔 수 있는 수준도 아닌데, 이걸 다 보자니 일주일도 모자랄 것 같고, 여기서 싸고 예쁜 상품을 찾기란 백사장에서 보석 찾는 것만큼 힘든 일이란 걸 금세 깨닫게 됩니다. 간혹 눈에 띄게 예쁜 물건을 파는 부스를 발견해도 십중팔구 MOQ가 높거나 이미 국내 다른 업체와 독점 공급 또는 독점 디자인 계약으로 묶여 있어 상담조차 해주지 않는 경우도 있습니다. 그래서 중소업체는 이거 피하고 저거 피하면서 싸고 예쁜 물건을 찾기 위해서 몇 박 며칠 동안 전시장을 걷고 또 걸을 수밖에 없었습니다.

시장에서 잘 팔릴만한 예쁜 물건을 고르는 행위 자체도 상당한 노하우와 기술을 필요로 하는 일입니다. 그것도 유럽 박람회처럼 예쁜 물건만 전시된 곳에서 상품을 고르는 것도 아니고 상품 수준이 한국의 80년대 재래시장 수준 같은 곳에서 어딘가 숨어 있는 보석 같은 예쁜 물건을 찾아내는 것은 기존에 많은 페어 경험이 있어야만 가능한 일입니다. 업력이 쌓여 소위 '상품 보는 눈'이 있는 경험 많은 전문 MD가 있는 회사는 그래도 이런 곳에서도 대박날 상품을 찾는 나름의 노하우가 있지만 전문 MD가 없는 중소 개인사업자에겐 절대 쉬운 일이 아니었습니다.

그런데 4,5년 전부터 이곳에도 큰 변화가 생겼습니다. 싸고 예쁜 물건이 갑자기 많아진 것입니다. 이 변화가 서서히 일어난 것도 아니고 약속이라도 한 것처럼 갑자기 동시다발적으로 일어났습니다. 도대체 중국 공장들에게 무슨 일이 있었던 걸까요? 제가 중국 현지 공장 사장님들과 만나서 이 갑작스러운 변화에 대해 얘기해본 결과 그 배경은 이렇습니다.

첫째 공장 오너들의 세대교체가 있었습니다. 전 세계적으로 중국 생산 붐이 시작된 20년 전부터 중국에서 제조공장을 운영했던 사장님들이 많은 돈을 벌자 자식을 죄다 미국, 유럽, 일본 등으로 유학 보냈고 그 자식들이 최근 들어 비슷한 시기에 공장 경영에 참여하기 시작한 것입니다. 이들은 국적만 중국이지 어린 시절부터 선진국에서 살아 영어도 잘하고 문화적, 미적 감각이 상당히 세련됐습니다. 이런 세련된 감성과 아버지가 일군 현지의 값싼 생산력이 만나 예쁜 상품을 경쟁력 있는 가격으로 생산할 수 있게 됐습니다. 그래서 최근 전시장에 가면 영어가 유창하고 외모도 세련된 젊은 사장을 자주 만날 수 있습니다. 상담할 때도 현지 통역이 필요 없고 영어로 이들과 직접 소통하게 됐습니다.

두 번째로는 최근 전 세계적인 유행 트렌드가 북유럽 스타일로 변했다는 것입니다. 예전에는 시장에서 잘 팔리는 세련된 상품의 장르라는 것이 다소 복잡하고 예술적인 것이었습니다. 단색보다는 문양이 들어가고 모양도 남이 따라 하기 어려운 형태여야 값어치가 나가고 판매도 잘 됐습니다.

그런데 4,5년 전부터 디자인이 간결하고 패턴이 간단한 북유럽 스타일 디자인이 전 세계적으로 유행하기 시작했습니다. 누구나 따라 하기 쉬운 디자인인 것이지요. 공장 입장에선 예전 기준의 세련된 디자인 제품을 창작하거나 카피하기 위해선 경력 있고 감각 있는 디자이너가 필요했지만 지금은 그래픽 소프트웨어를 조금 만지는 직원만 있으면 손쉽게 제품 디자인을 완성할 수 있게 됐습니다. 즉 유행하는 디자인의 장르가 카피하기 용이한 방향으로 바뀐 것입니다.

결과적으로 바이어 입장에서도 상품 고르기가 쉬워졌습니다. 소비자가 원하는 디자인이 심플하고 간단해져 몇 가지 가이드라인만 따져 상품을 구매하면 소싱 경험이 적은 MD라도 웬만해선 실패하지 않게 됐습니다.

세 번째로는 글로벌 브랜드 업체의 자체 디자인 상품을 OEM[3] 생산했던 공장을 전시장에서 쉽게 볼 수 있게 된 점입니다. 20~30년 전부터 전 세계적으로 중국 소싱 붐이 불며 중국 공장이 갑자기 많은 주문을 받자 자신들의 공장 설비와 인력만으로는 그 오더를 시간 안에 감당하기 어려워졌습니다. 그래서 많은 공장이 주변의 작은 영세 공장에게 재하청 주는 방식으로 넘치는 주문 물량을 해결했습니다. 대신 이 재하청 업체는 따로 바이어와 거래할 수 없도록 꽁꽁 묶어 두었지요. 재하청 업체는 매달 안정적인 물량이 들어오고 물량도 점점 늘어났기 때문에 설비나 직원 숫자도 물량에 맞게 늘려 나갔습니다.

그런데 약 10년 전부터 세계적 불황이 닥치자 대형 바이어 물량이 갑

3) 주문자 위탁생산: Original Equipment Manufacturing

자기 줄기 시작했습니다. 소비재를 예로 들면 이케아나 카르푸, 월마트 같은 대형 유통사의 중국 오더 물량이 줄어든 것이지요. 문제는 이런 대형 글로벌 유통사가 줄어든 영업이익을 만회하기 위해 기존에 거래하던 현지 중국 공장을 소위 말해 '쪼기' 시작한 것입니다. 심한 곳은 중국 현지 공장의 세후 이익까지 계산해서 '너는 이만큼의 돈만 벌어라'라는 태도로 공장의 세부적인 일까지 간섭하기 시작했습니다. 이케아가 그 대표적인 예인데, 이들은 공장 인건비를 낮추기 위해 공장의 위치도 자신들이 정해주는 곳, 즉 더 외진 내륙 지방으로 이전을 요구하고 상품 제조에 필요한 기계도 자신들이 원하는 사양으로 구매하도록 요구합니다. 자금이 부족해 공장 이전이 어렵다고 불평하는 곳은 이케아에서 공장 이전 자금을 대출해주면서 본인들이 원하는 방향대로 공장을 컨트롤했습니다. 그래서 항간에는 '중국 공장의 기계가 망가지면 이케아 직원이 비행기를 타고 와서 수리한다'느니, '공장 사장이 타는 자동차 종류까지 이케아 직원의 허락을 받아야 한다'라는 등의 이야기가 돌기도 했습니다. 이러다 보니 큰 공장 입장에선 대형 글로벌 유통회사와 거래하면 오더량은 많아도 실제 버는 돈은 얼마 안 된다는 사실을 깨닫고 이들과 거래를 끊고 오더량은 줄어도 이익을 더 많이 낼 수 있는 중소 유통회사를 상대로 영업을 하기 시작한 것입니다.

대형 유통회사와 거래를 끊으면 큰 공장은 당장 별 타격이 없습니다. 이들에겐 대형 글로벌 유통기업과 거래해왔던 좋은 업력, 즉 히스토리가 있어 신규 거래처를 뚫기 쉽습니다. 오히려 더 기회가 될 수도 있습니다.

하지만 이 큰 공장의 외주 오더만으로 생계를 유지하던 하청 공장은 자다가 날벼락을 맞은 것이지요. 그래서 기존 거래하던 공장과 거래가 끊길 각오를 하면서도 먹기 살기 위해 직접 고객을 찾아 나설 수밖에 없게 됐습니다. 그리고 이들이 찾은 방법이 바로 무역박람회에 직접 부스를 얻어 참가하는 것입니다. 이들이 할 수 있는 것이라곤 과거에 하청 받아 만든 대형 글로벌 유통기업의 상품을 무역박람회에 그대로 들고 나오는 것입니다. 어차피 기존 큰 공장과 하청 거래가 끊길 각오로 나온 사람들인데 디자인이 누구 것인지가 뭐가 중요하겠습니까?

게다가 가격도 그들이 월마트 현지 OEM 공장에 납품하던, 엄청나게 싼 가격에 맞춰주니 이런 공장을 발견한 중소 바이어는 정말 행운이지요. 전시장에서 이런 공장은 외진 곳에 부스가 있고 인테리어 수준은 상당히 떨어지는데 막상 부스 안에 들어가면 전혀 어울리지 않게 의외로 세련된 디자인의 상품이 많습니다.

이런 변화는 중소 상인에겐 반가운 일이지만 장기적으로는 위기로 다가올 수도 있다는 점도 알아야 합니다. 4,5년 전부터 시작된 싸고 예쁜 물건의 홍수가 시장에 몰고 온 변화의 핵심은 '싼 제품의 디자인 상향 평준화 현상'입니다. 싸고 예쁜 물건이 귀하던 시절에는 이런 귀한 물건을 어렵게 소싱한 업체는 큰돈을 벌었습니다. 진입장벽이 높았던 만큼 그

장벽을 힘들게 넘었을 때에는 보상이 확실했던 것이었지요.

그런데 시장에 싸고 예쁜 물건이 점점 많아지면서 그 희소성이 떨어지기 시작했습니다. 큰 노력을 하지 않아도 누구나 싸고 예쁜 물건을 소싱할 수 있게 됐고 시장에 깔린 제품 모두가 디자인이 상향 평준화되면서 소비자가 더 특별하게 예쁜 물건을 찾고자 하는 욕구 자체가 줄어들었습니다. 어디에 가도 어느 정도 예쁜 물건을 팔아 예쁜 물건을 찾기 위해 예전만큼 여기저기 검색하고 알아보는 노력을 덜 하게 된 것입니다. 디자인이 평준화된 상황에서 소비자에게 남는 이슈는 오로지 가격입니다. 그래서 더 싼 상품만을 찾게 됩니다.

자, 그렇다면 이런 상황에서 제일 이득을 보는 업체는 어디일까요? 소비자가 더 이상 굳이 예쁜 물건을 찾으려는 노력을 안 한다는 이야기는 상품을 구매할 때 가격만 싸다면 매장을 특별히 가리지 않게 되었다는 뜻입니다. 즉 당장 눈에 띄는 아무 매장에서나 상품을 구매하는 경우가 많아지고 이런 상황에선 브랜드 인지도가 높고 대형 유통망을 가진 할인 매장이 아무래도 유리합니다. 이 모든 조건을 갖춘 업체가 바로 다이소입니다. 이제 왜 다이소가 지난 5년간 어마어마한 성장을 거듭해 오고 있는지 이해가 되시겠지요.

4~5년 전 다이소의 가장 큰 고민은 상품 디자인이었습니다. '가격은 싼데 다이소 디자인은 촌스럽다'라는 소비자의 고정관념이 다이소가 성장하는데 가장 큰 걸림돌이었습니다. 하지만 요즘은 다이소 물건이 촌스

럽다고 불평하는 사람들이 과거에 비해 크게 줄었습니다. 오히려 SNS에는 다이소에서 찾은 예쁘고 좋은 상품을 자발적으로 홍보하는 글이 많아졌습니다. 확실히 소비자가 다이소를 싸다는 이유만이 아닌 상품력, 디자인 측면에서도 좋아하고 있는 것입니다. 그렇다고 다이소가 MD를 특별히 보강한 것도 아닙니다. 영업 직원 숫자만 늘어났지 다이소 내부 소싱력은 크게 변한 게 없습니다.

제가 얼마 전 다이소가 중국 전시장에서 상품을 소싱하는 모습을 보고 깜짝 놀란 적이 있습니다. 서류 가방을 든 50대 아저씨 한 분이 도자기로 된 저금통을 파는 부스에서 상품을 주문하고 있었는데 손에 든 노트를 슬쩍 보니 거기에 '선인장 모양 저금통'이라고 쓰여 있었습니다. 그리고 그 아저씨는 부스에서 실제로 선인장 모양 저금통을 죄다 골라 한 곳에 모아 놓고 주문서를 작성하고 있었습니다. 물론 나중에 샘플을 본사에 가져가서 최종적으로 주문할 제품을 선정하겠지만 그분의 소싱 방식이 너무나 간단하고 아무런 노하우가 필요 없는 것이어서 놀랐던 기억이 납니다.

뒤에 상품 소싱하는 기술, 구색 맞추는 기술 등 여러 가지 소싱 기술을 설명하겠지만 그 다이소 직원은 그런 기술에 대해 전문적으로 보이지도 않고 실제로도 그냥 아무 생각 없이 전시 부스에서 선인장 모양 저금통만 골라 주문할 뿐 그 이상 그 이하도 아니었습니다. 사실 저라면 그중에서 더 예쁘고 세련된 것을 추려서 구색도 맞추고 스토리도 넣어가면서 더 완성도 있는 상품 선택을 할 수 있었겠지만 한편으론 '뭐 저 정도 물건이면 한국에서 장사하는데 충분할 수도 있겠다, 이젠 별다른 능력이나 노하우 없이도 싸고 예쁜 상품을 소싱하는 것이 가능한 시대가 왔구나'라는 생각도 들었습니다.

이처럼 중국 공장의 디자인 상향 평준화는 중소 사업자에겐 양날의 검이 될 수 있습니다. 누구나 큰 노력이나 노하우 없이도 예쁘고 싼 상품을 소싱할 수 있는 기회가 열린 점은 분명 중소 사업자에겐 기회지만 만일 다이소 같은 큰 기업이 이런 기회를 발 빠르게 따라잡는다면 여러분에게 돌아갈 변화의 혜택은 작아질 수도 있습니다.

그래서 이런 기회를 잡기 위해선 항상 대형 유통망의 움직임을 관찰하고 이들보다 한발 앞서 움직여야 합니다. 이들이 아직 진입하지 않은 시장, 상품 카테고리, 상품을 집중적으로 공략해야 합니다. 대형 유통망은 물론 같은 처지의 중소업체 간의 경쟁도 무시할 수 없습니다. 싸고 예쁜 물건을 공급하는 시장이 오픈됐다는 이야기는 여러분뿐만 아니라 다른 누구라도 마음만 먹으면 그런 상품을 대량으로 유통할 수 있게 되었다는 뜻입니다. 이런 중소업체는 유통회사보다 비용구조에서 고정비 비율이 낮아 소비자가를 더 자유롭게 책정할 수 있어 더욱 조심해야 합니다. 오히려 큰 기업보다 덤핑을 치기 더 쉽다는 말입니다. 그래서 어떻게 보면 예전보다 구조적으로는 성공할 수 있는 기회는 늘었지만 실제 경쟁의 강도는 더 세졌다고 봐야 합니다.

최소 주문 수량MOQ이 낮아졌다

해외 소싱을 하면서 가장 신경 쓰이는 부분이 바로 이 MOQ입니다. 일단 바다를 건너 현지에 가면 가격은 너무 마음에 드는데 바로 이 MOQ 때문에 선뜻 주문 결정을 하지 못하는 경우가 많습니다. 잘 팔릴지도 모르는 상품을 왕창 사서 재고가 쌓이는 것보단 우선 조금만 사다 팔면서 시장 반응을 보고 싶은 게 바이어라면 누구나 갖는 마음입니다. 하지만 이건 어디까지나 바이어 사정이고 공장 사정은 다릅니다.

해외의 거의 모든 공장은 생산에 필요한 부자재를 미리 확보하지 않고 고객에게 오더를 받아 어느 정도 이상의 주문 수량이 모이면 그때 자재를 구매하고 제품을 생산합니다. 원부자재 가격은 조금씩 구매하면 단가가 올라가서 공장 입장에선 가능한 한번에 많은 양을 주문하는 게 이익입니다. 그래서 MOQ라는 숫자는 기본적으로 공장이 상품을 생산하기 위해 구매하는 원자재 수량에 맞춰 책정됩니다. 또한 공장에서 한 디자인의 상품을 생산하기 위해선 인부와 기계 설비 등 여러 생산 공정을 세팅해야 하는데 제품 1개를 생산하든 1만 개를 생산하든 세팅에 소요되는 시간은 똑같습니다. 얼마 안 되는 수량을 위해 공정을 세팅하면 그 시간만큼 다른 오더를 생산할 수 없게 됩니다. 그래서 이왕이면 많은 수량의 오더를 원합니다. 제품에 따라 주형틀, 즉 몰딩을 제작하는 경우도 있습니다. 몰딩을 제작해서 주형을 뜨는 상품은 일반적으로 공장에서 몰딩 제작비용을 부담합니다. 그런데 몰딩 비용이 적게는 몇십만 원에서 많게는 몇천만 원까지 들어갑니다. 공장은 주문을 받아서 남는 비용으로 몰딩 비용을 커버해야 합니다. 그래서 이 비용을 포함해 MOQ를 책정합니다. 만일 바이어가 몰딩 비용을 부담한다고 하면 MOQ를 좀 더 낮출 수 있겠지만 바이어 입장에서 적은 양의 상품을 주문하면서 몇백, 몇천만 원의 몰딩비를 낸다는 것은 부담이 되고 향후 몰딩 소유권 분쟁 여지도 있습니다. 생산이 끝난 후 공장이 나쁜 마음을 먹고 '몰딩을 분실했다, 망가졌다'라고 해버리면 바이어 입장에선 특별히 어떻게 해 볼 도리가 없습니다.

그래서 이것저것 다 고려해서 책정된 MOQ가 대략 한 상품별로 200만 원 정도입니다. 여기서 한 상품별이란 것은 'Per Color', 'Per Design'이라고 하는데 컬러별, 디자인모양별 수량을 뜻합니다. 몰딩이 들어가는 플라스틱, 철제 제품은 MOQ가 상품별로 500만 원 정도이고 수작업이나 간단한 기계만으로도 제작이 가능한 패브릭, 유리제품의 경우는 100만~150만 원 정도인 경우도 있습니다. 그래서 통상적으로 전시장에서 만난 공장에서 적게는 5개, 많게는 10개 정도의 제품을 주문하는 경우가 많은데, 여기에 몇 가지 디자인에 몇 가지 컬러로 공장이 요구하는 MOQ를 맞추면 전체 주문 금액이 2천만 원 정도가 됩니다.

또한 상품을 다른 나라로 수출하려면 일반적으로 해상, 즉 선박을 이용하는데, 배에 상품을 선적하기 위해선 컨테이너 적재가 필요합니다. 이 컨테이너의 단위가 가장 적은 것이 20피트, 그보다 큰 사이즈가 40피트, 더 큰 경우엔 하이큐브 40피트로 정해져 있습니다. 그래서 각 상품별로 생산에 필요한 MOQ와는 별도로 한 공장에서의 총 주문량이 이 세 가지 중 하나의 컨테이너 부피CBM에 딱 맞아야 합니다. 이것이 전체 볼륨 MOQ입니다.

우선 컨테이너가 가득 차있든 텅텅 비어있든 간에 바이어가 부담해야 하는 운송비용은 컨테이너 사이즈로 책정됩니다. 물류비 손해를 보지 않으려면 상품을 컨테이너에 꽉꽉 채워서 보내야 합니다. 그래야 상품 1개당 차지하는 물류비용이 낮아집니다. 어떤 사람은 돈이 모자라서 컨테이너 비용은 다 낼 테니까 대신 상품을 조금만 실어 달라고 공장에 요구하는 경우도 있는데 컨테이너에 상품이 꽉 차 있지 않으면 배가 바다를 건너 오는 동안 컨테이너가 흔들려 상품이 파손되는 경우가 많습니다. 배송 중 발생하는 상품의 파손 부담은 운송회사가 모두 지기 때문에 운송회사는 컨테이너가 다 채워져 있지 않은 경우 보완재로 비어 있는 부분을 모두 채웁니다. 그런데 이 보완재 비용과 그것을 채우는 인건비가 만만치가 않습니다. 그래서 결론적으로 상품을 가득 채워서 오는 게 여러모로 이익입니다.

최근엔 LCL Less than Container Load 이라고 여러 업체의 상품을 모아서 한 컨테이너를 만들어 보내는 경우도 있는데 이 역시 비용이 단독 화주로 컨테이너를 만들어 보내는 것보다 훨씬 높습니다. 공장에서도 LCL 방식은 준비해야 하는 서류도 많고 조건에 맞는 여러 업체를 모으는데 시간도 많이 들어 웬만해서는 잘 해주려 들지 않습니다. 하지만 바이어가 추가 비용을 부담하겠다고 하면 LCL로도 설득이 충분히 가능합니다.

어찌 되었든 이런저런 이유로 공장 입장에선 하나의 상품을 생산하기 위해선 어쩔 수 없이 MOQ란 것을 요구할 수밖에 없고 이런 MOQ의 존재는 대형 수입 유통회사에겐 작은 업체를 방어할 수 있는 진입장벽이었습니다. 아무리 무역박람회에 중소 상인이 많이 몰려와도 그들의 자금력으론 MOQ가 높은 상품을 주문하기 힘들기 때문에 '할 테면 해봐라'라는 느긋한 마음을 가질 수 있었지요. 그런데 최근 4,5년 사이에 이 MOQ의 개념이 흔들리기 시작했습니다.

첫째로 아예 MOQ가 없는 부스가 늘고 있습니다. 최근 전 세계적으로 온라인 커머스가 부상하면서 대형 글로벌 유통업체가 쇠퇴하는 반면 중소 유통업체가 급성장했습니다. 이 늘어난 중소 유통업자를 고객으로 끌어 드리기 위해 아예 MOQ를 요구하지 않는 것을 전략적으로 강조하는 신규 비즈니스가 생겼습니다.

이 경우 몇 가지 형태가 있는데 그중 하나가 자기들이 현지나 혹은 다른 나라에서 소매 오프라인 매장을 운영하고 있는 곳입니다. 오프라인 매장을 운영하다 보면 자연스럽게 재고를 일정량 이상 안고 가야 합니다. 그리고 모든 장사가 그러하듯 시간이 갈수록 악성 재고란 것이 창고에 쌓이게 됩니다. 일정 시간이 지나면 창고에 쌓인 재고를 싼 가격이라도 처분하고 싶은 상황에 놓입니다. 그러나 매장이 있는 나라에서 땡처리를 하면 매장 매출이나 브랜드에 좋지 않은 영향을 주기 때문에 아예 매장이 없는 다른 나라로 수출하는 방법을 찾게 됩니다. 그래서 결국 무역 전시장에 부스를 얻어 재고를 수출하겠다는 발상을 하게 됩니다. 그렇다고 악성 재고만 팔면 상품 구색이 너무 없어서 장사가 안 될 것 같으니까 악성 재고가 아닌 정상 재고도 상품 리스트에 포함해 수출합니다. 이런 곳은 재고 상황이 업체의 소매 매장 상황에 따라 바뀌기 때문에 재고 수량이 안정적이지 않다는 점을 감안해야 합니다. 아무래도 악성 재고는 수량이 많지만 잘 팔리는 정상 제품은 수량이 적겠지요. 또 잘 팔리는 상품을 다시 주문하려면 품절로 재주문하는데 시일이 오래 걸리기도 하고 아예 모델 자체가 단종되는 경우도 많습니다.

공장을 운영하다 보면 간혹 바이어가 주문을 하고 피치 못할 사정으로 상품을 가져가지 못하는 경우도 있습니다. 그래서 이런 오갈 데 없는 상품만 모아 MOQ 없는 조건으로 전시장에서 판매하는 곳도 있습니다. 또 까다로운 바이어의 품질검사QC : Quality Control에 탈락한 상품도 많습니다. QC 기준이 나라별, 바이어별로 달라 잘만 고르면 이런 상품 중에서 우리나라에선 전혀 문제가 되지 않는 멀쩡한 물건을 발견할 가능성도 꽤 있습니다. 과거에는 지역 로컬 시장에서 이런 문제 있는 상품을 처분하는 경우가 많았지만 최근엔 아예 무역박람회에 부스를 차리고 해외 시장으로 수출하는 경우가 늘었습니다. 이런 상품은 유명 대형 유통회사처럼 잘 알려진 기업에게는 적합하지 않지만 당장 매출이 급한 중소 사업자에겐 아주 낮은 가격으로 MOQ 없이 상품을 주문할 수 있다는 점에서 잘만 이용하면 큰 기회가 됩니다.

최근엔 세련된 디자인과 MOQ가 없다는 점을 함께 강조하며 등장한 새로운 비즈니스도 있습니다. 중국이나 인도, 동남아 등 현지 생산 라인에 정통한 업체가 미국이나 유럽에서 디자이너를 고용해 자신들이 직접 상품 디자인을 하고 현지 공장에서 그들의 MOQ에 맞게 상품을 제작해 재고를 창고에 보유한 상태로 무역박람회에 참가하는 형태입니다. 사실 예전에도 이런 종류의 업체는 있었지만 주로 유럽 업체가 운영하는 곳이 대부분이라 유럽 현지 박람회에서만 볼 수 있었습니다. 또, 가격이 워낙 비싸서 한국 바이어가 소싱해서 시장에 팔기엔 원가 구조가 맞지 않았습니다.

하지만 최근 들어 중국이나 베트남 현지 회사가 직접 외국 디자이너를 고용해 현지에 창고를 얻고 이런 비즈니스를 하면서 가격이 대폭 낮아졌습니다. 이런 곳의 장점은 MOQ가 없고 상품 디자인이 세련됐다는 점은 물론 한 제품만 생산하는 공장에서 나온 타 부스와 달리 구색이 엄청나게 다양하다는 점입니다. 그래서 상품을 조금씩만 사도 워낙 종류가 다양해 이것저것 골라 컨테이너 하나를 채우기 수월합니다.

대신 유통회사를 끼고 사는 것이기 때문에 직접 공장에서 사는 것보다는 대략 1.5배 정도 구매가가 높을 수밖에 없습니다. 이곳 역시 재고 수량이 시즌별로 정해져 있어 아무리 상품이 마음에 들어도 빨리 구매하지 않으면 금세 품절되는 경우가 많습니다. 만일 단종된 상품을 주문하고 싶으면 업체 측에서 제조공장에 생산을 의뢰해야 하는데 그들 역시 원청 공장이 요구하는 MOQ를 맞춰줘야 해 MOQ가 높아지게 됩니다. 공장과 직거래하는 것보다 1.5배 비싼 돈을 줘가면서 그런 수량을 주문할 바이어는 없기 때문에 사실상 단종 상품을 주문하는 것은 의미 없는 일이라고 봐야 합니다.

두 번째로는 기존 공장의 전반적인 MOQ 기대 수준이 낮아졌다는 것입니다. 이것은 제가 직접 몸으로 부딪히며 얻은 결론인데 과거에 비해 MOQ 협상을 할 때 공장들의 태도가 상당히 바이어에게 협조적으로 변했습니다. 물론 아직도 자신들이 원하는 MOQ에서 한 개라도 적으면 이메일 회신도 안 하는 고집 센 업체가 있기도 하지만 예전에 비해선 중국 공장들의 MOQ에 대한 태도가 눈에 띄게 달라졌습니다. 인도의 경우는 더 심합니다. 요즘엔 협상을 하면 할수록 MOQ가 한도 끝도 없이 내려갑니다. 여기엔 여러 가지 이유가 있겠지만 최근 다양한 국제 무역 이슈로 중국, 인도 공장 상황이 안 좋아진 것도 있고 낮은 MOQ를 원하는 중소 바이어의 숫자가 예전보다 워낙 많이 늘어난 것도 있습니다. 공장 입장에선 예전처럼 높은 MOQ를 고수하다 파리 날릴 바엔 다소 손해를 봐도 공장을 바쁘게 돌리고 싶은 마음이 드는 것이지요.

그렇다고 업체가 처음부터 낮은 MOQ를 부르지는 않습니다. 아직도 대부분의 공장은 처음 미팅에선 과거 수준의 높은 MOQ를 구매 조건으로 제시합니다. 그러면 저는 우선 그 자리에선 그들의 MOQ에 맞추겠다고 하고 상담을 진행합니다. 그리고 모든 주문 과정을 끝내고 한국에 돌아오면 그제서야 이메일을 보내 전체 주문 금액이 너무 높아서 MOQ를 조금 낮춰 줄 수 있냐고 물어봅니다. 그러면 공장에서 다시 답장이 오고 제가 다시 답변을 하는 식으로 소위 '이메일 핑퐁'을 칩니다. 그러다 보면 처음엔 Per Color, Per Design 당 200만 원으로 시작했던 MOQ가 나중엔 100만 원까지 떨어집니다. 어떤 경우엔 50만 원, 30만 원까지도 떨어지기도 하지요. 4,5년 전만 해도 상상도 못했던 일입니다.

그래서 저는 요즘 박람회에 가면 처음부터 MOQ를 낮게 부릅니다. 예전엔 부스에서 어느 정도 대접을 받기 위해 본인 회사 규모가 크고 연간 주문량도 많다고 없는 말도 하면서 기선 제압을 해야 하던 때가 있었습니다. 하지만 지금은 그렇게 떠벌리는 것이 괜히 MOQ만 높이고 실제 얻는 이익은 거의 없습니다. 요즘 워낙 중소 바이어가 급증해 이들 없이는 중국 공장이 먹고살기 힘들어졌기 때문에 회사 규모가 작더라도 홀대받는 경우가 없습니다. 그래서 저는 요즘 아예 전략을 바꿔서 전시장에서 '나는 돈이 많지 않다. 사업 시작한 지 얼마 안 돼 아직 영세하다. 하지만 당신 물건은 너무 마음에 들어서 꼭 사고 싶다. 한국에서 정말 잘 팔릴 것 같다. 방법을 알려달라'라고 불쌍하게 보일 만큼 낮은 자세로 접근합니다. 그러면 오히려 공장에서 먼저 MOQ를 조정해주려고 이런저런 궁리를 해주기도 합니다. 일반적으로 MOQ를 낮추면 단가가 좀 올라갈 수 있지만 그래 봤자 개당 몇 센트 올라가는 경우가 대부분이라 바이어 입장에선 얻는 게 더 많다고 봐야 합니다.

그래서 저는 상품은 너무 마음에 드는데 첫 상담에서 높은 MOQ에 지레 겁을 먹고 바로 발길을 돌리는 분을 보면 안타까울 때가 많습니다. 늘 어딘가 방법이 있습니다. 만일 부스에서 상담한 사람이 직원인 경우엔 MOQ 조정을 해 줄 능력도 없고 해 줄 이유도 없겠지요. 이럴 땐 직원에게 사장님과 혹시 얘기할 수 있냐고 물어보는 것이 좋습니다. 사장을 만나서 '첫 오더이기 때문에 한국 시장 테스트를 위해서 이번 한 번만 이 수량으로 주문을 하고 싶다. 도와달라'라고 부탁하면 요즘 같은 분위기에선 웬만하면 넘어오게 돼 있습니다. 그때마다 공장 측에선 '이번엔 첫 오더니까 이렇게 낮은 MOQ로 생산해주지만 다음에 리오더 할 때는 정상 MOQ 수량을 맞춰줘야 한다'라고 합니다. 하지만 한번 내려간 MOQ는 절대로 올라가지 않습니다.

현지 내수 도매시장의 상향 평준화

예전엔 어떤 소싱처에서 상품을 구매하는지를 보면 그 회사의 규모를 알 수 있었습니다. 일반적으로 대형 수입 유통회사는 자기들이 거래하던 현지의 A급 공장에서 바로 상품을 구매하고, 그보다 작은 중형급 회사는 무역박람회를 주로 이용하고, 그리고 중소 개인 유통업자는 현지 도매시장에서 소량씩 상품을 구매하는 것이 일반적이었습니다.

대형 회사는 주로 자체 디자인 상품이나 수입 독점 상품을 구매하기 때문에 굳이 박람회에 가서 이것저것 구경하느라 시간 낭비하지 않습니다. 바로 기존에 거래하던 현지 공장에 가서 현지 직원과 같이 상품 개발을 합니다. 디자인을 같이 개발하기도 하고, 원자재 시장을 방문해서 원자재 대안을 찾거나 더 싼 원재료를 구해 원가를 낮추는 노력을 합니다.

대부분의 중형급 회사는 이런 A급 공장의 정보를 알지 못하거나 알아도 거래를 하기엔 구매량이 적습니다. 그래서 신규 공장, A-급이나 B급 공장, 그리고 과거에 잘 나갔는데 지금은 다소 쇠퇴한 공장이 주로 참가하는 무역박람회에서 상품을 소싱합니다. 사실 정말 잘나가는 A급 공장은 무역박람회에 나오지 않습니다. 기존 바이어 주문만으로도 공장 가동률이 꽉 차 있어 굳이 박람회에 비용 들여 나갈 이유가 없습니다. 또, 박람회에 나가는 것을 기존 바이어가 좋아하지 않기 때문에 그들의 눈치를 보는 것도 이유입니다. 아마 이런 공장도 물론 바이어가 많지 않았던 사업 초창기에는 박람회에 나갔겠지요. 그러다 운 좋게 더 이상 신규 고객이 필요 없을 정도로 주문하는 대형 바이어를 확보한 후에는 더 이상 박람회에 나갈 이유가 없습니다. 이들이 다시 박람회에 나가야 할 때는 기존의 큰 거래처가 떨어져 나갔을 경우입니다. 여러분이 무역박람회에 가시면 간혹 부스에 이케아, 카르푸, 월마트, 타깃 등 유명한 글로벌 유통회사의 OEM 공장이라고 써 놓은 업체를 볼 수 있습니다. 이런 경우엔 십중팔구 과거에 그런 큰 기업의 오더를 받았다가 지금은 떨어져 나간 곳입니다. 그들이 현재도 그런 대형 바이어와 거래를 한다면 지금 그렇게 오픈된 공간에 부스를 차리고 있을 수가 없으니까요. 이런 업체의 단점은 큰 거래처와 오로지 한두 가지 상품을 1년에 수백 컨테이너씩 제조한 경험만 있어 자체 상품 개발 능력이 상당히 떨어지는 경우가 많다는 것입니다. 오랜 기간 남이 시킨 것만 만들었기 때문에 그 바이어가 떨어져 나간 후엔 별 볼 일 없는 업체로 전락합니다. 그래서 중형급 회사는 이런 공장과는 거래하지 않습니다. 오히려 지금 막 뜨는 젊고 작은 공장과 거래하는 편이 상품 디자인이나 MOQ에서도 훨씬 이득인 경우가 많습니다. 이렇듯 대형 기업은 자기들이 오래전부터 개발한 공장 위주로 상품을 소싱하고 그보다 작은 중형 기업은 주로 무역박람회에서 업체를 개발합니다.

그런데 무역박람회의 가장 큰 걸림돌이 바로 MOQ입니다. 최근 들어 MOQ가 없는 업체도 늘었고 협상해서 낮출 수 있는 여지도 커진 건 사실이지만 그래도 발품을 팔아서 그런 업체 찾아내고 또 협상 실랑이를 벌여야 하는 숙제는 여전히 존재합니다. 반면 처음부터 MOQ란 것이 아예 존재하는 않는 소싱처가 있는데 그게 바로 현지 도매시장입니다.

대부분의 중소 무역상이 해외 상품을 수입하러 가는 곳이 바로 이 현지 도매시장입니다. 흔히 '상품을 떼다 판다'라는 말을 많이 하지요? 이 말은 바로 이런 로컬 시장에서 상품을 사 와서 파는 걸 말합니다. 시장에 산더미처럼 쌓여 있는 많은 상품 중 일부를 '떼어 내온다'라는 의미인 것 같기도 합니다. 이 떼다 팔 수 있는 즉, 조금씩 구매할 수 있다는 점이 현지 도매상가의 장점입니다.

하지만 현지 도매상가라는 곳은 말 그대로 현지에서 작은 가게를 운영하는 소매상이 자기가 팔 물건을 조금씩 자주 사 가는 곳이어서 상품 수준이 현지인 눈높이에 맞춰져 있습니다. 그래서 중국이나 동남아 도매시장에서 파는 상품은 도저히 한국에선 팔 수 없는 것이 많습니다. 예전에 서울역 근처나 지방 재래시장, 지하상가 좌판에서 팔던 상품을 보면 주로 이런 현지 도매상가에서 떼 온 물건이 많았습니다. 그래서 한국 상인이 주로 찾던 현지 도매상가는 중국이나 베트남이 아닌 일본의 도매시장이었습니다. 특히 오사카에 가면 이런 도매상가가 많이 있지요. 이곳은 일반인은 상품을 구매할 수 없고 장사하는 사람만 출입할 수 있는데 한국에서 명함만 가져가면 즉석에서 출입증을 만들어줘 입장이 가능합니다. 이 도매상가는 마치 한국의 대형마트같이 쇼핑하기 편하게 돼 있습니다. 점원도 별로 없고 그냥 원하는 물건을 장바구니에 담아와서 계산하고 별도의 카운터에서 세금 공제를 받으면 됩니다. 시대에 따라 국내 시장에서 경쟁력 있는 일본 제품이 변하는 터라 한국 상인의 주요 구매 상품도 그에 따라 변했습니다. 일제 가전제품이 잘나가던 8,90년대에는 소형 가전제품이 인기 상품이었고, 최근에는 아이디어가 돋보이는 작은 주방, 생활용품이 한국에서 잘 팔립니다. 대신 가격이 비싸다는 것이 단점입니다. 도매상가 가격은 현지 소비자가의 대략 절반 수준입니다. 예를 들어 일본 소매시장에서 만 원에 팔리는 수건을 이곳에선 5천 원에 구매할 수 있습니다. 그러면 한국 상인은 출장비, 운송비, 판관비, 나중에 세일해서 팔 것 등을 감안해서 5천 원에 산 수건의 소비자가를 대략 만 오천 원 정도로 책정합니다. 일본의 현지 소비자 가격보다 1.5배 비쌉니다. 그래도 예전엔 국내에서 '메이드 인 재팬' 딱지가 가진 프리미엄이 있어 곧잘 팔렸었습니다. 불과 10~20년 전까지만 해도 남대문 대도상가나 고속버스터미널 같은 곳에서 3평짜리 매장 가지고 일본 도매상가에서 물건 떼 와서 자식들 전부 해외 유학 보내고 강남에 빌딩 산 분도 많았습니다. 하지만 요즘은 상황이 많이 변했습니다. 우선 요즘 젊은 소비자는 일본산 제품을 그렇게 선호하지 않습니다. 오히려 국산을 더 선호하는 경향이 있지요. 그리고 최근 일본 도매상가에 가면 오리지널 일본산 제품을 찾기 힘듭니다. 대부분 중국산입니다. 물론 일본 회사 디자인 제품을 중국에서 생산한 상품이 많긴 합니다만 아무리 일본 브랜드라 해도 중국산 제품을 그 가격에 주고 사는 국내 소비자는 많지 않습니다. 그래서 지금 일본 도매상가에서 국내에 팔릴 상품은 예전에 비해 상당히 제한적입니다. 아주 특별해 보이는 아이디어 상품이나 중국산 카피 제품이 아직 없는 독특한 디자인 상품 정도이지요.

그래도 저는 이곳이 아직도 소싱처로서 가치는 남아 있다고 봅니다. 예전보다 물건 고르기가 힘들어지긴 했지만 지금 네이버 리빙윈도에서 잘 팔리는 상품을 보면 이 일본 도매시장에서 소싱한 것이 꽤 많습니다. 다만 마진을 예전처럼 세 배씩 붙여서는 판매가 어려워 이 상품만 가지고선 큰돈을 벌긴 어려운 구조입니다. 큰돈을 벌기 위해선 가격이 싸서 판매 수량이 터져줘야 하고 동시에 배수가 최소 2.5배 정도 되는 상품이 반드시 있어야 합니다. 중국산 제품 외에는 어려운 이야기입니다. 그래서 일본 도매시장에서 상품을 소싱하는 사장님은 반드시 동시에 중국 상품 소싱도 함께 진행해야 합니다.

◀ 오사카의 대표적인 도매상가 '판비' ▶

그런데 최근 들어서 중국 로컬 도매시장이 변했습니다. 물론 아직까지 한국에 비해서 수준이 떨어지긴 하지만 과거에 비해 소싱할 만한 물건이 눈에 띄게 늘었습니다. 저는 20여 년 전 이 현지 시장을 가 보고는 상품이 너무 후져서 한동안 아예 생각도 안 하고 있다가 4,5년 전에 다시 방문해보곤 상품이 너무 좋아져서 깜짝 놀랐습니다. 그리고 그 이후론 1년에 서너 번씩 현지 시장에서 소싱하기 시작했습니다. 물론 시장의 환경은 아직도 위생적이지 못하고 정리도 잘 돼 있지 않습니다. 그런데 어차피 장사하는 우리가 도매시장에 관광이나 개인 쇼핑하러 가는 게 아니지 않습니까? 아무리 도매시장의 수준이 못 봐 줄 정도로 열악하더라도 그중 대박을 칠만한 단 한 상품만 발견 수 있다면 무슨 고생인들 못하겠습니까?

중국 시장이 막 개방되기 시작한 90년대 초반, 문도 달려 있지 않은 공중 화장실 건너편에서 볼일 보고 있는 중국인과 눈 마주치면서 간이 용변을 보며 오지에 있는 공장을 찾아다니던 사람들 대다수가 네덜란드와 벨기에, 프랑스에서 온 푸른 눈의 바이어들이었습니다. 제 경험상 돈은 쾌적하고 호사스러운 곳보단 지저분하고 뭔가 음습한 곳에 있습니다. 개처럼 벌어서 정승처럼 쓴다는 말은 있어도 정승처럼 번다는 말은 없지 않습니까? 특히 수입, 유통업계에 첫 발을 내딛는 분은 꼭 이점을 중요하게 여겼으면 좋겠습니다. 그래서 저는 소싱을 다니면서 오지로 가면 갈수록 환경이 지저분하면 지저분할수록 뭔가 몸속에서 아드레날린이 분비되는 것을 느낍니다. 중국의 도매시장 환경은 정말 더럽습니다. 차라리 인도나 스리랑카의 로컬 시장은 나름 이국적인 낭만이라도 있지 이 중국 도매시장은 그냥 더러움 그 자체였습니다. 기름 냄새, 똥 냄새, 담배 냄새가 진동하고, 파는 물건이라고는 어떻게 돈 주고 저런 걸 만들었나 싶을 정도로 눈 뜨고 봐줄 수도 없는 것들로 가득했습니다. 그러던 곳이 최근에 완전히 다른 나라에 온 것처럼 변해 버렸습니다.

이곳의 가장 큰 장점은 상품 딜리버리가 빠르다는 점입니다. 일반 공장에서 정상적으로 상품을 발주하면 상품을 받기 위해선 빠르면 2개월 늦으면 6개월까지도 시간이 걸리지만 이 도매시장은 당장 가지고 있는 재고를 파는 것이어서 서두르면 1~2주일 안에 상품을 받을 수 있습니다. 그래서 저희 회사는 간혹 기존에 거래하던 현지 공장에 문제가 생겨 중요한 상품군이 펑크가 날 경우 대안으로 이곳을 이용하기도 합니다.

또 도매시장은 MOQ가 적습니다. 상품별로 내륙 배송이 가능한 최소 포장 단위 카톤:Carton 만 맞추면 주문이 가능합니다. 대신 한 가게에서 전체 구매하는 물량이 한국 돈으로 대략 백만 원이 넘어야만 거래를 해줍니다. 상품의 사이즈에 따라 다르지만 대충 한 카톤에 상품이 12개 정도 들어가니까, 개당 가격이 2천 원짜리 '장갑'을 예로 들면, 100만 원을 가지고 42가지 종류의 디자인을 구매할 수 있습니다. 즉 우리가 일반적으로 전시장에서 만난 공장과 거래를 할 때 한 가지 제품을 구매하기 위해 들어가는 비용으로 이곳에선 수십 종류의 상품을 구매할 수 있는 것입니다. MOQ가 낮고 상품 딜리버리 타임이 짧다는 이야기는 발 빠르게 움직이면 조금씩 상품을 사 와서 시장 반응을 보고, 잘 나간다 싶으면 바로 리오더를 하면서 매출이 끊기지 않게 운영할 수 있다는 것입니다. 하지만 이 도매시장에 있는 가게는 공장이 아니라 가지고 있는 재고를 파는 도매상이기 때문에 확보된 재고가 다 떨어지면 그 상품을 재구매 할 수 없다는 단점이 있습니다. 소진된 재고를 재주문하려면 도매상도 공장에 제조를 의뢰해야 하기 때문에 공장이 요구하는 MOQ 수량을 맞춰달라고 합니다. 하지만 어차피 그 수량을 주문할 바엔 바로 공장에 주문하면 되지 중간에 도매상 마진까지 줄 필요가 없습니다. 이런 상황에선 도매상을 통할 것이 아니라 원청 공장을 찾아내서 직거래를 하는 편이 낫습니다.

앞서 잠시 언급했지만 중국 도매시장의 가장 큰 단점은 예쁜 상품을 쉽게 찾기가 어렵다는 것이었습니다. 하지만 중국 현지인 생활수준이 올라가면서 상품이 눈에 띄게 좋아졌습니다. 최근에 중국 대도시들 상해, 광저우는 물론이고 항주, 심천, 청도 등에 다녀온 분은 아시겠지만 그들의 생활 수준이 한국에 비해 전혀 떨어지지 않습니다. 한국에 들어오지도 않은 유명한 해외 브랜드도 넘치고 최근 론칭한 로컬 브랜드 수준도 선진국과 비교해서 전혀 뒤처지지 않습니다. 패션 감각도 우리와 장르가 달라서 그렇지 더 자유분방하고 개성이 넘칩니다. 특히 가구나 인테리어 소품 감각은 우리보다 훨씬 앞서 있습니다. 한국은 아파트에 입주할 때 어느 정도 기본 인테리어가 돼 있지만 중국은 아주 기본 틀만 갖춰진 상태로 분양을 하기 때문에 입주하는 사람이 바닥, 천장, 조명, 변기, 욕조, 기본 가구까지 전부 골라 설치해야 합니다. 그래서 이케아나 비앤큐 같은 글로벌 인테리어, 가구 브랜드가 한국보다 10년 먼저 중국 시장에 진출했지요. 이런 학습효과가 있어서 그런지 요즘 웬만큼 사는 중국인 가정집에 가보면 그 수준이 한국 부잣집과 비교해도 상당히 높습니다. 비싼 상품으로 사치스럽게 꾸몄다는 것이 아니라 공간을 본인의 개성에 맞게 연출하는 집주인의 개인 능력이 한국인에 비해 높다는 말입니다. 그러다 보니 이런 현지인을 상대로 장사하는 소매상 수준도 높아지고 상품 퀄리티도 예전과 비교가 안 되게 향상됐습니다. 이런 변화가 고스란히 현지 도매상가까지 번진 것입니다.

제 경험으로도 예전엔 30분 걸어야 한국에 가져다 팔 만한 물건을 한두 개 발견할까 말까 했던 것이 지금은 5분에 1개씩 눈에 띕니다. 심지어 무역박람회에서 보지도 못했던 새로운 물건도 많습니다. 최근에 제조 공장을 운영하는 젊은 층 인구가 늘어나고 이들이 과거처럼 무역박람회만을 고집하지 않고 로컬 도매시장에 점포를 내기 시작하면서 규모는 작지만 감각이 세련된 업체가 많아졌습니다. 예전엔 시장에서 파는 상품은 아무리 예뻐도 패키지가 너무 촌스러워서 상품을 구매한 후 하나하나 포장을 뜯고 새 패키지로 다시 포장하는 경우가 많았는데 요즘은 센스 있게 패키지에 중국 말도 쓰지 않고 영어로만 표기해서 구매한 상태 그대로 국내에서 팔아도 되는 경우가 많습니다.

◀ 최근 중국 도매시장에서 흔히 볼 수 있는 세련된 상품들 ▶

또한 무역박람회가 가구, 패브릭, 생활용품, 가전용품 등 특정한 상품 카테고리에 따라 다른 시기에 다른 장소에서 개최되는 것에 비해 이곳에선 1년 내내 온갖 카테고리 상품을 한곳에서 팔아 여러 박람회에 가야 구매할 수 있는 상품을 한 번의 방문으로 해결할 수 있다는 장점도 있습니다. 여기저기 둘러 보면 애초엔 생각하지 못한 의외의 카테고리 상품을 발견할 수도 있지요.

중국 도매시장의 또 하나 중요한 변화는 과거에 비해 그 도시에 한국인이 운영하는 검수 및 물류 대행업체가 많아졌다는 점입니다. 현지 도매시장에서 상품을 소싱할 때 항상 발생하는 문제가 바로 검수입니다. 상품 퀄리티는 예전보다 좋아졌을지 모르지만 시장 사람의 비즈니스 매너는 아직 후진국 수준입니다. 그 후진적이라는 수준이 우리의 상상을 뛰어넘습니다. 우선 물건을 주문대로 보내는 경우가 없습니다. 항상 틀립니다. 아예 모델이 다르기도 하고 컬러가 다른 물건을 보내는 경우가 늘 일어납니다. 처음엔 멀쩡했다가도 같은 상품을 재주문하면 또 이상한 물건을 보냅니다. 그래서 컴플레인을 하면 전화를 끊어 버리기도 하고 상품에 문제가 있으면 '너희 비용으로 우리 창고에 도로 갖다 놓아라'라고도 합니다. 한마디로 신용이란 개념 자체가 존재하지 않습니다. 그래서 시장에서 상품을 주문하면 반드시 그 상품이 공장을 떠나기 전에 누군가 방문해서 검수해야 합니다. 그런데 상품을 수천 개씩 주문한 경우라면 몰라도 고작 몇십 개, 몇백 개 주문한 상품을 검수하기 위해 현지 공장까지 직접 가는 게 현실적으로 말이 안 되는 일입니다. 그러다 보니 개인 수입업체의 경우엔 현지 통역의 도움을 받게 되는데 또 여기서 문제가 발생합니다. 이들이 중간에서 장난을 칩니다. 현지 통역 인력을 제가 비하하는 말이 절대 아닙니다. 어디까지 제 경험으로 말씀드리는 것이니 오해하지 않았으면 좋겠습니다. 현지 통역과는 시장을 같이 다닐 때부터 장난이 시작됩니다. 우선 자신과 커미션 거래가 있는 곳을 데리고 다닙니다. 그렇지 않은 경우에도 가게에 들어가면서 손짓으로 가게 주인한테 '이 고객한테는 가격을 5% 더 붙여라, 10% 더 불러라'라는 식의 사인을 보냅니다. 검수에서 상품에 문제를 발견해도 공장 사장한테 돈 받고 눈감아주는 경우도 많습니다. 돈을 받은 후에 중간에 아예 연락이 불통되는 경우도 있습니다.

한국까지 배송도 큰 문제입니다. 현지 도매시장은 현지 소매인을 대상으로 장사를 하기 때문에 근거리 배송 외에는 문외한입니다. 알아도 귀찮아서 하려 하지 않습니다. 그래서 도매시장 이곳저곳에서 구매한 물건을 한국으로 보내려면 반드시 현지에 창고를 확보해야 합니다. 그곳에서 구매한 물건을 모두 취합하고 컨테이너를 불러서 상품을 싣고 부두로 보냅니다. 그래야 정식으로 통관 절차도 거칠 수 있지요. 이런 현지 창고를 운영할 여건이 안 되는 개인사업자는 비싼 비용을 들여 국제 택배를 사용하거나 '따이공'이라고 몰래 개인 편에 상품을 보내는 편법을 썼습니다. 일종의 밀수입니다.

이처럼 아무리 현지 도매시장에서 한국으로 사다 팔 물건이 넘쳐나도 막상 물건을 산 이후에 발생하는 문제를 감당하기 어려워 중간에 소싱을 포기하는 경우가 많습니다. 그런데 최근에 워낙 한국에서 방문하는 개인사업자 숫자가 늘어나자 이들을 대상으로 상품 검수, 창고 사용 및 물류 대행을 해주는 규모 있는 업체가 생기기 시작했습니다. 이런 업체 대부분이 상품에 문제가 있을 경우에 반품 또는 다른 상품으로 교환까지 해줘 예전에 알음알음 현지 통역 인력을 소개받아 일하는 것과는 비교할 수 없을 만큼 안전하고 편리해졌습니다.

중국 현지에는 이런 대규모 종합 도매시장 이외에도 특정 카테고리 상품을 전문적으로 판매하는 전문 도매시장도 많습니다. 중국은 지역별로 공장이 특화돼 있는 곳이 많아서 패브릭은 커차우, 이불은 난통, 워싱 패브릭은 푸장, 소파는 동관, 플라스틱은 푸저우같이 도시별로 그 지역에 밀접한 공장 상품을 모아서 전국에 도매하는 대형 시장이 있습니다. 공장이 직접 도매 가게를 운영하는 곳도 많습니다. 대신 이런 시장은 앞서 말씀드린 것처럼 아직은 환경이 좋지 않습니다. 한국의 방산시장처럼 한 곳에 여러 도매업체가 밀접한 지역도 있어서 걸어서 모든 가게를 둘러볼 수 있는 곳도 있고, 커다란 길거리에 도매 가게들이 로드숍처럼 모여 있는 곳도 있습니다. 후자의 경우엔 걸어서 돌아 보는 것이 불가능해서 반드시 기사 딸린 차를 빌려서 이동해야 하는 번거로움이 있습니다. 크기도 워낙 방대해서 우리나라로 치면 조금 과장해서 경기도 화성시 한 개가 전부 이불 도매상가라 하루 이틀로는 전체를 둘러보는 것이 불가능합니다. 또 중국어 외에는 전혀 의사소통이 안 되고 상품 검수나 물류 대행 서비스를 해주는 업체를 찾기도 힘들어 개인사업자가 이곳에서 상품을 구매한다는 건 정말 어려운 일입니다.

그래도 상품은 좋습니다. 가격도 싸고, MOQ가 낮은 곳도 찾으면 많이 나옵니다. 기존 바이어가 충분해서 현재의 오더만으로도 회사가 잘 굴러가 굳이 귀찮게 무역박람회에 안 나오는 보석 같은 공장도 많이 발견할 수 있습니다. 사실 돈은 바로 이런 곳에 있지요. 요즘 온라인 쇼핑몰에서 늘 상위에 자리 잡고 있는 많은 업체가 바로 이런 현지 전문 도매시장에서 상품을 소싱하고 있습니다. 고생한 만큼 그 대가가 분명히 있는 곳이지요.

중국의 현지 도매시장 구석구석을 뒤지다 보면 간혹 재미있는 상품을 발견하기도 하는데 바로 '땡물건'입니다. 땡물건은 일종의 사고 난 물건인데 바이어가 의뢰한 것과 다르게 제작돼 상품 검수에서 탈락한 물건도 있고 어딘가 하자가 있는 불량품일 수도 있습니다. 바이어가 선금만 주고 문제가 생겨서 잔금을 내지 못해 시장에 나온 경우도 있습니다. 또 바이어가 아주 큰 수량으로 오더해 공장이 생산원가를 낮출 수 있는 여건이 되었을 때 그 낮아진 원가로 추가 생산해 이 물량을 바이어 몰래 시장에 빼다 파는 물건일 수도 있습니다. 브랜드 OEM 시장이 많은 동남아에선 나이키나 아디다스 OEM 공장이 주문 수량보다 상품을 더 찍어내 추가 제품을 블랙마켓에 파는 경우도 있는데 이것은 분명한 범죄 행위입니다. 하지만 브랜드가 아닌 상품을 더 찍어서 그걸 로컬 시장에 파는 행위는 해석에 따라 다소 애매할 수 있습니다. 저는 브랜드 회사를 운영하기 때문에 이런 상품을 사 본 적은 없습니다만 제 주변에선 이런 물건에 손을 대서 큰돈을 번 사람도 많습니다. 자라Zara에 납품하는 공장에서 컬러가 MD가 주문한 것과 다르게 나왔다고 퇴짜 맞은 인조 모피 목도리를 한 개에 천 원에 한국으로 가져와서 리어카 상인들에게 3천 원에 뿌려 순식간에 3억 원을 번 사람도 있습니다. 글쎄요, 이런 이야기를 들으면 솔직히 입맛은 다셔지지만 저는 겁이 나서 쉽게 손이 안 갑니다. 기존에 해오던 일과 달라서 어색하기도 합니다. 하지만 분명 누군가에겐 소중한 소싱 정보일 수도 있겠지요. 어찌 됐든 이처럼 돈은 깨끗하고 세련된 장소에 있는 것이 아니라 거칠고 지저분한 오지에 있다는 점을 꼭 알아두셨으면 좋겠습니다.

◀ 중국의 주요 도시별 도매시장 ▶

광저우	칭다오	심천
꾸이화강, 쓰산항, 짠시루, 싸허, 즈위엔강, 빠이마 등	지모루 시장, 청양 시장, 지묵 시장 등	화창베이 전자상가, 대도시 전자성, 국제 전자성, 동문시장, 중전 디지털 세트 중심 등

배수를 붙여서 팔아도 팔리는 중국의 초저가 소매숍의 등장

이케아가 한국에 들어오기 전에 중국 이케아 매장에서 사온 제품을 인터넷으로 팔아 큰돈을 번 회사가 많았습니다. 매장에서 특별히 할인 혜택을 받은 것도 아니고 그냥 남들처럼 매장에서 쇼핑한 물건으로 온라인에서 재판매를 한 것이지요. 그래도 워낙 현지 소비자 가격이 싸 배수를 2배 정도 붙여도 한국에서 곧잘 팔렸습니다. 이처럼 해외 시장을 자세히 들여다보면 현지 소비자가를 제대로 주고 사와도 충분히 국내에서 장사할 수 있는 상품이 많습니다. 그 대표적인 예가 샤넬 백이지요. 프랑스 현지에서 샤넬 백을 몇 개 사 와서 한국에서 마진을 붙여 팔면 비행깃값 이상 돈이 남아 아예 전문적으로 명품 백만 사러 유럽을 다니는 사람도 생겼습니다. 물론 이건 불법입니다. 이처럼 명품 가방이나 금, 쌀같이 환금성이 강하고 시세차익이 명확한 상품은 법적으로 상행위를 제한하고 있습니다.

하지만 이케아 상품처럼 일반 소비재는 해당 브랜드가 특별히 소송을 하지 않는 이상 수입, 재판매에 아무런 제한이 없습니다. 이케아가 한국에 정식으로 론칭한다는 소문이 나자 기존의 이케아 병행수입업체가 모두 망할 거란 예상이 지배적이었습니다. 이케아에 가면 훨씬 싼 가격으로 같은 물건을 살 수 있는데 누가 2배씩 주면서 온라인 병행수입업체 물건을 사냐고 생각한 것이었지요. 그런데 이케아가 오픈한 이후에도 병행수입업체 매출은 건재했습니다. 이케아가 국내에서 유명해지자 오히려 이전보다 병행수입업체 매출이 늘었습니다. 이케아 매장의 접근성이 떨어져 지방 사람이 매장까지 직접 방문하기 힘들고 방문해도 이케아는 집까지 배송을 안 해줘 따로 돈을 주고 드럭을 부르거나 직접 차에 물건을 싣고 와야 하는데 기존 온라인 배송의 편리함에 익숙해진 대다수 고객이 그런 번거로운 일을 하려 하지 않았기 때문입니다. 그리고 이케아 제품 가격 자체가 워낙 싸 2배 배수로 파는 상품을 사나 그냥 매장 가서 사나 소비자 체감은 크게 차이가 없었을 수도 있습니다. 시중에서 하나에 만 원짜리 유리병을 이케아에 가면 2천 원에 파는데 그걸 사러 직접 매장에 방문하는 것보단 차라리 병행수입업체한테 4천 원 내고 무료배송받는 게 더 낫다고 판단한 것이지요. 그래서 한국에 정식 매장이 있는

데도 아직 이케아 병행수입 비즈니스는 건재합니다.

그런데 최근 중국에 이런 종류의 가격 경쟁력 있는 소매 브랜드가 우후죽순으로 생겨나기 시작했습니다. 바로 다이소 같은 상품을 파는 중국의 로컬 초저가 생활용품 브랜드입니다. 사실 다이소 같은 형태의 초저가 생활용품 브랜드는 10여 년 전부터 유럽을 중심으로 퍼지기 시작했습니다. 우리나라에 론칭한 덴마크 브랜드 '타이거 코펜하겐'이 그중 하나입니다. 지금도 유럽에는 이런 초저가 브랜드숍이 인기를 얻고 있습니다. 이런 브랜드 대부분이 현지 유럽 디자이너의 디자인을 가지고 중국 OEM 공장에서 생산하고 있습니다. 그러다 보니 자연스럽게 현지 OEM 공장의 규모가 커졌고 오랜 기간 이 업계에서 충분한 디자인 노하우와 자본을 축적한 중국 현지 공장 사장이 역으로 유럽의 상품 디자이너를 고용해 직접 초저가 생활용품 브랜드를 론칭하기 시작했습니다. 아무래도 공장에서 직접 상품을 제조해서 파는 것이다 보니 유럽의 초저가 브랜드보다 가격이 더 쌀 수밖에 없습니다. 그리고 이들 몇몇은 중국 내수 시장뿐 아니라 전 세계로 진출하기 시작했습니다. 이런 몇 개의 성공 사례가 생기자 최근 중국의 큰 기업이 너도 나도 초저가 생활용품 브랜드 사업을 론칭하기 시작했습니다.

◀ 중국 광저우에 새로 오픈한 북유럽 스타일의 초저가숍 ▶

이들 전부가 국내에 먹히는 상품 경쟁력을 가지고 있진 않지만 그중 몇몇 브랜드는 이케아 이상으로 상품 디자인이나 가격 면에서 매력이 있습니다. 이들에게서 국내 브랜드 라이선스를 따오는 것은 자본도 많이 들고 절차도 복잡하지만 이케아 병행수입업체처럼 한국에서 팔릴 만한 상품만 일부 구매하는 건 아주 간단합니다. 또 현지에는 최근 유사한 콘셉트의 브랜드가 많이 있어 한 브랜드에서만 상품을 사지 않고 이와 유사한 다른 여러 브랜드에서 마음에 드는 상품만 몇 가지 골라 구매하면 보다 풍성한 상품 구색을 완성할 수 있습니다.

그리고 여느 매장처럼 때가 되면 판매가 부진한 재고를 할인가로 구매할 수 있는 기회도 생깁니다. 중국에서 판매가 부진하다고 해서 국내에서도 그렇게 된다는 법은 없기 때문에 상품에 따라 가격만 맞는다면 얼마든지 큰 매출을 내는 상품을 찾을 수 있습니다.

해외 지점이 많은 브랜드의 경우엔 상황에 따라 특정 국가에서 갑자기 철수하는 경우도 있습니다. 이럴 때는 땡처리 재고 수량이 엄청나기 때문에 본격적으로 움직일 필요가 있습니다.

이처럼 현지 매장에서 쇼핑해서 장사를 할 수만 있다면 세상에서 이만큼 쉬운 비즈니스는 없을 겁니다. 브랜드에서 알아서 유행에 맞게 신제품을 개발하니 때때로 매장에 가서 물건만 사 오면 되고 무엇보다 MOQ가 없다는 것이 가장 큰 매력입니다. 하지만 이런 형태의 비즈니스에는 마찬가지로 두 가지 치명적인 문제점이 있습니다.

첫 번째는 마진 구조가 나쁘다는 것이고 두 번째는 누구라도 마음만 먹으면 같은 물건을 따라 살 수 있다는 점입니다. 아무리 현지 가격이 싸다 하더라도 2배 이상 붙여서는 국내에서 팔기가 녹녹치 않습니다. 그리고 2배라는 숫자는 물류비와 관세, 각종 수수료를 감안하면 실제로 남는 돈은 개인 인건비 정도 밖에 안됩니다. 개인이 작게 하는 비즈니스로는 문제없지만 회사를 장기적으로 성장시키기엔 구조적으로 불가능합니다. 그래서 이런 형태의 사업을 할 때는 반드시 배수가 높은 자기만의 상품을 섞어서 팔아야 합니다. 이케아 병행수입으로 성공한 제가 아는 한 회사도 처음에는 남들처럼 이케아 매장에서 산 물건만으로 장사를 하다 나중엔 자기 물건을 섞어서 팔기 시작했습니다. 이케아 상품 중 가장 잘 팔리는 물건 몇 개를 찍어서 그 상품의 현지 제조공장을 찾아낸 후, 그 상품은 이케아에서 사지 않고 현지 공장에서 수천 개씩 직접 주문한 것이지요. 공장에서 직접 주문한 상품의 경우엔 마진을 3.5배 이상 붙여 팔 수 있기 때문에 사실 그 회사의 이익의 대부분은 직접 생산한 상품에서 생겼다고 봐야 합니다. 즉 이케아 상품은 호객 목적으로 사용하고 실제로 돈은 자기 상품으로 버는 것이었지요. 이런 식으로 회사 규모가 커지면서 점점 자기 상품 비중을 높이기 시작했고 나중에는 이케아 병행수입 상품 없이 자기 상품만으로도 경쟁력 있는 업체로 성장했습니다. 그러면서 자연스럽게 유사 이케아 병행수입업체와의 경쟁에서도 벗어 날 수 있게 됐습니다. 지금 이 회사의 연간 매출은 800억 원이 넘습니다.

이처럼 현지 소매 매장에서 병행수입하는 비즈니스를 생각하시는 분은 반드시 자기만의 상품을 함께 소싱해야만 합니다. 이케아 제품처럼 유입을 늘리는 상품과 실제로 돈을 버는 상품을 구분해서 장사할 줄 알아야 합니다.

소싱처 정보의 오픈 - 알리바바의 등장과 그 문제점

상품의 현지 생산공장 정보는 이전부터 절대로 외부로 노출되면 안 되는 회사의 기밀 사항 중 하나였습니다. 그런데 몇 년 전부터 갑자기 국내법이 바뀌면서 모든 수입 상품에 스티커로 부착된 상품 품질 표시 라벨에 제조공장 이름과 주소를 표기하는 일이 벌어졌습니다. 품질 좋은 상품을 좋은 가격에 공급해 주는 공장 한 개를 찾기 위해 들어가는 시간과 비용이 얼마인데 공장 정보를 상품에 버젓이 노출시켜야 한다는 것이 이해되지 않았지만 어찌 됐든 그렇게 법이 바뀌었습니다. 이제는 누구라도 맘에 드는 상품을 발견하고 뒷면을 보면 품질 표시 라벨에 어느 도시의 무슨 공장에서 만들었다고 쓰여 있는 것을 발견할 수 있습니다. 그리고 그 공장을 구글 검색으로 찾아 같은 상품을 주문할 수 있는 길이 열렸습니다.

물론 기존 거래처 주문이 많아 공장에서 그 회사 눈치를 봐야 하는 경우라면 같은 나라에서 온 다른 바이어에게 똑같은 상품을 팔지는 않겠지요. 하지만 만일 오더량이 적은 회사라면 더 큰 바이어에게 상품을 뺏기는 건 시간문제입니다. 운 좋게도 상도의 좋은 공장인 경우엔 끝까지 같은 상품을 다른 바이어에게 팔지 않을 순 있어도 그와 다른 유사한 상품을 파는 데에는 아무런 거리낌이 없을 겁니다. 어떤 경우라도 기존 바이어 입장에선 피해를 볼 수밖에 없습니다. 물론 이런 변화 역시 사업을 시작하는 우리에겐 기회이자 위기입니다. 정보에 대한 방어막이 없어졌다는 건 공격하는 사람 입장에선 처음엔 기회로 작용하지만 결국 그 역시 다른 경쟁자에 의해 손해를 볼 수밖에 없습니다.

품질 표시에 제조공장 정보가 적혀 있는 경우는 국내에서 현지 공장에 직접 제조를 의뢰한 경우만 해당됩니다. 예를 들어 외국 브랜드가 중국 공장에서 물건을 제조했는데 그 브랜드 상품을 국내 업체가 수입하면 공장 정보를 표기하지 않아도 됩니다. 바로 직전 수입처가 중국 공장이 아니라 해외 브랜드이기 때문입니다. 그래서 해외 공장 정보를 찾기 위해선 외국 브랜드숍이 아닌 국내 토종 브랜드숍을 방문해서 상품을 뒤집어 보면 됩니다. 일부 업체는 이런 중요한 공장 정보가 노출되는 걸 피하기 위해서 일부러 공장 영문 스펠링을 한 글자 틀리게 기재하기도 하는데 사실 이게 뭐 하는 짓인지 모르겠습니다. 제 입장에선 여러모로 안타까운 이야기이지만 신규 비즈니스를 운영하시는 분에겐 좋은 기회가 분명합니다.

업력이 오래 쌓이지 않아 아직 좋은 제조공장 정보가 많지 않은 중소업체가 현지 공장 정보를 얻을 수 있는 또 하나의 방법은 바로 알리바바를 이용하는 것입니다. 최근 국내에도 알리바바로 해외 소싱하는 방법에 대한 강의와 책이 많습니다. 다 알면 좋은 이야기들이니 꼼꼼히 챙겨서 좋은 정보를 습득하면 분명 비즈니스에 큰 도움이 될 것입니다. 알리바바는 기존의 수닝이나 타오바오처럼 중간 판매 상인이 상품을 올리는 곳이 아니라 공장에서 직접 소비자에게 자기 상품을 보여주고 국제 무역을 하는 곳입니다. 바이어는 해당 카테고리를 클릭하거나 검색 창에 상품 카테고리를 치면 나라별, 인기별 등으로 여러 공장을 분류해서 검색할 수 있습니다. 직접 해당 국가나 무역박람회에 가지 않고도 방 안에서 해외 소싱을 할 수 있습니다. 물론 여러 현실적인 문제가 중간에 많이 발생할 수 있지만 개념은 매우 혁신적인 방법이지요.

우선 제가 경험한 알리바바의 문제점에 대해 먼저 말씀드리겠습니다. 첫 번째로 대체로 현재 잘나가는 양질의 공장은 알리바바에 없습니다. 알리바바에 올라와 있다는 것은 공장 정보가 전 세계에 오픈된다는 것이기 때문에 해당 공장과 현재 거래하고 있는 바이어로선 좋아할 수가 없습니다. 그래서 현재 바이어를 충분히 확보하고 있고 그들과 관계가 중요한 공장은 거의 알리바바에 상품을 올리지 않습니다. 제 경험상 알리바바에 올라가 있는 공장은 비즈니스적으로 뭔가 돌파구가 필요한 상황에 놓인 곳이 많습니다. 예전에 잘나가던 공장이었는데 디자인이 시대에 뒤처져서 매출이 떨어진 곳이나 아직 충분한 바이어가 없는 신생 업체가 주로 알리바바를 이용합니다. 또 간혹 잘나가는 업체 상품이 알리바바에 있는 경우는 십중팔구 무역회사가 중간에 끼여 있습니다. 즉 공장에서 직접 알리바바에 상품을 올린 것이 아니라 알리바바 전문 무역업체가 자기 물건이 아닌 다른 공장 물건을 사진만 받아서 사이트에 올리고 주문이 들어오면 그때 공장에 연락해서 상품을 제작하는 케이스입니다. 물론 이렇게 되면 당연히 가격은 올라갑니다. 공장과 거래하는 것보다 적게는 30% 많게는 2~3배까지 높아집니다. 또 아주 영세한 구멍가게 같은 공장이 사진만 인터넷에서 구해 올려놓고 주문이 들어오면 그제서야 부랴부랴 주변 공장을 섭외해 사진과 비슷하게 상품을 만들어서 판매하는 사기꾼 같은 업체도 많습니다. 그래서 소량 주문이면 몰라도 대량 오더 건을 알리바바에서 사진만 보고 주문해서는 절대로 안 됩니다. 저는 경험상 알리바바에 올라온 업체 중 절반은 어딘가에 문제가 있는 업체라고 생각합니다. 아주 일부라도 절대로 돈을 먼저 보내서는 안됩니다. 순진하게 주문한 대로 물건이 안전하게 한국에 도착하는 걸 기대해선 안 됩니다.

알리바바는 내가 주문할 상품의 후보 공장 정보를 조사하는 정도로만 사용하고 결정은 현지에 가서 직접 공장을 방문한 이후에 내리는 것을 추천합니다. 예를 들어 알리바바에서 마음에 드는 상품이 있는 공장 열 군데 정도를 고른 후, 채팅으로 직접 공장을 방문해서 쇼룸을 보고 상담하고 싶다고 이야기를 꺼내면 일단 그중에서 서너 군데는 갑자기 답변을 멈춥니다. 공장이나 쇼룸이 없는 중개 무역상들이지요. 공장이 있다 하더라도 알리바바에 나와 있는 사진의 공장은 자신이 거래하는 대형 공장이고 자기 공장은 아주 보잘것없어 바이어가 와서 보면 분명 거래를 안 할 것이란 확신이 있기 때문에 아예 오란 말을 할 수 없는 것입니다.

이렇게 1차로 6개 내외로 공장을 추린 후 직접 현지에 가봅니다. 그러면 또 3곳 정도는 자기 공장이 아닙니다. 쇼룸에서 미팅을 하고 명함을 달라고 하면 명함이 없다고 둘러 대거나 명함을 줘서 읽어 보면 그 공장 명함이 아닙니다. 이 경우엔 그 공장 직원과 미리 말을 맞춰서 자기가 여기 직원인 척 얘기해달라고 거짓말을 합니다. 사실은 작은 공장에서 고용한 알리바바용 외주 영업사원입니다. 현지 공장은 영어가 능통한 알리바바 운영 전담 직원이 없어서 외주 업체를 써서 알리바바 운영을 대행시키는 경우가 많습니다. 당연히 외주 커미션 때문에 가격이 올라갑니다. 게다가 이런 직원은 정직원이 아니어서 상품 정보라든지 원가 변경 등 상담 시 꼭 필요한 실무에 대해 전혀 아는 바가 없습니다. 영어 좀 할 줄 알고 무역만 좀 알지 상품에 대해선 전혀 몰라 깊이 있는 상담을 할 수 없습니다. 이 경우도 일종의 사기입니다.

그리고 남은 나머지 3개 업체도 실제로 가보면 생각보다 공장 환경이 열악해 거의 다 실망만 하고 돌아온 적이 많습니다. 기존에 거래했던 공장이나 정상적으로 무역박람회를 통해 발굴한 공장과는 그 규모나 시설 면에서 너무 차이가 나기 때문이지요.

알리바바에는 정말 사기꾼 같은 공장이 많습니다. 한 번은 사진상으로 너무 예쁘고 가격도 훌륭한 이불 공장을 알리바바로 찾아서 바로 몇천만 원가량 상품을 주문하려다 아무래도 마음이 안 놓여서 비행기 타고 또 차로 여섯 시간을 걸려 공장에 갔더니 내비게이션에도 안 잡히는 시골 주택가에 아줌마 한 명이 미싱 한 개 놓고 박음질을 하고 있었습니다. 또 한 번은 직접 공장까지 가보고 괜찮아 보여서 소파와 가구를 5천만 원 정도 주문했는데 상품을 컨테이너에 선적하기 전에 검품을 위해 선적 날짜를 물어봐도 한동안 답변이 없는 게 아무래도 의심쩍어 제가 직접 공장에 다시 가 본 적이 있었습니다. 아니나 다를까 제가 주문한 상품은 그 공장에 하나도 없었습니다. 그래서 따져 물으니 그제서야 지금 상품이 여기저기서 도착하고 있다고 하더군요. 그러니까 이놈은 그 공장 사장도 아니고 공장에선 저와 미팅만 하고 정작 제조는 주변 공장 여러 곳에 맡긴 것이었습니다. 제가 방방 뛰면서 빨리 상품을 이리로 전부 가져오라고 한 후 그 만들어진 꼬락서니를 보니 이건 제가 주문한 가구와는 비슷하지도 않은 엉터리 상품이었습니다. 다행히 더 큰 사고는 방지할 수 있었지만 결국 일부 선금은 돌려받지 못했습니다.

이렇게 해외에서 문제가 발생하면 바이어 입장에선 현실적으로 어떻게 해 볼 도리가 없습니다. 소송을 해봤자 상대가 자기 잘못을 인정할 리 없습니다. 제 주변에서 중국 공장과 소송해서 이겼다는 얘기를 들어 본 적이 없습니다. 그래서 무조건 돈 주는 사람이 조심하는 방법밖에 없습니다. 그나마 할 수 있는 것이라곤 다시 상품을 주문하고 공장이 앞서 실수한 금액만큼을 빼고 지불하는 것인데, 문제가 생긴 공장에 다시 상품을 주문하고 싶은 사람은 없을 겁니다. 그래서 기존에 거래하는 바이어가 많은 규모 있는 공장들과 거래하는 것이 상당히 중요합니다. 하지만 그런 공장은 불행히도 알리바바에서 찾기 어렵습니다.

결론적으로 제가 지금까지 약 십여 년간 알리바바를 통해 찾은 공장 중 성공적이었다고 판단되는 케이스는 전체의 5%도 안 됩니다. 물론 최근에는 워낙 알리바바가 장사가 잘 된다는 소문이 퍼져서 큰 공장도 알리바바에 상품을 올리는 경우가 과거에 비해 많이 늘어났다고 합니다. 하지만 상식적으로 생각해서 장사가 잘 되는 공장은 늘 공장 가동률이 100%인데 굳이 왜 알리바바를 하겠습니까? 그래서 알리바바는 정말 다른 방법이 없을 때, 급할 때만 선택적으로 사용하는 게 좋습니다. 도저히 무역박람회에 갈 형편이 안 될 때, 어떤 특정한 상품을 꼭 사야 하는데 그 상품만을 위해 무역박람회에 가는 게 수지 타산이 안 맞을 때, 위험부담이 있지만 아주 조금만 사서 꼭 시장 테스트를 해보고 싶을 때, 기존에 거래하던 공장에서 사고가 나서 주문받은 상품의 납기를 못 맞출 것 같을 때처럼 뭔가 응급상황이나 테스트가 필요할 때에 한에서만 제한적으로 알리바바를 사용하는 것이 좋습니다.

누구에게나 열린 병행수입의 기회와 위험

업계에서 손 꼽히는 기성 수입 유통회사 대부분은 2,30년 전부터 남보다 빨리 유럽과 중국 등지에서 열리는 각종 해외박람회를 돌아다니면서 유명 브랜드의 국내 독점계약을 따낸 곳입니다. 당시만 해도 상품을 수입한다고 하면 해외 유명 브랜드만 떠올리던 시대였습니다. 그래서 국내에서 수입 자유화 정책이 시작되자마자 마치 미국의 서부 개척시대에 남보다 먼저 말을 달려 원하는 땅에 깃발을 꽂으면 자기 땅이 되는 것처럼 발 빠르게 해외 브랜드와 독점계약을 맺는 것이 성공을 좌우했었습니다. 당시 한국이란 나라는 그들에겐 잘 알지도 못하는 아시아의 작은 나라였기 때문에 바이어가 조금만 성의를 보이면 쉽게 독점계약을 주곤 했습니다. 연간 수입 금액이 크지 않더라도 가끔씩 한국 사장이 현지를 방문해 식사도 같이 하고 술도 마시면서 친하게 지내면 계약을 연장하는 것도 그리 어려운 일이 아니었습니다. 그래서 그 당시 남대문 종합 수입

상가, 일명 '도깨비시장'에서 한두 칸짜리 작은 가게를 운영하던 많은 사장님들이 지금이라면 대기업은 돼야 거래 가능한 대형 브랜드의 국내 독점권을 쉽게 따와 큰 성공을 거둘 수 있었습니다.

그런데 최근 들어 상황이 변했습니다. 불과 몇 년까지만 해도 불황을 모르고 성장하던 기존의 수입 유통회사가 요즘 심각한 경영난을 겪고 있습니다. 원인은 바로 온라인 쇼핑 때문입니다. 유명 해외 브랜드 상품 판매를 메인으로 하는 기존 대형 수입 유통사의 주 매출 공급원이 백화점인데 백화점 매출이 과거에 비해 반 토막 났습니다. 백화점 자체가 불황인 것도 이유 중 하나지만 가장 큰 원인은 브랜드 병행수입 상품 때문입니다. 분명히 본인이 철두철미하게 국내 독점계약을 맺은 그 브랜드 상품이 온라인에서 버젓이 다른 사람에 의해 훨씬 싼 가격에 팔리고 있는 것입니다. 그것도 처음엔 한 사람이 팔더니 시간이 지나자 여기저기서 여러 셀러가 같은 상품을 팔기 시작합니다. 그리고 자연스럽게 셀러 간의 가격 경쟁이 시작되고 점점 가격이 폭락해 그 브랜드는 땡처리 가격이 아니면 더 이상 팔리지 않게 돼 버립니다. 브랜드가 죽은 것이지요. 창고에 재고가 산더미처럼 쌓여 있는 독점계약 업체가 현지 브랜드에 계약 위반이 아니냐고 항의해도 본인들은 다른 한국 업체에 판매한 적이 없다고 합니다.

어떻게 이런 일이 가능한 것일까요? 여러 방법이 있지만 가장 대표적인 게 현지 사업자를 이용해서 내수 판매용으로 로컬 도매 구입 후 그것을 다시 한국으로 수출하는 것입니다. 이 과정에서 공개적으로 오픈하기 어려운 편법이 다소 존재해 이 책에서 자세한 방법을 모두 얘기하기는 곤란합니다. 하지만 확실한 것은 지금은 누구라도 원하는 브랜드를 손쉽게 병행수입할 수 있는 길이 열렸다는 점입니다.

◀ 최근 병행수입돼 인기를 얻고 있는 유명 식기 브랜드 상품 ▶

제가 소셜커머스에서 일하던 시절 주방 카테고리에서 전체 매출 순위 3위 안에 드는 조리기구 수입 유통업체를 방문한 적이 있었습니다. 내비게이션에도 잘 잡히지 않는 남양주 구석에 창고 겸 사무실을 두고 중국 공장이 일본 업체에 납품하던 값싼 주방 상품을 수입 판매하던 곳이었습니다. 가족들과 외국인 노동자 수십 명이 산더미같이 쌓여 있는 상품을 쉴 새 없이 나르고 택배 박스에 테이핑을 하던 모습에 크게 놀랐던 기억이 납니다. 사업이라 부르기도 민망한 규모의 업체를 운영하는 사장님이 강남에 비싼 임대료 내고 매장과 사무실 운영하면서 여러 분화된 조직을 거느린 큰 기업보다 실제로는 훨씬 더 많은 돈을 벌고 있었습니다. 그때 저는 '돈은 바로 이렇게 버는 것이구나'라는 생각이 들었습니다. 이 모든 지각 변동의 근본은 바로 소싱 환경의 변화입니다. 과거에는 전문 조직을 갖춘 큰 기업이나 가능했던 해외 소싱을 이런 영세한 개인 사업자도 쉽게 할 수 있게 환경이 변했기 때문에 가능한 일입니다.

CHAPTER 2

해외 소싱에 앞서 꼭 알아야 할 필수 상식

01

왜 꼭 해외 소싱을 해야 하는가?

우리가 해외 소싱을 하는 이유는 오래 전 국가간의 무역업이 시작된 배경과 같습니다. 국내에 없는 상품을 수입하든지, 유사 상품이 국내에 있지만 가격이 더 싼 나라에서 수입해서 중간 이익을 남기는 것입니다. 정리하면 해외 소싱의 매력은 근본적으로 수입하는 상품의 희소성과 경쟁력 있는 가격에 있고 더 나아가면 국내보다 더 좋은 디자인의 상품이나 국내에 유통되지 않은 해외 브랜드를 수입해 오는 것까지 포함합니다. 조금 더 원론적으로 해외 소싱의 목적을 이해하기 위해서는 하나의 상품이 개발되는 과정을 처음부터 끝까지 한번 살펴보는 것이 도움이 될 것 같습니다. 그 과정을 항목별로 정리를 하면 다음과 같습니다.

상품 기획 개발 과정

브랜드 정하기

상품 아이디어, 콘셉트 개발

상품 디자인, 패키지 디자인

원자재 구매

상품 제작

패키징 제작

상품 출시

'커튼'이라는 상품을 예로 들자면 먼저 브랜드를 정한 후에 시장조사를 통해 국내에서 팔리고 있는 수많은 커튼 중에 내가 론칭하면 경쟁력 있을 상품이 무엇일지 아이디어를 내고 구체적인 상품 콘셉트를 정합니다. 예를 들어 '최근에는 소비자가 색상이 칙칙한 단일 색상의 암막 커튼에 식상해 하고 있어 암막지를 탈부착 할 수 있는 다용도 커튼이 잘 팔릴 것 같다'라고 콘셉트를 잡은 후 상품 개발을 시작합니다. 다음으로 커튼의 모양과 원단의 종류, 원단 디자인을 결정하고, 커튼 봉, 액세서리 등 여러 부자재의 모양도 정합니다. 다음 단계로는 각각의 디자인에 맞게 원자재를 구매하고, 공장에서 원자재를 가공해 상품을 제작합니다. 마지막으로 커튼 패키지를 제작하고, 박스에 넣고 패킹 스티커를 붙여 창고로 보낼 준비를 하면 모든 과정이 끝납니다.

이 일련의 과정 중에서 상품의 희소성, 가격 경쟁력, 디자인 경쟁력, 브랜드 측면을 고려할 때 국내보다 해외에서 진행하는 게 경쟁력 있다고 판단되면 선택하는 것이 바로 해외 소싱입니다. 실제로 많은 경우 아이디어, 콘셉트 개발, 상품 디자인, 패키지 디자인 단계까지는 국내에서 진행하고 나머지 부분은 원가가 싼 중국이나 동남아 공장에서 진행합니다. 이런 형식의 해외 소싱을 OEM 방식이라고 부릅니다. ODM Original Development Manufacturing 방식도 있는데, 이것은 해외 공장이 이미 만들어 놓은 완성품을 그대로 수입한 후 한국 브랜드를 부착하는 것을 말합니다. 쉽게 말해 흔히 '라벨갈이'라고 부르는 해외 소싱이라고 생각하면 됩니다.

생산과정에서 국내에서 직접적인 관여가 필요하다고 판단되면 원자재만 해외에서 싼 가격에 수입해 나머지 공정은 국내에서 꼼꼼하게 진행하는 경우도 있습니다. 또 해외에서 모든 공정을 진행한다 해도 원가를 더 절약하기 위해서 원자재 구매는 다른 곳에서 하고 이를 제조공장에 보내 완성하는 경우도 있습니다.

커튼을 예로 들면 일반적인 커튼 공장에서 커튼을 직접 주문하는 것보다 커차우 같은 대규모 원단 시장에서 직접 원단을 구매한 후, 구매한 원단을 커튼 공장에 보내서 제작과 패키징만 의뢰하면 원가를 절반가량 낮출 수 있습니다. 과정이 복잡하고 시간이 오래 걸린다는 단점이 있지만 만일 대량으로 소싱할 경우 반드시 이런 방식으로 가격 경쟁력을 갖춰야 합니다. 이처럼 해외 소싱은 장사하는 사람이 처한 시장 경쟁 환경에 맞게 선택적으로 활용해야 합니다.

이야기가 너무 거창해졌나요? 사실 이것은 해외 소싱에 대한 다소 원론적인 이야기일 수도 있습니다. 규모가 아주 큰 회사에서 대량으로 상품을 진행할 때의 예시일 수도 있겠네요. 그래도 세부적인 이야기에 앞서 해외 소싱의 전체적인 개념을 잡는 것이 필요하기 때문에 말씀드렸습니다.

그렇다면 저는 현실적으로 해외 소싱을 어떻게 바라볼까요? 중소 규모 회사나 개인사업자가 해외 소싱으로 당장 기대할 수 있는 것은 무엇일까요?

첫 번째로는 해외 소싱으로 해외 브랜드의 국내 판권을 따오는 것입니다. 이 경우엔 어떤 종류의 브랜드를 1순위로 알아봐야 할까요? 바로 병행수입 상품이나 현지 교민이나 유학생이 아웃렛 매장에서 할인된 가격에 사다가 해외 직배송하는 형태로 국내에서 팔리는 상품 중에서 최근 매출이 좋은 신규 브랜드가 1차 타깃입니다. 누구나 이름을 아는 브랜드는 웬만해선 이미 한국에 정식 수입사가 있고 독점계약한 회사가 아직 없더라도 그런 유명 브랜드 판권을 따기 위해서 브랜드 측에 개런티 해줘야 할 사항이 너무 많습니다. 그래서 이제 막 시장에 등장한 신규 브랜드 중에서 병행수입이나 해외 직배송 등의 형태로 국내에 입소문이 막 나기 시작한 브랜드를 찾아야 합니다. 인플루언서의 인스타그램을 뒤지다 보면 자주 이런 브랜드를 찾을 수 있습니다. 일본 골프 브랜드 '마크 앤로나', '마빈스 치약', 고현정 크림으로 유명했던 '산타마리아 노벨라'라는 화장품 브랜드 등이 이런 식으로 인플루언서를 통해 인기를 끌었던 니치 브랜드[4]였습니다. 이 중 일부 브랜드는 저도 직접 브랜드 라이선싱을 문의했었는데 개인사업자도 충분히 수용할 수 있는 상당히 현실적인 조건을 요구해 거의 진행 직전까지 갔던 적도 있었습니다. 지금도 세계 곳곳에서 매일 같이 신규 브랜드가 새롭게 생겨나기 때문에 경쟁력 있는 브랜드는 아직도 무한히 깔려 있습니다. 이런 니치 브랜드의 또 다른 특징은 이메일로는 잘 답변을 주지 않고 웬만한 무역박람회에도 참가하지 않아 직접 현지에 가야만 만날 수 있다는 점입니다. 그래서 저는 페이스북이나 인스타그램, 소셜커머스 등의 해외 직배송 딜을 검색하면서 아직 국내에 정식으로 수입 안 된 브랜드 중에서 반응 좋은 브랜드를 리스트업하고 해외 소싱을 갈 때 인근 지역에 본사 사무실이 있으면 꼭 방문합니다. 영국의 도자기 브랜드 '덴비', 일본의 도자기 브랜드 '니꼬'가 이

4) Niche Brand : 틈새 브랜드

런 식으로 제가 직접 현지 접촉으로 정식 수입 계약을 맺은 브랜드였습니다.

두 번째로는 무역박람회에서 요즘 전 세계적으로 히트치고 있는 소위 '대세 업체'를 찾는 것입니다. 이미 설명했듯이 현지 제조공장 위상은 1년이 다르게 변합니다. 작년에 대박친 공장이 올해는 파리만 날릴 수도 있습니다. 그래서 매번 무역박람회 때마다 그 해 대박치는 공장을 찾는 것이 중요합니다. 어느 박람회, 어느 상품군이나 그 해의 대박 업체가 반드시 있습니다. 그 이유는 수없이 많지만 무슨 이유에서든 박람회에서 제일 손님이 바글거리는 부스가 있습니다. 상품이 특이하고 볼거리가 많아 구경꾼이 북적거리는 부스가 아니라 실제로 주문을 하려고 상담 대기 중인 사람이 인산인해를 이루는 부스가 있습니다. 나라마다 문화가 다르고 기호가 다르더라도 글로벌 트렌드를 무시할 수 없습니다. 이 정도로 바이어들이 서로 상품을 주문하려고 아우성치는 부스는 뭔가 한 칼이 있습니다. 아주 유명한 브랜드 상품을 비슷하고 저렴하게 카피했다든가, 대단히 세련된 디자이너를 영입해 상품이 눈에 띄게 예쁘다든가, 특별한 기술을 개발해서 비슷한 상품에 비해 경쟁력 있는 가격을 만들었든가, 뭔가 대박 조짐이 농후한 상품이 있기 때문에 사람이 모이는 것이지요. 제가 무역박람회에 참가할 때마다 가장 먼저 눈에 불을 켜고 찾아다니는 곳이 바로 이런 부스입니다.

세 번째로는 유명 글로벌 브랜드의 OEM 공장 부스입니다. 원래 이런 큰 바이어를 가지고 있는 현지 공장은 아쉬운 게 없어서 전시장에 참가를 안 하거나 분위기상 바이어 눈치를 봐야 해서 못하는 경우가 대부분인데 가끔씩 여러 사정으로 전시장에 등장할 때가 있습니다. 이런 곳을 찾으면 대박 상품을 건질 확률이 상당히 높아집니다. 이런 글로벌 브랜드 OEM 공장은 워낙 큰 회사에서 오랜 기간 트레이닝을 거쳐 왔기 때문에 상품 퀄리티나 포장상태, 배송상태도 좋고 비즈니스 매너도 훌륭해 여러 가지 면에서 거래하기 좋습니다. 또한 이런 OEM 공장의 규모가 아주 클 경우엔 이들이 재하청을 주는 다른 OEM 공장이 있을 수 있습니다. 이런 재하청 OEM 공장을 전시장에서 만나면 그건 정말 큰 행운입니다. 동일 상품 가격이 한 단계 더 내려가기 때문이지요.

단 이런 종류의 공장은 상품 생산만 잘하지 나머지 패키징이나 배송, 커뮤니케이션 등의 부차적인 부분은 업무가 상당히 서툴러 꼼꼼하게 일을 챙기지 않으면 예상치 못한 사고가 날 수 있습니다.

네 번째로 제가 해외 소싱에서 기대하는 부분은 현재 국내에서 잘 팔리는 상품의 현지 제조공장이나 그와 유사한 상품을 생산할 수 있는 공장을 찾는 것입니다. 만일 그 제품이 한국에서 상품 콘셉트나 디자인 작업을 하고 제조만 해외 공장을 이용한 OEM 방식으로 진행된 경우엔 그 제조공장을 찾아내도 같은 상품을 주문하는 것이 불가능합니다. 하지만 현지에서 이미 완성된 상품을 그대로 수입해와서 브랜드만 한국 브랜드를 붙인 ODM 방식으로 소싱한 상품이라면 이야기는 달라집니다. 꼭 굳이 그 상품을 만든 공장을 찾을 수 없더라도 중국은 워낙 비슷한 상품을 이 공장 저 공장에서 만들어 시간만 들이면 반드시 유사 상품을 제조하는 공장을 찾을 수 있습니다. 이마저 어렵다면 제품 샘플을 전시장에 들고 가 여기저기 부스에 방문하면서 그 상품을 비슷하게 제조할 수 있는 공장을 찾아 내면 됩니다. 이때 이슈는 가격입니다. 한국에서 이미 대박난 상품이라면 기존 수입업체에서 대량으로 재주문이 들어갔을 가능성이 높습니다. 이런 경우라면 원가가 많이 낮아져서 신규로 찾은 공장에선 그 수준의 가격으로 구매하기 어렵습니다. 그래도 제 경험상 포기하지 않고 계속 공장을 찾다 보면 경쟁력 있는 가격으로 유사 상품을 구매할 수 있는 업체는 반드시 어딘가에서 나타납니다.

다섯 번째로 국내에서 직접 기획하고 디자인한 상품 사진이나 유럽이나 일본 같은 나라에서 구매한 샘플, 또는 메종&오브제 같은 선진국에서 소매 매장을 대상으로 열리는 상위 박람회에서 찍은 상품 사진을 들고 그 상품의 제조공장이나 그런 상품을 제조해 줄 공장을 찾는 것입니다.

많은 분이 본인이 관심 있는 카테고리에 해당되는 해외 전시 안내장이 오면, 때가 되면 가듯이 그렇게 습관적으로 해외 전시에 참가합니다. 그리고 '뭔가 좋은 물건이 있지 않을까'라는 막연한 마음으로 전시장을 2~3일 둘러보고 눈에 띄는 물건이 있으면 주문하고 돌아옵니다. 물론 저도 이런 자세로 해외 박람회에 참가한 적도 많고 실제로 이런 방식으로도 운 좋게 좋은 물건을 소싱한 경우도 있었습니다. 하지만 정말 해외 소싱으로 제대로 대박을 치고 싶다면 앞서 설명한 다섯 가지 목표를 바탕으로 준비할 것을 미리 꼼꼼히 챙겨서 해외 소싱에 접근해야 합니다.

02

성공적인
해외 소싱이란?

팔리는 상품 구성의 기본 '구색 상품'과 '매출 상품'

'좋은 소싱'이라는 개념은 회사가 처한 상황마다 다릅니다. 어느 정도 규모 있는 로드숍이나 브랜드몰은 그 브랜드가 지향하는 특별한 콘셉트가 있어 소싱하는 상품이 당장의 매출을 일으키는 것은 물론 소비자가 브랜드 콘셉트를 구축하는 데 도움이 되는 것이어야 합니다.

브랜드는 마치 '인격'과도 같아 상품 역시 그 브랜드가 지향하는 '인격체'다워야 합니다. 그래서 좋은 소싱을 하기 위한 첫 번째 조건은 내 브랜드의 인격이 무엇인지를 잘 이해하고 이 인격이 어떤 상품으로 표현될 수 있는지 아는 것입니다. 어떤 상품이 당장의 매출에는 도움이 되더라도 브랜드 이미지와 거리가 있는 것이라면 장기적으로 브랜드에 좋지 않은 영향을 줍니다. 물론 매출도 대박이 나고 브랜드 이미지에도 걸맞은 상품을 고르는 것이 최선이지만 현실적으로 이 두 조건을 다 갖춘 상품을 찾는 게 쉬운 일은 아닙니다. 그래서 브랜드 이미지에 도움이 되는 상품과 매출을 일으켜주는 상품을 적절히 믹스해서 구매하는 능력이 중요합니다. 저는 브랜드 이미지 구축에 도움이 되는 상품을 '구색 상품'이라고 부르고 실제 매출을 일으키는 상품을 '매출 상품'이라고 부릅니다. 그래서 구색 상품은 최소의 비용으로 최대한 다양하게 사고, 매출 상품은 최대한 품목 수를 줄여 비용을 집중 투자해서 구매하는 스킬이 중요합니다.

◀ 브랜드 이미지를 고려한 구색 상품과 매출 상품의 구성 ▶

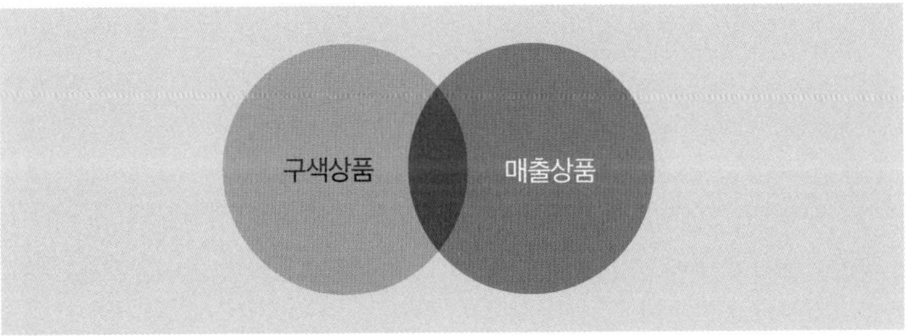

예를 들어 저는 상품을 소싱할 때 천만 원이 있다면 3백만 원을 가지고 100가지 구색 상품을 최대한 소량씩 구매하고 나머지 7백만 원으로 10가지 매출 상품을 집중 구매합니다. 그런 다음 100가지 구색 상품은 3

배 정도의 정상 배수를 매겨 다소 높은 소비자가로 판매합니다. 10가지 매출 상품은 배수를 낮게 책정한 후 판매 회전을 빠르게 유도해 재고가 소진되기 전에 바로 공장에서 재구매합니다. 이런 사이클이 몇 번 반복되면 구색 상품은 가격이 높아 잘 팔리지 않아서 재주문할 필요가 없게 되고 매출 상품 구매에만 돈이 들어갑니다. 즉 구색 상품은 매출 상품의 매출 활성화를 위한 보조 역할만을 하는 것입니다.

구색 상품은 소량으로 소싱하는 것이 중요하기 때문에 만일 현지 공장에서 MOQ를 낮춰서 주문하는 것이 어려울 때는 MOQ가 낮은 현지 도매시장이나 유럽 무역박람회를 이용하는 것이 좋습니다. 매출 상품은 낮은 구매 가격이 무엇보다 중요해 현지 대형 무역박람회나 공장에서 발주해야 합니다. 그래도 한 공장에서 주문하는 것이 여러모로 바이어 입장에선 편리하니 공장 측에 매출 상품을 공장이 요구하는 MOQ보다 더 많은 수량을 주문하는 조건으로 구색 상품 MOQ를 줄여 달라고 협상하면 좋습니다.

매출 상품을 성공적으로 기획하는 방법

유통회사가 해외 소싱으로 매출 상품을 만들어 내는 방법을 간략히 정리하면 다음과 같습니다.

1. 현재 국내 시장에서 잘 팔리는 상품을 그대로 따라 사다가 판다
2. 현재 국내 시장에서 잘 팔리는 상품의 디자인이나 기능을 조금 바꾸거나 개선한 상품을 판다
3. 최근 시장의 소비자 트렌드를 파악하고 상품을 기획한 후, 그에 맞는 상품을 개발 또는 구매해서 판다
4. 앞으로 다가올 트렌드를 미리 예측하고 상품을 기획한 후, 그에 맞는 상품을 개발 또는 구매해서 판다

첫 번째 방법은 단기간의 매출은 어느 정도 보장되지만 국내에서 잘 팔리는 상품과 동일한 상품을 해외에서 찾아낸다는 것이 그리 쉬운 일이 아닙니다. 또, 동일 상품을 어렵게 찾아내도 결국 기존에 같은 상품을 팔고 있는 업체와 끝이 안 보이는 가격 인하 싸움을 하게 됩니다. 장기적으로 안정적인 수익을 기대하긴 어렵습니다.

두 번째, 세 번째, 네 번째 방법으로 갈수록 매출에 대한 보장성은 떨어지지만 남들이 따라올 수 없는 나만의 상품을 가질 수 있다는 점에서 장기적으로는 매력이 있습니다.

그렇다면 어떤 방법이 가장 좋을까요? 저는 소싱을 할 때 한 방법만 선호하거나 고집하지 않고 모든 가능성을 열어 놓습니다. 상황에 따라 실행력에서 남보다 우위에 있다고 판단되는 방법을 선택합니다. 아무리 상품 아이디어가 좋아도 현실적으로 그 아이디어를 경쟁력 있는 가격과

품질로 만들 수 있는 소싱 공장을 모른다면 시간만 낭비할 수 있기 때문입니다.

사업에서 성공하기 위해선 기획력과 실행력이 모두 필요합니다. 제가 분류하는 기획력과 실행력은 다음과 같습니다.

기획력 - 시장조사, 상품 아이디어

실행력 - 자금, 시간, 업력, 좋은 소싱 업체 정보, 판매망, 영업력, 콘텐츠 생산능력, 열정

여기서 중요한 것은 자신의 실행력을 제대로 파악해야만 현실성 있는 상품 기획을 할 수 있다는 점입니다. 바꿔 말하면 실행력이 높아질수록 더 좋은, 더 성공 가능성 높은 상품을 기획할 확률이 높아집니다.

특히 상품 소싱에서 가장 중요한 실행력은 바로 경쟁력 있는 소싱처, 소싱 공장 정보를 확보하는 것입니다. 제대로 된 상품 기획을 하기 위해선 시장조사를 통해 시장의 트렌드와 경쟁업체 조사는 물론 현재 소싱이 가능한 소싱처 정보가 확보돼야만 합니다.

◀ 두 원의 교집합 부분에서 대박 상품이 탄생합니다 ▶

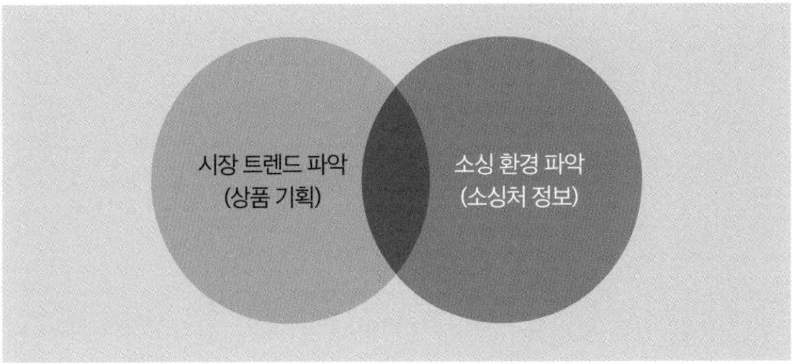

상품 기획을 하기 위해선 우선 현재 시장 트렌드를 잘 파악해야 합니다. 구체적으로 요즘 어떤 상품이 잘 팔린다는 지엽적인 정보보단 왜 그런 류의 상품이 잘 팔리는지 그 근본 원인을 이해해야 합니다. 이해의 범위가 넓어져 결국엔 위 그림의 왼쪽 원의 크기가 커져야 합니다. 예를 들어 '요즘 모던하우스의 특정 모양 파인애플 저금통이 잘 팔린다'라는 단순한 상품정보에서 '요즘 소비자는 어떤 파인애플 모양이나 어떤 패턴이 들어간 상품을 좋아한다', 그리고 더 나아가 '요즘엔 트로피컬 콘셉트가 유행이다'로 시장 트렌드를 해석하는, 이해의 범위 확장이 필요합니다. 그래야 단순한 특정 상품뿐 아니라 다른 히트 상품을 고를 수 있는 가능성이 커집니다.

또한 동시에 오른쪽에 표시된, 소싱 환경 파악, 즉 내가 실제로 당장 물건을 구매할 수 있는 소싱처 정보를 최대한 많이 알아야 합니다. 앞서 설명한 여러 나라에서 열리는 각종 무역박람회의 특징, 거기에 참가하는 다양한 업태의 업체와 현지 공장들, 여러 도시마다 있는 현지 도매상가 정보가 많으면 많을수록 내가 기획한 상품을 실제로 구매할 수 있는, 즉 아이디어를 현실로 구현할 수 있는 실제적 소싱력을 갖출 수 있게 됩니다.

시장 트렌드 파악은 상품 아이디어를 만드는 능력이고 소싱 환경 파악은 아이디어를 현실로 바꾸는 능력입니다. 이 두 원의 교집합에서 대박 상품이 탄생합니다. 교집합의 면적이 커지면 커질수록 성공할 확률이 더 높아집니다.

그러면 어떻게 해야 교집합 면적이 커질 수 있을까요? 그것은 각각의 원의 사이즈를 더 크게 만드는 방법밖에 없습니다. 남보다 소싱 환경을 더 많이 알고 남보다 더 많은 시장 트렌드를 파악하는 것입니다. 사실 시장 트렌드 파악은 어느 정도 타고난 감각이 필요한 부분이지만 소싱 환경 정보는 일정 시간을 투자하고 발품을 팔면 누구나 가능한 일입니다. 그래서 본인이 만일 상품 아이디어를 내는 능력이 다소 떨어진다고 판단되면 대신 소싱처 정보력을 키우면 됩니다. 소싱처 정보 경쟁력이 약한 상태에선 아무리 아이디어가 많아도 그 아이디어를 절대로 사업화 할 수 없습니다.

대부분 소싱을 한다고 하면 상품 기획을 먼저 하고 이후에 소싱처를 알아보는 경우가 많습니다. 하지만 제 경험상 소싱처에 대한 정보가 많으면 많을수록 더 현실적이고 더 훌륭한 상품 기획을 할 수 있습니다. 소싱처에 대한 정보가 전무한 상태에서 상품 기획만 먼저 하면 결국 실행 가능성 없는 상품 아이디어로 시간을 허비하는 경우가 많습니다.

그래서 저는 어떤 특정 카테고리 상품 소싱을 생각하고 있는 분이라면 간단한 시장 트렌드 조사 후 바로 관련된 각종 무역박람회나 현지 도매상가를 방문해 소싱처 정보도 얻고 업계 분위기를 파악하는 것이 반드시 필요하다고 생각합니다

소싱처 정보가 많으면 앞서 설명한 네 가지의 소싱 방법을 더 쉽게 실행에 옮길 수 있습니다. 현재 국내 시장에서 잘 팔리는 구체적인 타깃 상품의 원청 공장을 찾는 일도 훨씬 수월해집니다. 그 제조공장을 바로 알아볼 수도 있고 그렇지 않은 경우도 그 상품과 비슷한 물건을 파는 시장이나 제조공장을 많이 봤기 때문에 기존에 잘 팔리는 상품에서 살짝 디자인이나 기능을 추가해 거의 유사한 상품을 주문할 수 있습니다. 앞으로 유행할 상품을 소싱하는 것도 마찬가집니다. 그 상품 카테고리에서 전 세계에서 가장 트렌디한 상품을 생산하는 공장을 알고 있다면 그 공장의 현지 쇼룸을 방문합니다. 그곳에서 다른 큰 바이어가 주문하는 상품을 보면 최근 선진국의 상품 트렌드를 파악할 수 있어 일이 더 수월해집니다.

이와 같이 상품 트렌드를 이해하는 것과 소싱처에 대한 다양한 정보를 파악하는 것 모두가 성공적인 소싱을 위해 사전에 반드시 갖춰야 할

필수 조건입니다. 만일 여러분이 이 두 가지에서 시장의 다른 경쟁자보다 더 우월하다고 스스로 평가할 수 있다면 비로소 상품을 소싱할 준비가 된 것입니다.

03

해외 소싱 성공을 가르는 **다양한 소싱처의 종류와 장단점**

소싱처별 특징과 상품 가격

이 세상에 존재하는 비즈니스는 모두가 각자의 장단점이 있습니다. 편의점은 가격이 비싸다는 단점이 있는 대신 도심 곳곳에 위치해 지리적 장점이 크고 코스트코 같은 대형 할인점은 값은 싸지만 한번에 사야 하는 구매 단위가 크다는 단점이 있습니다. 소싱처 역시 종류에 따라서 각각의 장단점이 있습니다

많은 소싱처 중 어떤 곳이 다른 곳보다 무조건 유리하거나 불리하다고 섣불리 판단하기보단 본인이 처한 회사의 구조적 상황, 구매하려는 상품의 양과 종류에 맞는 가장 적합한 소싱처를 선택해야 합니다. 원청 제조공장은 가격이 가장 싼 대신 주문 물량이 많고 디자인이나 패키

지 변화 등 바이어 요구 조건을 수용하는 능력이 현저히 떨어집니다. 무역회사는 가격이 비싼 대신 바이어가 원하는 물건을 찾아 주는 서비스를 해주기도 합니다. 현지 도매상가나 아웃렛 매장을 이용하면 가격은 비싸지만 상품을 소량으로 바로 그 자리에서 구매할 수 있는 장점이 있습니다. 그래서 나의 상황에 맞는 소싱처를 결정하는 것이 중요합니다.

문제는 대부분의 소싱처가 본인이 어떤 종류의 소싱처인지 솔직히 말하지 않는다는 점입니다. 아무래도 대부분의 바이어가 원청 공장이 아닌 곳에서는 왠지 바가지를 쓸까 봐 상품 구매를 꺼린다는 기존 인식 때문이겠지요. 그래서 여러분은 상품을 구매하기 전에 먼저 그 소싱처가 어떤 종류의 소싱처인지 알아볼 수 있어야 합니다. 또, 각기 다른 소싱처별로 가지고 있는 각각의 장단점이 무엇인지 이해해야 합니다. 그래야만 그들의 비즈니스 구조를 이해하고 그들에게 내가 무엇을 요구할 수 있고 무엇을 요구할 수 없는지, 즉 상황 파악을 할 수 있게 됩니다.

우선 최종 소비자 구매 단계와 최초의 현지 제조공장 사이에 존재하는 여러 가지 소싱처에 대해 설명하겠습니다. 현재 온라인 쇼핑몰에서 소비자가 30만 원에 팔리고 있는 거위털 이불을 예로 들어 보겠습니다. 거위털 이불을 온라인에서 판매하고 있는 셀러는 온라인에서만 판매하는 조건으로 상품을 국내 총판 업체 또는 도매업체에게 더 싼 가격을 주고 구매했을 겁니다. 도매업체는 거위털 이불을 수입한 업체에게 그보다 더 싼 가격을 주고 샀을 겁니다. 아마 여기까지 거슬러 올라가면 거위털 이불의 최초 수입가는 10만 원 정도까지 떨어질 수 있습니다. 여러분이 해외 직소싱을 한다는 의미는 바로 이런 복잡한 중간 유통과정을 뛰어 넘어 10만 원 또는 그 이하 가격으로 거위털 이불을 구입한다는 뜻입니다.

이제 여러분이 알리바바나 무역박람회, 현지 로컬 도매시장 등에서 거위털 이불을 파는 셀러를 찾았다고 칩시다.

첫 번째 가능성은 그들이 전문 무역업체인 경우입니다. 특히 중국, 인도 같은 나라는 무역 실무나 해외영업, 외국어 등에 불편함을 느끼는 공장이 많습니다. 또, 까다로운 수출 허가증을 받아야 수출업을 할 수 있기 때문에 공장이 직접 해외 바이어에게 영업하지 않고 중간에 전문 무역업체를 통해 상품을 판매하는 경우가 많습니다. 이 경우 가격은 여러분이 공장에서 직접 사는 것보단 대략 30%가량 올라갑니다. 그렇다고 MOQ가 낮지도 않습니다. 무역업체도 손님에게 주문을 받으면 거래 공장에 오더를 줘야 하는 것은 마찬가지라 공장에서 요구하는 MOQ를 맞춰줘야 합니다.

그렇다고 이런 무역업체에서 상품을 구매하는 게 단점만 있는 것은 아닙니다. 이런 전문 무역업체는 여러 종류의 현지 공장 정보를 많이 알고 있어 쇼룸에 전시된 상품뿐 아니라 내가 찾는 상품을 제조할 수 있는 공장을 찾아 줄 수 있습니다. 그리고 무역업체에 비용을 조금 더 주더라도 일단 내가 원하는 상품을 소싱한 후 만일 그 상품의 매출이 좋으면 나중에 얼마든지 원청 공장을 찾아 그들과 직거래를 틀 수 있기 때문에 해외 소싱을 처음 시작하는 분의 옵션으로 무역업체는 나쁜 선택이 아닙니다.

또 중국 현지 공장은 언어소통도 어렵고 무역 매너도 거칠고 불친절한 경우가 많습니다. 그래서 직접 공장과 거래하다 문제가 생겼을 경우 배 째라는 식으로 나오는 곳이 많아 무역회사를 사용하는 것이 보다 안전하다고 할 수 있습니다. 결론적으로 전문 무역업체를 통해 해외 소싱을 하면 좋은 경우는 내 힘으로 소싱처를 찾기 쉽지 않은 상품을 소싱해야 할 때, 또 해외 소싱을 보다 편리하고 안전하게 진행하고 싶을 때 정도로 요약하면 될 것 같습니다.

두 번째 가능성은 거위털 이불 공장이 이불 제작의 마지막 단계, 즉 바느질 마감과 검품, 패킹 과정만 직접 자기 공장에서 하고 나머지 공정은 주변 하청 업체에게 진행시키는 반가공 공장인 경우입니다. 업력이 오래되고 매출 규모가 클수록 이런 형태의 반가공 공장이 많습니다. 이들도 예전에는 모든 과정을 직접 자기 공장에서 진행했지만 시간이 지나면서 주문량이 늘어나자 제품 디자인과 맨 마지막 공정만 직접 하고 나머지는 전부 인건비가 싼 내륙 지방 하청 공장에 맡깁니다. 제가 개인적으로 이런 형태의 공장을 좋아하는 이유는 우선 공장의 역사가 오래돼 지금까지 거쳐간 좋은 바이어들, 특히 유럽이나 일본에서 온 바이어가 많다는 점입니다. 선진국 바이어는 대부분 본인이 직접 상품을 디자인해서 제작을 의뢰하거나 자신이 구한 샘플 상품을 공장에 가져오는 경우가 많습니다. 그래서 이런 공장은 지금까지 의뢰받아서 제작한 상품, 해외 바이어가 가져온 샘플로 가득 찬 크고 훌륭한 쇼룸을 가지고 있는 경우가 많습니다.

그리고 매 시즌별로 알아서 신상품을 개발하고 그 상품으로 쇼룸을 리뉴얼 합니다. 바이어 입장에선 상품 개발에 대한 아무런 사전 준비가 없어도 이런 볼거리 넘치는 쇼룸만 방문해도 얼마든지 좋은 상품을 고를 수 있습니다. 또한 이런 공장은 내부에 수준 높은 상품 디자인 인력을 갖추고 있어 바이어가 원하는 상품을 개발하는 데 협조적입니다. 상품 개발은 샘플 상품을 가져와서 똑같이 만들어 달라고 할 수도 있고, 샘플에서 조금 변형을 해달라고 부탁할 수도 있고, 샘플이 아닌 그냥 사진이나 그림을 그려와서 이런 식으로 상품을 개발해달라고 의뢰할 수도 있습니다. 공장과 사이가 좋으면 바이어가 디자인실에 함께 들어가서 상품을 개발하기도 하고 근처의 부자재 시장을 돌아다니면서 부자재를 같이 고르기도 합니다.

이런 형태 공장의 단점은 상품 가격이 원청 공장에서 주문하는 것보다 대략 15~20% 높다는 것이고 MOQ를 웬만해선 양보하지 않는다는 점입니다. 그래도 저는 이런 형태의 공장을 알아두는 것이 여러분의 사업 확장에 큰 도움이 된다고 생각합니다. 하지만 그 수가 많지 않고 힘들게 찾아도 그들의 사업이 이미 어느 정도 안정된 상황이라 아주 큰 오더를 주지 않는 이상 쉽게 친해지기 어렵습니다. 이런 공장 사장님은 바이어가 직접 만나기도 어렵고 이들에겐 한국 시장이 그리 큰 규모가 아니라 한국 바이어에 큰 호감을 가지고 있지도 않습니다.

그래서 저는 이런 공장을 발견하면 한두 품목이라도 일단 주문을 해서 어떤 식으로든지 비즈니스 관계를 이어가려고 시도합니다. 가능하면 자주 쇼룸에 들러 새로 출시된 상품과 외국의 유명 브랜드에서 대량 주문하는 상품을 구경합니다. 또 첫 오더만 이 공장에서 하고 만일 상품이 잘 팔리면 일단 샘플이 확보됐기 때문에 다시 주문할 땐 이 공장보다 가격이 더 싼 원청 공장을 찾아 주문을 할 수도 있습니다.

세 번째 가능성은 생산공정 대부분을 모두 내부에서 해결하는 공장입니다. 대부분 무역박람회에서 가장 흔하게 볼 수 있는 공장이 이런 형태입니다. 거위털 이불의 경우엔 원단 워싱, 가공, 재단, 바느질, 장식 마무리까지 모든 라인을 자체 공장에서 진행합니다. 그래서 가격이 저렴합니다. 물론 MOQ는 존재하지만 모든 과정을 직접 공장 내부에서 컨트롤해 협상을 잘하면 공정 내용을 조정하거나 원자재를 조금씩 구매하는 방법으로 MOQ를 낮출 수 있습니다.

대신 이런 생산 전문 공장은 상품을 개발하는 능력보단 생산 자체에 전문성이 있어 디자인을 변형하거나 새로 개발하는 일은 퍼포먼스가 상당히 떨어집니다. 그래서 쇼룸이나 전시장에 출품한 상품을 그대로 소싱하는 것이 안전합니다. 이들은 영업하려는 마음에서 '얼마든지 원하는 대로 바꿔주겠다', '샘플을 주면 그대로 만들어 주겠다'라고 하지만 제 경험상 그런 식으로 만족할 만한 결과가 나온 적은 백에 한 건도 안 됩니다. 언제나 전시장이나 쇼룸에서 본 상품을 '있는 그대로'[5] 구매하는 것이 가장 좋은 선택입니다.

마지막으로 무역업체도 공장도 아닌 '도매 전문 업체'나 '현지 도매시장'에서 상품을 구매할 수도 있는데 이 경우엔 MOQ가 없는 대신 가격이 높습니다. 그래서 이런 곳에서 구매한 물건만으론 제대로 된 배수를 붙여서 장사하기 어렵습니다. 상품 디자인을 원하는 대로 바꿀 수도 없고 재고도 불안정해 소량씩 구매해서 부족한 상품 구색을 늘리거나 시장 테스트 용도의 소싱처로 활용하면 좋습니다. 도매업체와 현지 도매시장에 대한 자세한 설명은 앞장의 소싱 환경 변화 편의 '최소 주문 수량이 낮아졌다'와 '현지 내수 도매시장의 상향 평준화' 부분을 참조해주시기 바랍니다.

어떤 종류의 소싱처인지 알아보는 방법

무역박람회나 현지 도매상가에 가보면 여러 종류의 소싱처가 한 장소에 마구잡이로 섞여 있습니다. 경험이 많지 않은 사람이 보기엔 모두

5) As is 라고도 부릅니다

가 비슷비슷해 보여 어떤 업체인지 분간이 어렵습니다. 그리고 대부분이 바이어는 무역업체나 도매업체 또는 중간 관리 공장보단 원청 공장에서 주문을 하는 것을 선호한다고 생각해 본인들이 무조건 공장을 가지고 모든 공정을 자체적으로 진행한다고 거짓말하는 경우가 많습니다. 사실대로 자기가 어떤 종류의 소싱처인지 오픈하면 서로가 더 잘 할 수 있는 부분만 놓고 선설적인 상담을 할 수 있는데도 자기들이 원청 공장이라고 거짓말을 하고 자신들이 도저히 할 수 없는 일을 할 수 있다고 해 결국엔 서로 시간만 낭비하게 됩니다.

공장이 없는 무역회사의 경우도 상품 가격이 원청 공장보단 당연히 비싸지만 그들이 알고 있는 많은 공장 정보를 얻어 낼 수 있고, 중간 관리 공장 역시 가격이 다소 높지만 내가 원하는 상품을 개발하거나 그들의 쇼룸에 방문해서 다른 좋은 바이어들이 과거에 개발한 상품을 구매할 수 있는 기회가 있습니다. 또 도매업체의 경우엔 소량으로 여러 가지 상품을 구매할 수 있는 장점이 있습니다. 그런데 그들이 스스로를 공장이라고 거짓말을 한 상태로 상담이 시작되면 정체가 탄로 나는 것이 두려워서 남들보다 더 잘 할 수 있는 본인들의 장점을 활용하지 못하게 되는 것이지요.

그래서 '당신은 어떤 종류의 소싱처냐?'라는 질문을 바이어가 먼저 꺼내는 것이 좋습니다. 그리고 서로 오해 없는 상황에서 상담을 시작하는 것이 좋습니다. 바로 상품 주문으로 들어가기 전에 그 회사가 어떤 종류의 소싱처인지, 어떤 식으로 일을 진행하는지에 대해 자세하게 이야기를 나누고 바이어도 자신의 하고 있는 비즈니스에 대해 최대한 솔직히 이야기를 하는 것이 좋습니다. 무조건 회사 규모가 크고 매장이 많고 오더를 많이 한다고 과장하는 것이 좋다고 생각하는 사람도 있는데 이 역시 더 좋은 기회를 날릴 수 있는 불필요한 태도입니다. 운 좋게 정말 능력 있고 성실한, 좋은 공장을 만났는데 불필요하게 책임지지 못하는 이야기를 첫 만남에 잔뜩 해서 공장에 큰 기대를 갖게 했다가 결국엔 약속을 지키지 못해 서로 감정만 상하고 심한 경우엔 거래를 거절당하는 일도 있습니다. 요즘엔 워낙 규모가 작은 개인사업자가 많기 때문에 본인의 사업 규모가 작더라도 처음부터 자기 상황과 원하는 것을 솔직히 얘기하는 것이 좋습니다. 그래야 거절을 당해도 시간 낭비 없이 최대한 빨리 당할 수 있습니다. 거절 당해도 상대에게 좋은 인상을 주면 나중에 상대가 요구하는 조건을 갖췄을 때 다시 좋은 분위기에서 좋은 조건으로 거래할 수 있습니다.

그러면 이들이 어떤 종류의 소싱 업체인지 겉으로만 봐서도 알 수 있는 방법이 있을까요? 우선 전시장이나 도매상가에 가면 비슷한 물건을 파는 업체를 최대한 많이 방문해보세요. 그러면 비슷한 물건을 여러 업체가 각각 다른 가격으로 판매하는 것을 발견할 수 있습니다. 당연히 가격이 싼 곳이 현지 공장이 직접 나온 경우고, 이후 가격이 높아질수록 중간 공장, 무역회사, 일반 도매상이 됩니다. 대략 현지 공장 가격이 100원이면 중간 공장은 120원, 무역회사는 130원, 일반 도매상은 150원 정도로 가격이 형성됩니다.

원청 공장 부스는 대부분 한 가지 카테고리 상품만 집중해서 진열한 경우가 많습니다. 이불 공장은 이불만 팔고 양말 공장은 양말만 팝니다. 이런 곳의 특징은 도대체 한 디자이너가 이런 여러 종류의 상품을 전부 디자인했다고 보기 힘들 정도로 엄청나게 촌스러운 물건부터 세련된 물건까지 뒤죽박죽 섞여 한 장소에 진열돼 있다는 점입니다. 왜냐하면 이들은 대부분 자체 디자인 인력이 없고 바이어가 주문한 물건만 생산하기 때문에 온갖 나라의, 온갖 종류의 바이어가 주문한 상품을 전부 전시장에 들고 옵니다. 그래서 언뜻 보기에 상품이 촌스럽다고 부스를 지나쳐 버리면 큰 기회를 놓칠 수 있습니다. 몇백 가지 상품 중에 좋은 디자인에 좋은 가격의 상품을 한두 개 건지면 되는 게 소싱의 목적이기 때문입니다.

일부만 직접 제작하고 나머지 공정을 다른 공장에 하청 주는 중간 공장의 경우도 원청 공장처럼 부스 상품이 한두 카테고리에만 집중돼 있습니다. 하지만 내부 디자인 인력이 있어 전체적으로 원청 공장에 비해 디자인 수준이 높고 통일감이 있습니다. 그리고 부스의 상품 배치가 상품 카테고리 보단 상품 테마나 스타일별로 세련되게 그룹핑 돼 있습니다.

무역업체는 상품 디자인은 전반적으로 좋은데 상품 카테고리가 이것저것 섞여 있는 것이 특징입니다. 이불이 많이 보여서 이곳이 이불공장인가 싶다가도 침대도 있고, 조명도 있고, 인테리어 소품도 판매합니다. 바이어에게 좀 더 매력적으로 보이기 위해서 가능한 여러 공장 물건을 샘플로 가져와 전시한 것이지요. 이렇게 다양한 물건이 뒤죽박죽 섞여 있는 부스는 공장에서 직접 나온 곳이 아니라 무역업체일 가능성이 높습니다.

도매업체는 누가 보더라도 한 공장에서 나온 상품이라고 믿기 어려울 정도로 상품 종류가 잡다하게 많습니다. 재미있는 것은 이렇게 누가 봐도 도매업체가 확실한 곳도 물어보면 십중팔구 자기들은 공장이라고 하는 것입니다. 이럴 땐 그냥 그런가 보다 하고 소량 구매 가능 여부를 물어보면 됩니다. 소량으로 팔면 도매업체인 것이고 아니면 할 수 없는 것입니다. 어쨌든 이들이 부르는 가격을 보고 의사결정을 하면 됩니다. 좋은 가격의 상품을 MOQ 없이 판다면 그들이 공장이든 도매상이든 저희에겐 중요한 게 아닙니다.

그리고 간혹 두세 개 카테고리를 동일한 면적이 아닌, 누가 보더라도 한 카테고리 상품이 부스 중심이고 나머지 카테고리 상품은 곁다리로 진열한 곳이 있습니다. 이 경우는 십중팔구 전시에 나올 형편이 안 되는 공장에서 전시에 참가하는 업체에게 돈을 주고 일부 공간을 쓰는 것입니다. 아니면 부스 업체에서 다른 공장이 만드는 상품을 가지고 나온 것입니다. 어떤 경우에서든 그 곁다리 물건은 공장에서 직접 나와서 판매하는 것이 아니라 중간에 누가 끼어 있기 때문에 가격이 비쌀 확률이 높습니다. 이럴 경우 저는 혹시 그런 상품 중에 마음에 드는 것이 있어도 그 부스에서는 일단 구매를 자제하고 전시장을 더 둘러보면서 그와 비슷한 물건을 파는 공장에서 직접 나온 부스를 찾습니다. 아니면 다음 전시에 방문해 그 물건을 더 싸게 공급하는 업체가 있는지 확인하고 구매합니다.

내 상황에 맞는 MOQ와 적정한 구매가격

많은 양의 MOQ를 부담하면서 현지 공장에서 상품을 구매하는 이유는 싼 가격 때문입니다. 그래서 이럴 때는 항상 가격이 비슷한 상품이 국내에서 얼마에 팔리는지, 정말 그 많은 MOQ 물량을 빠른 시일 내 소진할 수 있는 좋은 가격인지 반드시 확인해야 합니다.

MOQ가 있는 상품의 가격은 현재 온라인에서 팔리는 가격의 최소한 3분의 1에서 4분의 1 이하가 나와야 적당합니다. 국내에서 거위털 이불이 30만 원에 팔리고 있다면 공장에 여러분이 지불해야 하는 금액은 8만 원 이하여야 합니다.

구매 원가의 종류에는 EX work, FOB, CIF 이렇게 세 가지가 존재합니다. EX Work는 공장 출고가, 즉 공장에서 직접 사는 가격입니다. 말 그대로 제가 차를 직접 몰고 가서 물건을 구매할 때의 가격이므로 오로지 상품 가격과 기본 포장 가격 이외에는 아무것도 포함돼 있지 않습니다.

FOB는 Free on Board의 약자로 공장에서 출발한 상품이 한국으로 오는 배의 컨테이너에 실리는 데까지의 비용과 일부 서류 비용을 포함한 가격입니다. CIF는 Cost Insurance and Freight의 약자로 FOB 금액에 해상 물류비용, 보험료를 포함합니다. 현지 공장에선 CIF 가격은 거의 얘기할 일이 없기 때문에 신경 쓸 필요 없지만 관세를 책정할 때 CIF 가격 기준으로 계산하기 때문에 CIF 가격이 얼마인지 알아야 합니다.

CIF 가격에 관세 8~12%, 부가세 10%, 그리고 배가 한국에 도착하면 지불해야 하는 부두 사용료, 창고 사용료, 관세사 비용, 상품이 창고까지 오는 내륙 운송비를 모두 더한 것이 사실상 여러분이 구입한 상품의 원가가 됩니다.

우선 현지 공장에서 여러분이 가격을 상담할 때는 Ex Work 가격인지, FOB 가격인지 확실히 해야 합니다. 일반적으로 공장과 가격을 상담할 때는 FOB 가격을 주로 이야기합니다. 만일 거위털 이불 공장 원가가 8만 원이라고 했을 때, 이 상품이 한국에 있는 공장까지 도착하는 가격은 대략 FOB 가격에 1.2를 곱한 9만 6천 원이 됩니다. 그리고 여기에 부가세 10% 즉, 1.1을 곱해야 진짜 원가가 됩니다. 즉 최종 가격은 10만 5,600원입니다. 그런데 이 가격은 여러분이 구매한 상품을 20피트나 40피트 컨테이너에 가득 채워서 선박으로 운송했을 때의 계산법입니다. 만일 구매 물량이 한 컨테이너를 가득 채울 양이 되지 않아서 다른 업체의 물건과 혼재해 컨테이너에 실리는 방식LCL 이라면 운송비가 더 올라갑니다. 이 경우 FOB에 1.2를 곱하는 게 아니라 1.3 정도를 곱해야 합니다.

참고로 LCL 방식을 이용하는 경우 운송단가는 컨테이너 하나 당 대략 8만 원으로 계산하면 됩니다.

그런데 만일 관세가 높은 품목이거나 식품의약청 검사나 전기안전인증검사 같은 각종 안전검사를 받아야 하는 상품이라면 배수를 이보다 더 붙여야 합니다.[6]

◀ 제품안전정보센터 홈페이지 ▶

6) 상품 별로 필요한 검사 항목은 지식경제부 기술 표준원 홈페이지에서 확인할 수 있습니다. 보다 현실적인 검사 내용을 알고 싶으면 통관 회사와 직접 상담하는 것이 좋습니다.

패킹 방식이나 패키지 디자인을 원래 공장에서 제시하는 것과 달리 내가 원하는 방식으로 변형하고 싶다면 그 추가 비용도 감안해야 합니다. 이러다 보면 처음에 FOB 가격이 8만 원 정도였던 상품 원가가 나중엔 12만 원까지 올라갈 수 있습니다. 만일 이 상품의 소비자가를 30만 원에 책정했을 경우 결과적으로 대략 2.5배수 마진만 붙일 수 있습니다. 2.5배수의 마진은 인건비, 창고비, 콘텐츠 제작비, 매출 수수료, 각종 세금 등을 감안할 때 수입 유통업체 입장에선 상당히 빡빡한 숫자입니다. 게다가 여러 가지 이유로 할인 판매하는 경우도 생기기 때문에 모든 재고를 소진한 다음 계산해보면 처음엔 2.5배수로 책정해도 결국엔 1.5~1.8배수 마진이 될 때가 많았습니다. 결국 하나도 남지 않는 장사를 한 것이지요.

그래서 요즘같이 가격 경쟁이 치열한 시장에서 돈을 벌기 위해선 배수를 최소 3배 이상 붙여도 팔리는 경쟁력 있는 상품을 소싱하든지 아니면 아예 구매 원가를 더 낮추는 방법을 찾아야 합니다. 최근 인터넷으로 엄청난 판매를 일으키고 있는 몇몇 이불 업체는 일반 이불 공장에서 상품을 주문하는 것이 아니라 한 단계 더 들어가서 원자재를 원단 시장에서 직접 구매해서 현지 가공 공장에 하청을 주거나 아예 자기들이 중국 공장을 렌트해서 직접 이불을 생산합니다. 거위털 이불이라면 깃털이 풀풀 날리는 거위털 공장에 직접 가서 거위털을 구매하고 원단도 원단시장에서 직접 구매하든지 아니면 아예 원단 공장에서 직접 천을 직조하고 염색, 왁싱을 해와서 봉제 작업만 따로 전문 공장에 맡기는 방법으로 원가를 낮춥니다. 소싱의 마지막 단계까지 깊게 들어온 것이지요. 대다수 분에겐 너무 먼 이야기처럼 들릴 수도 있겠지만 결국 큰돈을 벌기 위해선 언젠가는 이 단계까지 와야 한다고 저는 생각합니다.

◀ Full 컨테이너로 EX work 가격 5천만 원 상품을 수입할 때 원가 계산 예시 ▶

FOB 가격 산정(수출항 선박에 적재까지)

₩50,000,000(물품대) + ₩150,000(내륙 운송료)

+ ₩50,000(통관수수료) +₩10,000(부대비용) = ₩50,210,000원

CIF 가격 산정(수입항 도착까지)

₩50,210,000(FOB가격) + ₩1,000,000(해상운송비)

+ ₩20,000(해상보험료) = ₩51,230,000원

수입관세

₩51,230,000(CIF 가격) x 관세율(%) = 관세

수입부가세

[₩51,230,000(CIF 가격) + (관세)] x 부가가치세율(10%) = 수입부가세

원가

₩51,2300,000(CIF 가격) + 관세 + 수입부가세 + 부두사용료/창고비 + 내륙운송비 = 최종 원가

CHAPTER 3

실전
해외 소싱

01

해외 브랜드 소싱 성공법 **'트레이딩 업'**

과거 해외 소싱의 목적은 아직 국내에 소개되지 않은 해외 유명 브랜드를 독점계약해서 국내에 들여오는 것이었습니다. 물론 지금도 이런 브랜드를 찾아서 해외를 돌아다니는 분이 많지만 이전만큼 기회가 많지는 않습니다.

그래도 새로운 브랜드는 매일 생겨나기 때문에 해외 인터넷 쇼핑몰을 자주 체크하면서 한국에 아직 수입 안 된, 대박을 칠 만한 좋은 브랜드가 있는지 관심 있게 볼 필요가 있습니다. 하지만 제가 책의 서두에서 말했듯이 지금의 국내 시장은 아주 명품이 아닌 이상 가격 경쟁력이 없으면 브랜드의 힘만으로 대박을 칠 수 없습니다.

매력적으로 보이는 브랜드 대부분은 유럽이나 일본, 미국 등 선진국 브랜드이고 대부분이 중국이나 베트남에서 OEM으로 생산된 상품입니다. 그 상품이 현지 공장에서 선진국으로 갔다가 다시 한국으로 수입되고 중간에 브랜드 값까지 주면 최종 수입 가격이 이미 적정 소비자가보다 비싸질 가능성이 높습니다. 간혹 화장품이나 패션 제품처럼 디자인이나 퀄리티 희소성이 높은 상품은 브랜드 독점계약으로 들여와도 국내 시장에서 판매가 잘 되기도 합니다. 하지만 조심해야 하는 것이 병행수입 가능성입니다. 아무리 여러분이 어떤 브랜드와 국내 수입 독점계약을 했다 해도 그 브랜드가 현지 로컬 시장에서 유통되는 것을 통제할 수 없습니다. 브랜드 상품을 현지 아웃렛 매장에서 여러분이 정식으로 수입한 가격보다 더 싸게 사온 후 국내에서 유통할 가능성이 존재합니다. 최근 이런 병행수입만 전문으로 하는 사람이 워낙 많이 늘어났고 그 루트도 과거에 비해 다양해져서 가능성이 상당히 높다고 봐야 합니다. 이처럼 병행수입 리스크가 존재하는 시장에서는 특정 브랜드를 수입해서 옛날처럼 돈을 벌기가 상당히 어렵습니다.

그리고 요즘엔 웬만한 브랜드는 독점계약이라는 것 자체를 잘 안 해주려고 합니다. 최근 시장 분위기가 큰 회사보단 워낙 작은 셀러들이 강세를 보여 한 업체에 독점으로 상품을 주기보단 여러 업체가 조금씩 사가는 편을 선호합니다. 바이어 입장에서도 독점계약을 따기 위해선 '1년에 얼마 이상 사야 한다', 특히 '오프라인 매장을 몇 개 내야 한다'라는 등 브랜드가 요구하는 여러 가지 조건을 들어줘야 하는데 요즘처럼 오프라인 매장이 힘든 상황에선 이것을 모두 이행하기 어렵습니다. 그래서 정말 어떤 브랜드와 수입 독점계약을 맺고 싶을 땐 독점 기간을 최대한 줄이든지, 몇 가지 모델만 한정해서 독점을 요구하든지, 아니면 국내에서 온라인만 한정으로 독점을 요구하는 등의 독점 폭을 줄이는 역제안으로 애초에 브랜드가 요구한 독점 조건을 현실적으로 완화해야 합니다.

제가 최근에 본 해외 브랜드 소싱의 성공 사례는 '몰스킨'이라는 문구 브랜드입니다. '몰스킨'은 어떻게 보면 평범하고 기본적인 디자인의 고가 수첩 브랜드인데 브랜드 역사도 오래됐고 현지는 물론 한국에도 확실한 마니아층이 존재하는 나름 명품 수첩입니다. 다른 수첩에 비해 가격이 다소 비싸다는 단점이 있지만 워낙 소비층이 탄탄해 작지만 나름 확실한 매출을 예측할 수 있었습니다. 이 브랜드를 수입한 회사는 대량 유통 대신 소량씩 수입해 교보문고 몇 개점에서만 알차게 팔았습니다. 몰스킨 이전, 이후에도 수십 개 해외 수첩 브랜드가 수입됐는데 모두 한국 시장에선 실패했습니다. 수첩이라는 작은 카테고리지만 그 카테고리에서만큼은 1등이라는 명품 이미지를 가지고 있어 몰스킨은 시장에서 끝까지 살아남을 수 있었습니다.

반면 '반도BANDO'라는 문구 · 생활용품 브랜드를 미국에서 독점으로 수입한 회사는 큰 성공을 거두지 못했습니다. 반도 역시 고급 문구제품으로 미국에서 큰 인기를 얻은 브랜드인데 몰스킨이 점잖은 명품 포지셔닝이었다면 반도는 톡톡 튀는 최신 디자인을 매력으로 하는 트렌디한 포지셔닝을 가지고 있습니다. 주타깃 고객도 소비력 있는 30~40대보다는 10~20대였습니다. 반도의 매력은 퀄리티보다는 디자인이어서 유행을 많이 타는 단점이 있습니다. 그리고 늘 그렇듯이 한 브랜드가 뜨면 비슷한 디자인의 중국산 카피 상품이 저가로 시장에 유통됩니다. 그 결과 반도는 수입 직후 국내에서 1년 반짝 잘 팔리다가 바로 매출이 곤두박질쳤습니다.

영국 가방 브랜드인 '캐스캐드슨' 역시 반도와 유사한 길을 걸었습니다. 처음 론칭 했을 때는 특유의 원단 패턴으로 선풍적인 인기를 끌었지만 비슷한 스타일의 중국산 카피 제품이 시장에 깔리면서 점점 매출이 줄었습니다. 이처럼 브랜드 콘셉트가 명품이나 점잖은 것이 아니라 트렌디한 디자인이면 아무리 론칭 초반 큰 인기를 끌어도 그 사이클이 길지 않습니다. 그래서 한 카테고리에서 점잖은 명품 포지셔닝을 확보한 브랜드를 수입한 업체는 큰 매출은 나지 않아도 소리 소문 없이 롱런하는 경우가 많습니다.

'트레이딩 업TRADING UP'이라는 유명한 책이 있습니다. 현대의 소비자는 그들의 소득 수준과 관계없이 과거에 비해 눈에 띄게 명품 소비를 지향합니다. 단 자동차나 집처럼 돈이 많이 들어가는 것들이 아니라 스낵, 음료, 문구, 생활용품처럼 지출 금액이 크지 않은 스몰 카테고리에서 집중적으로 명품 쇼핑 빈도가 늘어난다는 얘기를 담고 있습니다.

앞서 설명한 몰스킨이 바로 트레이딩 업의 좋은 사례입니다. 대단한 상품 카테고리는 아니지만 나름 '문구'라는 카테고리에선 몰스킨이 최상위에 있기 때문에 아무리 돈이 많은 부자라도 몰스킨 이상의 수첩을 구매할 수 없습니다. 즉 소비자는 몰스킨을 구매하는 자신의 행위가 최고 부자 행위와 일치한다는 점에서 트레이딩 업의 만족감을 느낍니다. 이와 같이 트레이딩 업이 가장 빈번하게 일어나는 시장은 족집게, 팬티, 세제, 비누같이 일상생활에 밀접한 하부 카테고리 상품이라는 점을 눈여겨봐야 합니다.

최근 한국에서 '마빈Marvin'이라는 명품 치약이 큰 인기를 끌었던 것도 바로 이런 트레이딩 업의 좋은 사례입니다. '스몰 카테고리 상품군 + 명품 이미지' 공식이 맞아떨어지는 예입니다.

최근 인터넷에서 큰 인기를 끌고 있는 프랑스산 '에쉬레' 버터도 마찬가지입니다. 왜 메인 식재료도 아닌 버터가 명품 브랜드 덕을 톡톡히 보는 것일까요? 아무리 유사 상품 대비 가격이 비싸도 총 지출하는 금액이 얼마 되지 않기 때문입니다.

그런데 재미있는 것은 마빈 치약이나 에쉬레 버터가 사실상 현지에선 그다지 명품 취급받는 브랜드가 아니라는 점입니다. 사실 치약이나 버터에 무슨 명품이란 것이 있겠습니까? 그냥 대량 생산하는 다른 브랜드에 비해 조금 더 좋다는 정도겠지요. 그 지방에서 난 좋은 재료를 써서 수작업으로 비싸게 만들다 보니 일종의 지역 특화 상품 정도로 우대받는 것인데 사실 이런 상품은 유럽의 지방 도시를 돌아다니다 보면 흔합니다. 마빈 치약도 이런 흔한 고가 수제품 치약 중 하나를 골라 수입해 온 후 명품이란 이미지를 씌워서 판매한 것뿐입니다.

최근 국내에선 이런 공식을 따른 상품이 쏠쏠하게 히트하고 있습니다. 이태리 꼬모 호숫가에서 파는 지역 화장품 브랜드를 수입한 후 배우 고현정을 모델로 발탁해 SNS에서 '고현정이 쓰는 수분 크림'이란 명품 이미지로 마케팅해 히트를 친 '산타마리아 노벨라'도 유사한 경우입니다.

◀ 명품 이미지로 국내 시장에서 히트한 제품들 ▶

만일 의류나 가방, 신발 같은 메인 카테고리 명품 상품을 국내에 독

점 수입하려면 아마 그 절차나 브랜드가 요구하는 조건이 상당히 까다로울 것입니다. 하지만 다소 별 볼일 없어 보이는 스몰 카테고리라면 이야기가 좀 달라집니다. 예를 들어 수세미, 족집게, 가죽 클리너, 목욕용품, 청소용품, 구두솔, 코털 가위, 등 긁는 기구, 얼룩 없애는 세제, 지우개, 연필, 안경 닦는 수건, 가위, 메모지 등과 같은 스몰 카테고리에서 나름 1등 브랜드를 찾아 독점 수입 관련한 컨택을 해보면 생각만큼 까다로운 조건을 요구하는 브랜드가 많지 않습니다. 사실 이런 스몰 카테고리에서 명품 브랜드란 한국 시장에서만 통용되는 것이지 현지에선 그저 잘 만들어진 소위 '좋은 상품' 그 이상 그 이하도 아닙니다. 이런 스몰 카테고리 중에서 한국에서 명품스럽게 보일 수 있는 상품을 찾기 위해선 이왕이면 백화점이나 마트보단 지역 상권에 있는 작은 숍을 다니는 게 좋습니다. 회사 규모가 작을수록 독점 수입 계약을 큰 부담 없이 이끌어 낼 수 있기 때문이지요.

만일 내가 수입하려고 하는 카테고리에 이미 국내에 명품 포지셔닝 브랜드가 있다 해도 대체 상품을 찾는 데는 별문제가 없다고 생각합니다. 트레이딩 업의 기본 원리에 따르면 카테고리 최상단에 위치한 상품의 매출이 점점 늘어나면 결국엔 시간이 지나 그 상품이 점점 대중화되고 더 이상 명품 역할을 못 하게 됩니다. 그러면 또다시 그보다 더 상단에 있는 상품이 다시 명품이 되는 패턴이 반복됩니다. 계속 어딘가 존재하는 더 고급스럽고, 더 비싼 상품이 상위 명품으로 등장하는 것이지요.

즉 내가 수입하려는 카테고리에 이미 명품 브랜드가 존재해도 그보다 더 좋아 보이는 브랜드를 찾아 소싱하면 결국 그 브랜드가 기존의 최상위 상품을 밀어 내게 됩니다.

버터 시장의 경우도 몇 년 전까지만 해도 '이즈니' 무염 버터가 트레이딩 업 상위에 위치했지만 '에쉬레' 버터가 등장하면서 바로 그 자리를 내줬습니다. 이렇듯 트레이딩 업은 늘 새로운 상위 명품으로 대체되는 일이 반복됩니다. 여기서 반드시 주의해야 할 점은 트레이딩 업의 명품 포지셔닝은 상품의 역사나 퀄리티로 얻어지는 것이지 디자인 같은 트렌디한 요소로 얻을 수 없다는 점입니다.

때문에 수입할 브랜드를 선정할 때는 최근 현지에서 인기 있는 상품보다 브랜드 역사가 오래되고 실제 상품 퀄리티가 좋은 브랜드를 선택하는 것이 좋습니다. 잘 만들어진 좋은 상품을 수입해 오면 판매 회전은 늦을 순 있지만 결국 재고는 남지 않습니다.

◀ '이즈니' 버터 왼쪽 를 몰아내고 트레이딩 업 최상위를 차지한 '에쉬레' 버터 ▶

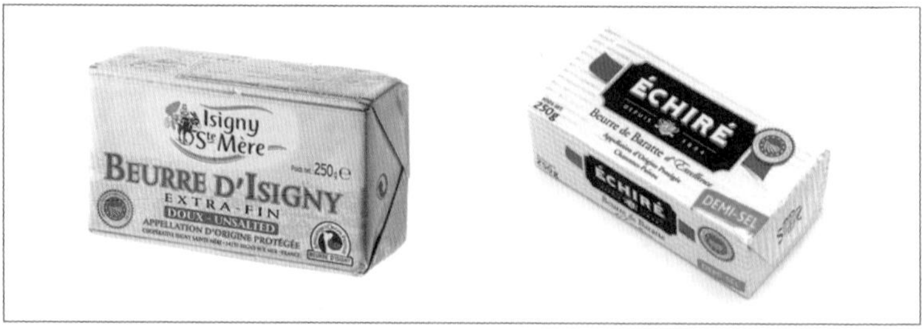

02

성공 확률 높이는
해외 상품 실전 소싱법

현지에서 상품을 수입하는 방법은 크게 두 가지로 나눌 수 있습니다. 첫째는 소싱하려는 상품을 먼저 기획한 후 소싱처를 찾는 방법이고 둘째는 소싱처를 미리 정하고 현장에서 소싱할 상품을 고르는 것입니다.

많은 분이 당연히 소싱하려는 상품을 먼저 기획한 다음에 소싱처를 찾는 것이 일반적인 소싱 방법이라고 생각하지만 현실은 꼭 그렇지 않습니다. 소싱 경험이 많은 사람일수록 오히려 두 번째 방법을 선호합니다. 그리고 실제로 두 번째 방식으로 소싱한 상품이 판매에 성공할 확률이 더 높습니다.

장사란 수학 공식처럼 미래 결과를 예측할 수 있는 성질의 것이 아닙니다. 그래서 실제 장사의 세계에서 우리가 할 수 있는 최선이란 가능한 성공 확률을 높이는 것에 불과합니다. 이런 면에서 봤을 때 상품을 기획하고 디자인하는 데 너무 많은 시간과 자본을 투자하기보단 기존에 이미 국내 시장에서 매출이 검증된 상품 또는 그와 유사한 콘셉트의 상품, 그리고 다른 나라에서 히트친 상품을 많이 제조, 수출하는 좋은 공장을 방문해서 상품을 고르는 방식이 보다 현실적이고 성공 확률을 높이는 소싱 방법일 수 있습니다.

기존에 히트친 상품의 성공 원인을 분석해서 새로운 상품을 기획한다는 것도 결코 쉬운 일이 아닙니다. 기획서상으로는 흠잡을 데 없이 완벽했던 상품이 실제 판매에서 좋지 않은 결과가 나오는 일도 많습니다. 기존 시장에서 잘 팔리던 상품에 더 많은 기능을 추가하고 더 좋은 디자인과 더 낮은 가격으로 상품을 출시해도 기대했던 매출이 나오지 않는 경우가 허다합니다. 매출이란 뚜껑을 열어 보기 전까진 아무도 그 결과를 예측할 수 없습니다. 그래서 업계에는 '상품이 잘 팔리고, 또 안 팔리는 이유는 십만 가지가 있다'라는 말도 있습니다.

그렇다고 아무런 기획 없이 경험이나 '감'만으로 상품을 소싱하는 것도 말이 안 됩니다. 그래서 저는 늘 항상 상품을 사전에 기획하고 공장을 찾는 첫 번째 방법과 좋은 공장의 쇼룸에서 완성된 상품을 고르는 두 번째 방법의 밸런스를 맞추려고 노력합니다.

첫 번째 방식을 Top to Bottom 하향식 이라고 하고 두 번째 방식을 Bottom to Top 상향식 이라고 합니다. 성공 확률만 놓고 보면 Bottom to

Top 방식이 잘 팔리는 상품을 고를 확률이 더 높은 건 사실입니다. 검증하기도 쉽고 여러모로 안전합니다. 하지만 저의 경험상 간혹 아주 큰 매출을 일으켰던 일부 상품은 사전에 상품기획을 먼저 하고 그 상품을 파는 소싱처를 찾는 Top to Bottom 방식이었습니다. 그래서 저는 가능한 한 이 두 가지 가능성을 모두 오픈해 두고 소싱하려고 노력합니다. 첫 번째 방식을 위해 미리 상품 기획을 많이 한 상태라면 두 번째 방식에서도 의도치 않게 좋은 상품을 고를 수 있는 가능성도 높아지기 마련이고 두 번째 방식을 위해 좋은 공장을 많이 확보해 놓은 상태라면 첫 번째 방식으로도 더 성공률 높은 상품 기획을 할 수 있기 때문입니다.

그럼 먼저 첫 번째 방식, Top to Bottom의 일하는 방법에 대해 좀 더 자세히 설명하겠습니다.

대박 상품 만드는 Top to Bottom 방식

Top to Bottom 방식에서 가장 먼저 해야 할 일은 현재 국내 시장에서 잘 팔리고 있는 상품을 조사하는 것입니다. 대부분의 온라인 쇼핑몰은 상품 기간을 설정하면 잘 팔리는 매출 순으로 정렬해서 볼 수 있는 기능을 제공합니다. 그래서 일 단위, 월 단위 등 여러 기간 단위로 판매량 높은 상품을 정렬해서 보면 최근에 잘 팔리는 상품에 대한 정보는 물론 요즘 국내 고객이 선호하는 스타일 등을 파악할 수 있습니다.

여기서 중요한 점은 여러분은 학교나 직장에서 누구에게 보여주기 위한 시장조사 리포트를 작성하는 것이 아니라 실제로 장사를 해서 돈을 벌 상품을 고르는 것이기 때문에 현실성 있는 상품을 찾아야 한다는 것입니다. 상품이 본인이 거래할 수 있는 현지 공장에서 생산 가능한지, 또는 본인이 알고 있는 현지 도매시장에서 구매 가능한 상품인지를 감안해 시장조사를 해야 합니다. 디자인을 유사하게 카피하면 법적 문제가 생기는 유명 브랜드 상품은 피해야 합니다. 또, 디자인이 너무 복잡해서 비슷하게 만들기 어려운 상품, 제작 원가가 너무 비쌀 것 같은 상품, 또 그런 상품을 만드는 현지 생산공장에 대한 정보가 전혀 없는 상품은 시장조사 리스트에서 배제해야 합니다. 이런 식으로 걸러진 상품은 주로 대기업이 운영하는 종합몰보다는 오픈마켓이나 소셜커머스 같은 곳에서 판매되기 때문에 저는 시장조사를 할 때 네이버 스마트스토어나 소셜커머스같이 비교적 규모가 작은 업체가 셀러로 활동하는 쇼핑몰을 주로 이용합니다.

여러분이 시장조사로 어떤 상품이 잘 팔리는 것을 보고 그 상품을 해외 소싱하겠다고 마음먹었다면 대부분 해당 상품을 제조한 현지 공장을 찾고 싶을 것입니다. 하지만 운 좋게 그 제조공장을 찾아도 이미 국내에 많은 물량을 구매하는 기존 바이어가 있어 동일한 상품을 여러분에게 팔 가능성은 낮습니다. 그래서 현재 한국에서 잘 팔리는 상품의 현지 제조공장을 찾으려는 노력은 결국 시간만 낭비할 가능성이 높습니다.

대신 최대한 유사한 상품을 제조하는 공장을 찾아야 합니다. 당연히 디자인이나 모양은 아무리 비슷하게 만들려고 해도 오리지널에 비해 조금은 달라질 수밖에 없습니다. 그래서 상품을 선정할 때는 카피하기 용이한 상품, 또는 디자인이 조금 바뀌어도 매출에 별지장 없는 종류의 상품을 고르는 것이 중요합니다.

물론 제가 여기서 말씀드리는 카피란 대놓고 상품을 똑같이 베끼는 것이 아닌 어디까지나 합법적인 범위 내에서 디자인을 조금 변형하는 형태입니다. 그럼 상품을 카피할 때 어디까지가 합법이고 어디서부터 불법이냐는 의문을 가질 수 있는데, 사실 이 이슈는 한마디로 시원하게 설명하기 어렵습니다. 특정 로고나 브랜드가 아니면 상품 디자인을 법적으로 보호받기 어렵고 실제로 대부분 국내에서 잘 팔리고 있는 상품이 이미 다른 외국 상품 디자인을 카피 혹은 변형한 것이 많습니다.

제조과정에서 철재나 플라스틱 몰딩주형이 필요한 상품은 MOQ가 높아지거나 몰딩 비용을 따로 부담해야 하기 때문에 역시 피하는 것이 좋습니다. 특정 로고나 글씨체가 매출에 기여하는 비중이 높아 보이는 상품 역시 로고나 글씨체는 카피할 수 없어 피해야 합니다. 나머지 부분이 다 똑같고 글씨 하나만 달라도 안 팔릴 가능성이 높기 때문입니다. 이런 점을 고려했을 땐 금속이나 플라스틱 제품보단 패브릭이나 유리, 목재 제품이 유사 제품을 생산하기 비교적 용이한 상품군입니다.

다음으로 제가 자주 시장조사하는 곳은 일본, 미국 등의 해외 유명 쇼핑몰입니다. 국내 쇼핑몰에서 시장조사를 한 상품을 해외 소싱으로 생산하려면 법적 문제를 피하기 위해서라도 일정 부분 디자인에 변화를 줘야 합니다. 컬러를 바꾸거나 모양을 일부 변형해야 합니다. 그러나 저를 포함한 해외 소싱하는 사람 대부분이 전문 디자이너가 아니기 때문에 제품 디자인 변형에 상당한 부담을 가질 수밖에 없습니다. 아주 작은 부분만 변화를 줘도 매출에 부정적 영향을 미치는 경우가 많기 때문입니다. 그래서 저는 국내 쇼핑몰 시장조사로는 요즘 한국에서 잘 팔리는 상품에 대한 콘셉트, 대략적인 아이디어만 얻고 바로 해외 쇼핑몰로 가서 그와 유사한 스타일의 실제 소싱할 샘플링할 상품을 찾습니다. 이러면 일이 상당히 편해집니다. 그 상품이 유명 글로벌 브랜드 상품이 아닌 이상 그 디자인과 거의 유사하게 현지 공장에 의뢰해 제조한 후 국내에 유통하는 것에는 법적으로 큰 문제가 없습니다.

제가 자주 방문하는 곳은 일본의 라쿠텐이란 온라인 쇼핑몰인데 패션이나 가전제품은 일본 소비 패턴이 한국과 달라서 큰 의미가 없지만 생활용품이나 인테리어 소품 카테고리 상품은 한국과 유사한 면이 많아 시장조사하기에 상당히 좋습니다. 단, 네이버에 라쿠텐을 검색하면 라쿠텐 한국 페이지로 안내가 되는데, 라쿠텐 한국 페이지엔 한국 배송이 가능한 업체만 볼 수 있어 상품이 많지 않습니다. 그래서 시장조사 목적이라면 일본 라쿠텐 페이지로 들어가서 구글 번역기로 보는 것이 좋습니다.

◀ 생활용품과 인테리어 소품 시장조사에 좋은 일본 온라인 쇼핑몰 '라쿠텐' ▶

해외 유명 온라인 쇼핑몰에서 한 단계 더 나아가 브랜드 홈페이지까지 들어가 볼 때도 많습니다. 사실 국내 쇼핑몰이 아닌 해외 쇼핑몰에 가서 상품조사를 하는 이유는 그 상품의 희소성 때문입니다. 즉 남이 따라하기 어려운 상품을 찾아서 한 단계 더 들어간 것이지요. 그런데 요즘에는 라쿠텐이나 타오바오 같은 해외 쇼핑몰 역시 국내 경쟁자가 쉽게 조사합니다. 그곳에서 시장조사한 상품 역시 다른 국내 경쟁자가 똑같이 따라서 만들 수 있다는 뜻입니다.

그래서 저는 해외 쇼핑몰에서 제가 시장조사로 선정한 상품을 발견하면 그 상품을 만든 회사나 브랜드 홈페이지를 찾아 들어갑니다. 그러면 유사한 콘셉트의 더 많은 상품을 발견할 수 있습니다. 특히 덴마크나 스웨덴, 노르웨이 같은 나라의 잘 알려지지 않은 브랜드 홈페이지에 가 보면 바로 샘플링하면 대박날 것 같은 보물이 널려 있습니다. 물론 제가 말씀드리는 부분은 카피가 아닌 샘플링이라는 점입니다. 샘플링은 샘플에서 모티브를 얻어 변화를 준다는 것인데 사실 중국 공장을 통하면 아무리 똑같이 카피를 해달라고 부탁해도 결과물이 항상 어딘가 달라지기 때문에 의도치 않게 자동적으로 안전한 샘플링이 되긴 합니다.

시간이나 비용에 여유가 있는 분은 일본이나 프랑스, 미국 등의 대도시에 있는 오프라인 숍을 방문해 마음에 드는 상품이 있으면 사진 찍고 컬러나 제조상의 디테일이 까다로운 상품은 샘플로 구매해오는 것도 좋은 방법입니다. 샘플 구매만 하기 위해 해외 출장을 가는 것이 부담스러울 때는 일본은 도쿄 기프트쇼, 프랑스는 파리 메종&오브제 같이 해당 도시에서 관련 상품 카테고리의 국제 무역박람회가 열릴 때 같이 시장조사를 겸해서 다녀오는 것을 추천합니다.

◀ 저자가 샘플 구매 시 자주 방문하는 도쿄의 라이프스타일숍 ▶

@cosme store

LOFT

ASOKO

Awesome store

Muy Mucho

PLAZA

요즘엔 해외 직구 시스템이 잘 돼 있어 저는 해외 쇼핑몰에서 마음에 드는 상품을 발견하면 바로 해외 직구로 샘플을 구매합니다. 상품이 도착하면 제품 사진을 여러 각도로 자세히 찍어서 비슷한 상품을 제조할 수 있다고 판단되는 현지 공장에 이메일로 사진을 보내 생산이 가능한지, 샘플을 만들어 줄 수 있는지, 예상되는 FOB 가격은 얼마인지 등을 물어봅니다. 이때 중요한 것이 샘플 제작 비용입니다. 많은 현지 공장이 이런 샘플링을 할 때 실제 양산 시 예상되는 FOB 가격의 4~5배 수준의 비용을 샘플비로 청구합니다. 바이어가 샘플링만 하고 실주문을 하지 않는 경우가 많아 공장에선 반드시 먼저 비용을 받고 샘플 작업을 하는데, 이 샘플링 비용은 실제 주문을 할 경우엔 전체 주문 금액에서 빼주는 게 일반적입니다. 그래서 샘플링 비용이 얼마인지, 그리고 나중에 실제 생산할 경우 샘플 비용을 빼 줄 것인지, 그리고 실제 생산 시 MOQ는 얼마인지를 꼼꼼하게 따져 봐야 합니다.

이런 조건을 모두 협상한 후, 조건이 마음에 들면 샘플을 국제 소포로 공장에 보냅니다. 이때 한 공장에만 샘플을 의뢰하면 혹시나 샘플 결과가 마음에 들지 않게 나올 수 있으니 복수의 공장에 샘플을 보내는 것이 안전합니다. 이를 위해선 해외 쇼핑몰에서 상품을 구매할 때 동일한 디자인의 샘플을 여러 개 구매하는 게 좋습니다. 분실 위험은 물론, 완성된 샘플을 공장에서 받았을 때 내가 같은 샘플을 가지고 있어야 나중에 두 개를 비교해 볼 수 있습니다. 이렇게 여러 개를 구매해서 하나는 내가 가지고 나머지는 공장에게 보내는 것이 좋습니다.

이처럼 Top to Bottom 방식으로 해외 소싱할 때도 시장조사, 상품 선정만큼 중요한 것이 상품을 샘플링 할 수 있는 공장 정보입니다. 여러분이 현지 공장 정보가 없다면 아무리 좋은 상품의 샘플을 가지고 있어도 어떻게 해 볼 수가 없습니다. 어느 정도 업력이 있는 업체라면 기존에 거래했던 공장 중에서 협조를 잘해 줄 만한 곳을 고르면 되지만 그렇지 않은 경우라면 소싱처 정보를 어디서 구할 수 있을까요?

첫 번째 방법은 역시 무역박람회입니다. 무역박람회에 가는 이유 중 하나가 바로 꼭 그 자리에서 상품을 구입하지 않아도 미래에 이런 샘플링 작업을 해줄 만한 좋은 소싱처를 찾기 위해서입니다. 그래서 바로 소싱할 여건이 안 되거나, 당장 필요한 상품 카테고리와 다른 경우라도 가능한 여러 종류의 무역박람회를 시간 여유 있을 때마다 방문해 최대한 많은 소싱처를 발굴하고 친분을 쌓는 것이 중요합니다.

두 번째는 알리바바를 이용하는 방법입니다. 앞서 설명한 대로 알리바바에 올라와 있는 업체 대부분이 실제 공장이 아닙니다. 실제 공장이라 해도 생전 모르는 사람에게 이런 샘플링 서비스를 해주는 곳은 많지 않습니다. 무엇보다 바이어 입장에서 실체도 없는 공장에 해외에서 비싸게 산 샘플을 보내는 것 역시 위험부담이 큰 일입니다. 그래도 알리바바의 장점은 큰 시간과 노력 없이 여러 업체를 동시에 컨택할 수 있다는 점입니다. 가능한 유사 상품을 제조하는 여러 공장에 샘플 사진을 보내고 내가 원하는 샘플링 가격과 샘플이 맘에 들 경우 오더할 수량을 미리 구체적으로 제시하고 답변을 기다립니다. 그러다 보면 그런 조건을 맞출 수 있는 몇몇 업체에서 연락이 오고 몇 번 메시지를 주고받으면 어느 정도 업체를 가릴 수 있습니다. 이후 믿음 가는 업체에게만 샘플과 샘플링 비용을 보내면 됩니다. 사실 알리바바를 이용해서 샘플링을 한다는 것은 위험 부담도 크고 성공 확률도 높지 않은 일입니다. 하지만 만일 아무런 소싱처 정보가 없는 상태라면 어느 정도 리스크를 안더라도 알리바바가 샘플링 하기 위한 유일한 방법일 수밖에 없습니다.

샘플링의 가장 현실적인 문제는 소요 시간입니다. 지금까지 제가 드린 이야기가 이론적으론 다 그럴듯하게 들리겠지만 실제로 업무를 하다 보면 그 과정에서 소요되는 시간이 상당합니다. 한마디로 샘플링이 한 번에 예상대로 진행되는 경우가 거의 없다는 것이지요. 중국이나 인도 현지인과 한국인은 근본적으로 너무 달라 우리 눈에 다르게 보이는 게 그들 눈에는 똑같아 보이는 경우가 많습니다. 우리 눈에 다홍과 주황은 분명 다른 색이지만 많은 중국인 눈엔 다 똑같은 빨간색입니다. 우리 눈에는 모서리 라운드 부분의 가도가 소수점 단위까지 파악되지만 그들은 대충 둥근 것으로만 보입니다. 그래서 아무리 샘플과 똑같이 만들어 달라고 해도 실제 결과물을 보면 완전히 다른 물건이 나오는 경우가 부지기수입니다.

그러면 다시 의뢰해 샘플을 만들고 또 수정하는 과정을 몇 번 거치면서 서로 지칩니다. 일단 공장 측에서 의욕을 잃고 점점 기간은 늘어지지요. 중간에 흐지부지돼 결론 없이 끝나기도 합니다. 바이어 입장에선 시간이 돈인데 이런 경험을 몇 번 하다 보면 샘플링에 대한 기대를 버리게 됩니다.

그래서 저는 첫 번째 샘플링은 공장을 믿고 맡기지만 결과가 안 좋게 나오면 시간과 비용이 들더라도 비행기를 타고 바로 공장으로 갑니다. 공장에 가서 샘플실에서 직원하고 같이 앉아서 샘플을 만듭니다. 같이 원단을 고르고 원단이 공장에 없으면 함께 원단 시장에 가서 원단을 구매합니다. 필요하면 부자재 시장에도 갑니다. 이렇게 옆에 앉아서 샘플이 나올 때까지 이렇게 저렇게 간섭할 때 내가 원하는 수준의 샘플이 제시간에 나올 확률이 높아집니다. 단 이렇게 샘플실까지 출입하기 위해선 공장 사장과의 친분이나 믿음이 있어야 합니다. 아무 바이어에게나 샘플실을 오픈하는 공장은 없습니다. 출입을 허락해주지도 않을 뿐 아니라 상당히 무례하게 여길 것입니다. 그래서 이것은 어디까지나 여러분의 역량에 달려있는 일입니다. 하지만 하기에 따라 충분히 가능하고 일을 제대로 하기 위해선 꼭 필요하므로 좋은 관계를 잘 만들기를 부탁드립니다.

자라 홈이나 H&M 홈같이 거대한 글로벌 홈 인테리어 브랜드 역시 자체 디자인 상품이 많을 것 같지만 실제로는 대부분 위와 같은 샘플링으로 현지 공장에 오더를 줍니다. 이들은 유럽 현지 로컬 숍이나 메종&오브제처럼 소규모 브랜드가 참가하는 박람회에서 샘플을 구매한 후 인도나 중국 박람회를 방문해서 샘플을 보여주고 샘플링이 가능한 업체를 찾습니다. 업체가 결정되면 바이어가 직접 현지 공장 샘플실에 4박 5일 정도의 일정으로 샘플이 나올 때까지 같이 작업을 합니다. 이들 역시 직접 방문하는 것이 이메일로 작업을 지시하는 것보다 효율이나 비용적인 면에서 더 낫다는 것을 경험으로 알았기 때문입니다.

소싱 업무를 하면서 제가 제일 신뢰하지 않는 것 중 하나가 바로 '팬톤 컬러Pantone Color'[7]입니다. 아무리 같은 넘버의 팬톤 컬러라도 어

7) 미국 팬톤사에서 제작한 인쇄 및 소재별 색표집. 다양한 산업 전반에서 표준색채언어로 사용되고 있다.

떤 재질에 인쇄되느냐에 따라 실제 눈에 보이는 컬러가 바뀌기 때문입니다. 같은 빨간색이라도 그것이 종이에 인쇄되느냐, 천에 염색되느냐, 철에 입히느냐에 따라 실제로 상품이 완성되었을 때는 완전히 다른 컬러로 보입니다. 또한 주변 색이 어두운 색이냐 밝은 색이냐에 따라서도 컬러가 완전히 달라 보입니다. 그래서 직접 방문해서 원하는 컬러가 나올 때까지 직접 눈으로 보고 확인해야 합니다.

제가 아는 일본인 중에 이런 샘플링 작업으로 큰 성공을 거둔 친구가 있습니다. 이 친구는 일본의 유명한 홈 데코 브랜드 '프랑프랑'에서 가구 디자이너로 오래 일했는데 회사를 그만둔 후 중국 동관 지역으로 가서 중국어를 배우고 난 후 일본 업체 대상으로 샘플링 대행 업무를 시작했습니다. 바이어가 시장에서 잘 팔릴 것 같은 해외 명품 소파를 몇 개 골라서 이 친구에게 사진을 보내면 이 친구는 전체적인 디자인의 느낌은 원 제품과 동일하게 유지하면서 법적으로 문제가 안 되는 선에서 디자인을 살짝 바꿉니다.

그리고 이 상품을 제일 잘 만들 수 있는 공장을 선정합니다. 공장마다 전문 분야가 달라 어떤 공장은 복잡한 라인을 잘 뽑는 곳이 있고, 어떤 곳은 라인은 서툴지만 가격 경쟁력이 있는 곳이 있고, 어떤 곳은 소파 쿠션 기술이 뛰어난 곳이 있습니다. 이렇듯 각기 다른 장단점을 가진 공장 중에서 바이어가 고른 디자인의 소파를 제작하는데 가장 최적의 조건을 가진 공장을 선정한 후 그 공장에 샘플링을 의뢰하고 샘플이 나올 때까지 그 공장에 머무르면서 같이 작업합니다. 그리고 바이어가 최종적으로 나온 샘플 소파가 맘에 들면 그때 바이어에게 샘플링 비용을 받습니다. 어떻게 보면 가장 힘든 업무를 책임감 있게 대행해주는 것이어서 최근 이 친구의 가치가 일본에서 엄청나게 폭등했습니다. 지금 일본의 라쿠텐 쇼핑몰의 소파 카테고리에서 인기 있는 소파 100개 중 이 친구의 손을 거친 상품이 30개가 넘을 정도로 업계에서 큰 역할을 하고 있습니다. 이것이 바로 제가 말씀드리고자 하는 Top to Bottom 방식의 가장 이상적인 예가 아닐까 생각됩니다.

그렇다면 여러분이 일반적으로 생각하는 상품 기획, 즉 제로베이스에서 상품 아이디어를 내고 제품 디자인을 해서 샘플을 제작하는 방식의 상품 기획은 어떻게 하는 것일까요? 글쎄요, 제가 20여 년간 유통회사를 운영하며 해외 소싱을 경험한 바로는 그런 방식으로 상품을 제작하는 경우는 대학생이 전시회 참가 제품을 만들 때나 몇몇 국내 영세 제조사를 제외하고는 거의 본 적이 없습니다. 연간 매출이 수조 원에 이르는 해외 유통 회사도 그런 방법으로 상품을 소싱하는 비율은 전체 상품의 20%도 안되는 것으로 알고 있습니다. 시장에 활발하게 유통되는 거의 대부분의 상품 기획은 이미 어딘가에 있는 상품을 토대로 변형, 개발되는 방식으로 진행됐다고 보는 게 맞습니다.

상품 기획 개발 과정

1. 국내 온라인 쇼핑몰, 해외 온라인 쇼핑몰, 해외 브랜드 쇼핑몰 상품 검색
2. 해외 서점, 해외 로드숍 방문 후 샘플 구매 사진 자료 확보
3. 선진국 중소형 박람회 샘플 소량 구매 및 사진 자료 확보
4. 알리바바 검색, 해외 박람회 참석 공장 섭외
5. 샘플 발송, 디자인 변경, (법적 이슈 확인 후) 상품 주문

안정적으로 성공률 높이는 Bottom to Top 방식

미리 정한 소싱처에서 상품을 고르는 Bottom to Top 방식 역시 Top to Bottom 방식처럼 사전에 시장조사, 상품조사가 반드시 선행돼야 합니다. 지금 시장에서 뭐가 잘 팔리는지 사전에 아무런 조사를 하지 않은 상태라면 아무리 좋은 소싱처에 간들 어떻게 상품을 제대로 고를 수 있을까요? 그래서 실전에선 Top to Bottom 방식과 Bottom to Top 방식이 동시에 일어나기도 합니다. 중요한 점은 한 방법만 고집하지 않고 모든 가능성을 열어 둔 채 소싱해야 한다는 것입니다. 내가 기획했던 상품만

고집하는 것이 아니라 사전에 기획하지 않은 부분이라도 일단 상품은 가능한 많이 보는 것이 중요합니다. 나의 제한된 기획력을 훨씬 뛰어넘는, 미처 생각하지 못했던 훌륭한 상품을 만날 수 있는 가능성은 언제든 존재합니다.

Top to Bottom 방식이 구체적인 상품을 머릿속에 두고 그 상품을 샘플링 하는 방식이라면 Bottom to Top 방식은 사전에 아주 대략적인 콘셉트나 방향성 수준에서만 상품을 기획한 상태에서 바로 무역박람회나 현지 공장이란 정글로 들어가는 것입니다. 대신 성공 확률이 높은 정글을 선별해서 들어가는 것이 중요합니다. 즉 Top to Bottom 방식이 이성적이고 논리적인 방식으로 성공을 추구하는 연역적 접근이라면 Bottom to Top 방식은 소싱 환경을 성공 확률이 높아지도록 세팅하는 귀납적 접근에 가깝습니다.

이왕이면 최근에 전 세계적으로 히트한 아이템을 많이 생산하고 있는 공장, 해외 유명 브랜드와 오랜 기간 거래하고 있는 공장, 또 이런 유명 브랜드와 거래하고 있는 공장의 재하청 공장에서 상품을 소싱하는 것이 국내에서도 성공 가능성이 높은 상품을 소싱하는 방법입니다. 그래서 전자가 보석 같은 상품을 생산하기 위한 노력이라면 이 방법은 보석 같은 공장을 찾기 위한 노력입니다. 이런 공장을 찾기 위해선 박람회를 더 많이 방문하고 더 많이 걷고 또 주변 네트워크를 동원해 여러 정보를 알아내는 것이 중요합니다. 실제로 유명 브랜드의 경우를 봐도 전체 소싱한 상품 중 이런 Bottom to Top 방식으로 소싱한 상품이 차지하는 비중이 60~80%가 넘습니다.

Bottom to Top 방식의 소싱 방법에서 제가 가장 먼저 하는 일은 상품 카테고리에서 가장 '롤 모델'이 될만한 글로벌 브랜드의 현지 소싱 공장을 찾는 일입니다. 저희 회사는 생활, 인테리어 소품, 가구를 판매하고 있기 때문에 포티리반, 웨스트엘름, 프랑프랑, RH Restoration Hardware 같은 브랜드가 바로 업계를 리딩하는 롤 모델입니다. 아무리 세계가 넓어도 상품 카테고리 별로 현재 가장 활발하게 활동하고 있는 OEM 공장이 위치한 지역은 대충 몇 군데로 모아지게 마련입니다. 예를 들어 저가 패브릭 소파 공장은 중국 동관, 고급 가죽 소파 공장은 포샨, 원목 상판과 철재 프레임 식탁은 인도의 조드푸르, 워싱 이불은 중국의 푸장, 바구니는 미얀마, 플라스틱은 푸저우, 차 용품은 이싱, 글라스 제품은 광저우, 철제 인테리어 소품은 인도의 모라다바드 식으로 업태마다 최근 세계적으로 가장 생산량이 많은 메인 생산공장이 모여있는 대표 도시가 있습니다. 그래서 저는 무역박람회에 갈 때마다 박람회 근처의 이 같은 생산도시를 방문한 후, 포터리반, 웨스트웰름, 프랑프랑, RH 같은 글로벌 브랜드의 OEM 공장을 수소문해서 알아내 그 공장의 쇼룸을 방문합니다. 그리고 이런 브랜드가 과거에 주문했던 상품을 알려달라고 한 후 그 상품 중에서 국내에서도 잘 팔릴 것 같은 상품을 추려서 소싱합니다.

또 이런 Bottom to Top 방식으로 미국이나 유럽의 대형마트 PB 상품을 소싱하기도 합니다. 미국의 타깃이나 네덜란드의 블로커 등 우리나라로 치면 이마트 같은 규모의 대형마트 역시 PB 상품 비중을 늘려가고 있습니다. 그런데 아무래도 이들이 생산 전문 회사가 아니라 유통회사다 보니 자체적으로 많은 숫자의 상품 개발 인력을 운영하기보단 소싱 에이전시를 이용해서 소싱을 대행하는 경우가 많습니다. 주로 대만이나 홍콩에 이런 역할을 하는 회사가 많은데 저는 이런 중간 소싱 에이전시를 찾아 그들의 쇼룸에 방문해 이들이 진행했던 해외 마트의 PB 상품을 주문하기도 합니다. 선진국의 대형 할인마트 PB다 보니 가격은 저렴하고 디자인 감각은 꽤 높아 국내에서도 잘 팔릴 만한 상품이 상당히 많습니다.

다만 이 경우엔 소싱 에이전시의 특성상 제조공장이 원하는 MOQ를 맞춰줘야 하는 부담이 있습니다. 또 현재 운영하고 있는 상품은 주문하지 못해 과거에 운영한 상품만 주문할 수 있습니다. 일부 상품은 주문하려고 해도 현지 공장 사정상 이미 생산이 중단된 경우도 있습니다. 그러나 이런 에이전시 쇼룸에 가면 상품의 종류가 어마어마하게 다양하고 이미 기존 바이어가 물량을 앞세워 생산 단가를 최대한 낮춰 놓은 상태라 상당히 낮은 가격으로 상품을 소싱할 수 있는 장점이 있습니다.

그래도 가장 일반적으로 좋은 소싱 공장을 찾기 위한 방법은 역시 무역박람회를 방문하는 것입니다. 그런데 많은 한국 바이어가 해외전시장에 가면 당초 기획했던 업무만 끝내고 바로 박람회장을 떠나곤 합니다. 조금만 더 시간을 투자하면 도처에 숨어 있는 보석 같은 공장을 발견할 수 있다는 사실을 고려하면 참 아쉬울 수밖에 없습니다. 이런 면에서 4박 5일이란 박람회 기간은 언제나 촉박합니다. 사실 저는 무역박람회에서는 그 자리에서 물건을 주문하는 것보다 좋은 공장을 하나라도 더 찾는데 시간을 써야 한다고 생각합니다. 박람회는 어떻게 보면 소싱처, 공장을 찾기 위한 곳이고 실제 구매 업무는 박람회가 끝나고 난 후 박람회에서 알게 된 업체의 쇼룸에 직접 방문해서 진행되는 경우가 많기 때문입니다.

또 박람회장은 장소가 협소해 한 업체가 디스플레이 할 수 있는 상품 개수가 한정돼 있습니다. 그러다 보니 공장에서는 박람회에서 전시할 상품을 결정할 때 상품 콘셉트를 아무래도 큰 바이어가 많은 유럽이나 미국 소비자 취향에 맞출 수밖에 없습니다. 그래서 국내에서 잘 팔릴 만한 좋은 상품을 많이 보유하고 있는 공장이 있어도 우리 눈에 잘 띄지 않습니다.

무역박람회에서는 바로 그 자리에서 상품을 주문하겠다는 마음보단 일단 최대한 좋은 업체를 많이 리스팅한다는 태도가 좋습니다. 우선 상품을 볼 때 상품 하나하나의 디자인을 보기보단 디자인의 인쇄 상태나, 마감 상태, 사용한 부품을 체크하면서 그 공장의 전반적인 생산 수준을 파악합니다. 또 과거에 어떤 나라의 어떤 브랜드와 거래했는지도 물어봅니다. 그래서 전반적으로 이 공장이 거래할 가치가 있다고 판단되면 한국에 돌아온 후 향후 방문할 공장 리스트에 추가합니다. 먼저 나라별로 나누고 중국의 경우엔 워낙 땅덩이가 넓다 보니 지역별로 다시 나눕니다.

중국 공장의 위치는 대부분 해안선을 따라 광저우 지역, 항주 · 상해 지역, 푸저우 지역, 산둥 지역 등 서너 군데에 집중돼 있습니다. 이런 식으로 출장 지역을 그룹핑 한 후에는 각 지역별로 2박 3일 정도의 스케줄로 한 번에 총 열흘 정도의 일정으로 출장을 갑니다.

◀ 해안선 중심으로 자리 잡은 중국 생산공장.
한 번에 열흘 정도 일정으로 둘러보는 게 좋습니다 ▶

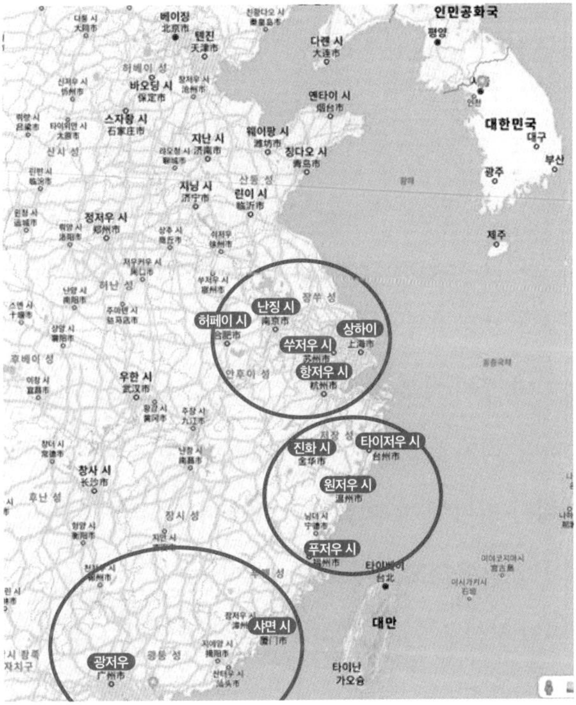

대형 무역박람회에서 만난 공장은 부스가 아무리 작아도 실제로 공장에 가보면 내부에 상당한 규모의 쇼룸을 가지고 있는 경우가 많습니다. 쇼룸에는 수년간 유럽, 미국, 일본 등 선진국의 유명 브랜드 바이어가 준 샘플들, 그들이 기존에 개발한 상품, 즉 전 세계로 수출되고 있는 상품이 진열돼 있습니다. 무역박람회에 이런저런 이유로 미처 가지고 나가지 못했던 샘플들, 주로 유명 브랜드 카피 상품도 전시돼 있습니다. 아주 큰 브랜드와 거래하는 공장은 일반 바이어는 볼 수 없게 따로 밀실 같은 쇼룸을 만들어 그 브랜드에서 발주한 상품만 별도로 진열한 곳도 있습니다. 이런 장소를 운 좋게 발견하면 마치 보물 동굴에 들어온 알라딘처럼 짜릿한 전율이 느껴집니다.

사실 주변 유통업계를 둘러보면 이 정도로 다각도로 해외 소싱에 접근하는 사람은 많지 않습니다. 오히려 해외 소싱을 마치 '운명'처럼 여기는 분이 많습니다. 우연히 들른 부스, 우연히 만난 공장을 마치 대단한 행운처럼 여깁니다. 비행기 타고 바다만 건너면 부르는 값이 한국과 비교해 워낙 낮다 보니 아무 곳에서나 상품을 소싱해도 큰돈을 벌 것 같은 기분이 듭니다. 하지만 그렇게 돈을 벌던 시절은 아주 오래전 이야기라는 것을 알아야 합니다. 요즘 한국 시장의 경쟁자들은 나이도 어리고 현지인과 언어도 잘 통하고 시간도 많고 겁도 없어서 우리가 상상하는 것 이상으로 현지 구석구석을 집요하게 파고듭니다. 내가 별다른 고생 없이 쉽게 찾은 공장은 다른 사람도 언제라도 쉽게 찾을 수 있는 곳이란 점을 명심해야 합니다. 더 이상 끝이 없다고 느낄 정도로 더 싸고 더 좋은 소싱처를 찾아내야 합니다.

요즘엔 수입업체 바이어뿐 아니라 유통회사 직원, 쇼핑몰 직원도 현지 출장을 와서 소싱처를 방문하고 시장조사를 하는 경우가 많습니다. 몇 년 전엔 중국 전시장에서 메이저 홈쇼핑 회사에서 온 침구 담당 MD 직원을 만났는데 이 친구는 페어가 끝나고 현지 이불 공장은 물론이고 그 이불 공장에 거위털을 납품하는 거위 농장까지 방문할 계획이라고 하더군요. 홈쇼핑 방송에서 판매하는 업체의 거위털 이불 수입가가 얼마인지, 그리고 본인들이 중국에서 직접 소싱하면 얼마까지 가격을 낮출 수 있는지 그 끝을 한번 파보겠다는 뜻이지요. 협상에 있어서 최고의 무기가 바로 정보력이라는 사실을 제대로 알고 있는 것입니다.

20여 년간의 제 경험을 바탕으로 볼 때 소싱의 경쟁력은 결국엔 소싱처의 희소성에 있습니다. 유행하는 디자인은 매 시즌 바뀌고, 아무리 운 좋게 히트 상품을 개발해도 시간이 흘러 비슷한 카피 상품이 시장에 깔리면 결국엔 가격 싸움이 됩니다. 그래서 꾸준히 세련된 디자인을 생산할 수 있는 인적, 네트워크 인프라와 경쟁력 있는 가격으로 상품을 제조할 수 있는 생산 인프라를 동시에 갖춘 공장과 거래할 수 있어야 합니다. 이것이 바이어에게 최종적인 유통 경쟁력을 만들어 줍니다. 수입 유통업계에서 큰 성공을 거둔 사장님들을 보면 많은 경우 그 성공의 배경에는 상품 개발을 잘 해서가 아니라 좋은 공장을 만났기 때문입니다.

자라 홈이나 H&M 홈같이 대형 글로벌 그룹에서 온 바이어도 무역 박람회나 생산공장을 방문할 때 자기들의 자체 디자인을 의뢰하기보단 쇼룸에 있는 기존 공장 디자인 상품을 그대로 고르거나 일부 디자인을 변형하는 방법으로 상품을 주문하는 경우가 훨씬 많습니다. 이렇게 큰 브랜드도 자체 디자인보단 오히려 기존에 성공 확률이 높았던 생산공장의 능력을 더 신뢰한다는 뜻입니다. 여러분도 이런 좋은 공장을 찾는데 시간과 비용을 투자해야 합니다. 결국엔 소싱처 정보를 남보다 얼마나 많이 가지고 있느냐가 장사의 성공을 좌우하게 됩니다.

◀ 광저우 무역박람회를 갈 경우엔 페어가 끝나고 포산, 동관, 선전, 후저우 등지에 위치한 공장들을 돌아 볼 수 있습니다. 상해 박람회가 끝나면 항저우, 닝보, 이우에 위치한 공장들을 함께 보면 좋습니다 ▶

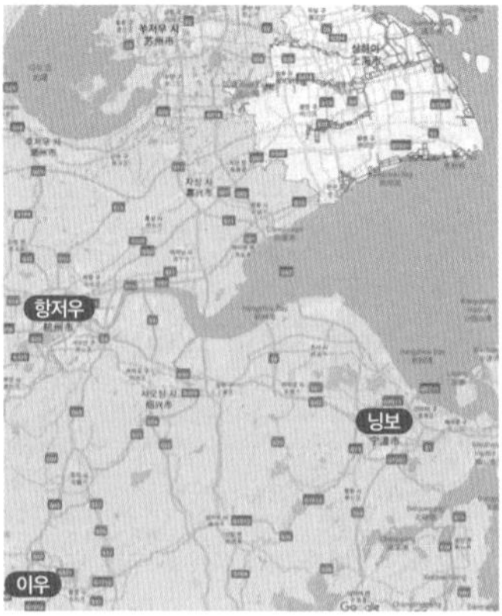

03

성공을 결정하는 소싱의 **디테일과 노하우**

핵심 상품과 구색 상품 최적의 소싱 방법

핵심 상품은 말 그대로 여러분의 매출과 수익을 동시에 책임지는 상품이고 구색 상품은 그 자체로는 매출과 수익이 크게 안 나오지만 핵심 상품 매출에 도움이 되는 상품을 말합니다. 쉽게 말하면 들러리 상품입니다. 실제로 상품을 쇼핑몰에서 판매할 때 이 들러리의 역할이 생각보다 중요합니다. 최근엔 오프라인 매장도 매대에 상품을 진열할 때 카테고리에 맞는 상품을 중복 진열 하기보단 계절 테마, 유행하는 컬러, 트로피컬 콘셉트, 해골, 스칸디나비아 스타일 등 뭔가 특정한 테마나 콘셉트를 연출해서 여러 상품을 진열할 때가 많은데 이때 꼭 필요한 상품이 바로 구색 상품입니다.

마트처럼 전통적인 카테고리식 중복 상품 진열을 하는 매장도 구색 상품이 많으면 다른 경쟁 매장에 비해 좀 더 전문적으로 보이는 장점이 있습니다. 특히 예전에 비해 최근에는 어느 매장을 가도 비슷비슷한 상품을 판매해 소비자는 이왕이면 구색이 많은 매장에서 상품을 구매하는 게 왠지 '현명한 결정을 했다, 쇼핑을 잘 했다'라는 느낌을 가지게 됩니다. 타 매장에 비해 상품 구색이 좀 더 다양한 매장에서 소위 '대세감'이라는 것을 느끼기 때문이지요. 이 '대세감'이 매출에 끼치는 영향은 오프라인에서 온라인으로 갈수록 더 커집니다. 오프라인은 막상 상품이 별로라고 느껴도 굳이 다른 매장으로 가기 귀찮아서 이왕 온 김에 뭔가 하나라도 사는 수가 있지만 온라인은 클릭 몇 번으로 바로 다른 경쟁 사이트로 옮겨 갈 수 있기 때문입니다.

여러분이 온라인 쇼핑몰에 입점할 때 단품 단위로 입점해서 판매할 수도 있고 여러 상품을 모은 딜 형태로 입점할 수도 있습니다. 그중 이 딜 형태로 상품을 판매할 때 구색 상품의 역할이 상당히 중요합니다. 만일 여러분이 경쟁자와 비교해서 완전히 다른 콘셉트와 독보적인 디자인의 상품을 판다면 사실 구색 상품이 필요 없을 수도 있습니다. 그 한 상품만으로 충분히 차별화와 경쟁력을 가지고 있으니까요. 하지만 그 상품이 경쟁자와 유사한 상품이라면 여러분이 올린 딜은 이제 소비자의 치열한 비교 검색 경쟁을 뚫어야만 합니다. 이 경우엔 소비자는 많게는 수 십 개의 유사한 딜을 들락거리면서 더 나은 선택을 하기 위한 고민을 시작합니다.

이때 소비자 입장에선 딜의 어떤 요소가 최종 의사결정에 가장 큰 영향을 미칠까요? 바로 상품 구색입니다. 물론 딜 콘텐츠의 퀄리티도 중요합니다. 상품 사진을 남보다 더 잘 찍거나 상품 설명을 잘하는 것도 도움이 되지만 요즘엔 웬만한 셀러는 평균 이상으로 딜 콘텐츠를 잘 만들어 아주 특별하지 않은 이상 딜 콘텐츠에 현혹되는 소비자는 많지 않습니다. 최근엔 그런 포장적 요소보다는 내용이 중요합니다. 그리고 이왕이면 영세한 업체, 신생 업체보단 뭔가 마음이 놓이는 업체, 가장 잘나가는 업체가 올린 딜, 즉 대세감 있는 딜 상품을 구매하고 싶어 합니다.

이 대세감을 위해서 반드시 필요한 것이 바로 유사 딜보다 상품 옵션이 한 개라도 더 많은 상품 구색입니다. 여러 업체가 올린 최근 유행인 A란 콘셉트의 비슷비슷한 상품을 파는 딜이 있다면 여러분이 올린 딜은 남보다 컬러나 모양, 크기, 기능, 용량 등 어떤 식으로든 다양한 구색을 갖춰야 다른 딜보다 더 대세감 있어 보입니다.

이런 역할을 하기 위한 구색 상품은 어차피 그 자체 매출보단 잘 팔리는 핵심 상품의 매출을 도와주기 위해서만 필요한 것이어서 들어가는 비용은 최소화해야 합니다. 즉 소량만 구입해야 합니다. 소량만 구입하면 당연히 구매가격이 올라갑니다. 그래서 결과적으로 마진도 거의 없다고 봐야 합니다.

저는 전시장이나 공장에서 상품을 주문할 때 잘 팔릴 것 같은 핵심 상품의 수량은 공장에서 요구하는 MOQ보다 더 많이 주문하고 구색 상품은 MOQ보다 훨씬 적게 주문하는 것을 조건으로 협상합니다. 예를 들어 각 상품의 MOQ가 200만 원이라면 총 5개의 상품을 주문할 때 업체에게 줘야 할 돈은 천만 원입니다. 그러면 그중 핵심 상품 1개를 600만 원 주문하는 대신 나머지 4개 상품은 각 100만 원씩 총 400만 원을 주문하면 업체에 주는 돈은 천만 원이므로 업체 입장에선 손해 보는 장사가 아닙니다. 물론 하나의 상품을 만들기 위해 기본적으로 들어가는 비용이 있기 때문에 모든 공장이 그 자리에서 바로 이런 MOQ 조정에 동의하지는 않지만 제 경험상으로 이 정도 조건을 제시하면 결국엔 공장의 승낙을 받는데 큰 어려움은 없습니다.

구색 상품을 위해서 400만 원을 투자하는 게 너무 큰 낭비가 아니냐는 의견도 있을 수 있습니다. 하지만 첫 오더는 전체의 40%를 구색 상품 투자로 사용하지만 그 덕에 핵심 상품이 잘 팔려서 리오더를 하게 되면 그때는 핵심 상품 한 종류만 주문하게 됩니다. 그래서 초기 투자한 400만 원은 2차, 3차 리오더 때에도 계속 자기 역할을 합니다. 그리고 만에 하나 상품이 잘 팔리지 않아서 리오더까지 주문이 연결되지 않는다면 구색 상품은 과감하게 마진 없이 원가로 팔아버릴 마음을 먹는다면 큰 손해는 보지 않는다고 생각합니다.

구색 상품은 해당 딜의 대세감을 만들어 주는 것 이외에도 셀러의 브랜드나 호감도를 높이는 차원에서도 상당한 역할을 합니다. 그래서 결과적으로 해당 딜 이외에도 셀러가 파는 다른 상품에도 소비자가 관심을 가지게 만들어주고 부가 매출을 이끌어 내는 데도 큰 도움을 줍니다. 셀러가 장기적으로 충성 고객층을 확보하려면 단순한 장사꾼이 아닌 소비자가 동의하고 호감 가는 인격을 가진 소위 '브랜드'로서 차별화된 이미지를 가져야 합니다. 그래야 소비자가 '아, 이 셀러는 이런 스타일의 상품을 주로 파는구나, 이런 느낌의 상품이 필요할 때 앞으로 이곳에 와 봐야겠다'라는 특정한 포지셔닝을 갖게 됩니다.

오프라인 매장은 숍의 브랜딩에 매장 인테리어나 디스플레이가 큰 역할을 하지만 온라인 쇼핑몰의 브랜딩은 남다른 상품 구색을 갖추는 것 이외엔 별다른 방법이 없습니다. 물론 상세페이지의 제품 사진이나 상품을 설명하는 톤 앤 매너 등에서도 그 브랜드의 인격을 간접적으로 표현할 수 있지만 결국은 어떤 상품을 판매하고 있느냐가 그 셀러의 최종적인 브랜드 이미지를 만들어줍니다.

팔고 있는 상품의 컬러 구색 조합만으로 특정한 브랜드 이미지를 연출할 수도 있습니다. 일반적으로 한 상품의 매출이 좋으면 그 특정한 상품에 컬러를 추가해 상품 구색을 늘리곤 합니다. 그런데 많은 사람이 대부분 이 컬러 확장을 단순하게 빨주노초파남보 식으로 진행하는 경우가 많습니다. 이런 식의 일률적인 컬러 구색은 브랜드 이미지 관점에서 자칫 촌스러워 보이기 쉽습니다. 소비자는 경험적으로 상품의 컬러 조합만 보고도 특정한 국가를 연상할 수도 있고 또 그 브랜드가 어떤 인격을 표방하는지 파악할 수 있습니다.

상품 구색 조합은 컬러 다양성 뿐 아니라 상품의 디자인, 기능, 테마 등 여러 가지 차원으로도 연출 가능합니다. 만일 고양이 쿠션이 핵심 상품인 경우라면 여러 가지 다른 동물이 인쇄된 쿠션을 추가해서 구색 상품을 확장할 수도 있고, 고양이를 테마로 고양이가 인쇄된 각기 다른 아이템으로 구색 상품을 늘려 갈 수도 있습니다. 또 고양이가 여성스럽고 앙칼진 페미니즘 이미지가 있어 구색 테마로 '페미닌'한 스타일의 패션 잡화나 페미니즘 문구가 들어간 머그컵이나 티셔츠 등으로 상품 구색을 늘려 갈 수도 있습니다.

◀ '페미니즘' 테마로 상품 구색을 만든 예시. 이중 매출 상품은 에코백과 티셔츠입니다 ▶

이렇게 여러 다른 종류의 아이템으로 구색 상품을 구성할 때는 한 개의 공장을 통해서 전체 상품을 소싱하는 것이 힘듭니다. 그래서 저는 이런 경우 현지 제조공장에는 핵심 상품만 주문하고 나머지 구색 상품은 여러 종류의 상품을 테마로 묶어서 파는 중간 도매업체나 무역업체 또는 로컬 도매시장에서 소싱합니다. 가격은 직접 제조공장에서 주문하는 것보단 30% 정도 비싸지만 원하는 최종 이미지를 위해선 이 방법이 가장 수월하기 때문입니다. 그렇지 않고 제조공장에서 직접 이런 구색 상품을 모두 소싱하려면 계획을 상당히 장기적으로 잡고 전체 그림이 완성될 때까지 하나씩 상품의 빈 구색을 채워야 하는 번거로움이 있습니다. 특히 각 제조공장마다 주문 후 상품이 한국에 도착하기까지 걸리는 리드 타임이 서로 달라 모든 구색 상품이 준비되기까지 시간이 상당히 오래 걸립니다. 먼저 도착한 상품은 창고에서 기다리고 나머지 상품이 모두 도착할 때까지 딜을 올리지 못하는 경우가 생깁니다. 물론 규모가 아주 큰 회사의 경우라면 원가를 낮추기 위해서 모든 상품을 현지 공장에서 바로 소싱하겠지만 중소 상인이라면 로컬 도매시장이 구색 상품 구매에 가장 적합한 소싱처라고 생각합니다.

무역박람회, 전시장, 로컬 도매시장에서 좋은 소싱처 고르는 방법

우리가 박람회나 도매시장 같은 소싱처를 방문할 때 항상 문제가 되는 것이 짧은 출장 기간입니다. 늘 시간에 쫓기기 때문에 정해진 시간 안에 어떤 부스에 들어가 상담할지, 그 결정이 매우 중요합니다. 해외 무역 박람회나 도매시장에 방문한 경험이 있는 분은 잘 알겠지만 그 규모가 한국과 비교하면 어마어마 하게 큽니다. 중국 광저우의 켄톤 페어를 예로 들면 코엑스의 수십 배 규모이기 때문에 정해진 전시 기간 중에 식사도 안 하고 쉴 새 없이 걸어도 전체 부스를 다 돌아보는 것이 물리적으로 불가능합니다. 거기다 중간중간에 부스에 들러 상품 둘러보고 또 주문을 위해 디자인과 컬러 변경 얘기하고, 가격과 MOQ 협상하고 박스포장 가격 정하는 등 아주 기본적인 상담만 해도 최소 한 부스에서 30분 이상 걸립니다. 현지 로컬 도매시장도 우리나라 방산시장이나 평화시장과는 스케일이 다릅니다. 우리나라 도매시장 한 개 전체 사이즈의 시장이 한 지역에 수십 개 모여 있어 그곳 역시 일정 내에 전체를 둘러 본다는 것이 불가능합니다. 현지인도 전체를 다 둘러 보려면 한 달은 걸린다고 말합니다.

그래서 처음 소싱 출장을 온 사람은 그 규모에 압도돼 어디부터 시작해야 할지 눈 앞이 깜깜해지곤 합니다. 부스 한 개 한 개 마다 상품은 모래알처럼 빽빽하게 쌓여 있고 밖에서는 부스 내부가 잘 안 보여서 부스 안으로 들어가 자세히 봐야 할 것 같은데 그런 식으로 하나하나 신경 써서 보자니 정해진 일정 내엔 전체 부스를 다 못 볼 것 같고, 대충 보면서 넘어 가자니 뭔가 중요한 상품을 놓칠 것 같은, 이러지도 저러지도 못하는 상황에 놓입니다. 그래서 전시장에서는 부스를 모두 보는 것은 과감하게 포기하고 꼭 봐야 할 부스만 반드시 챙겨 보는 작전이 필요합니다.

또한 중국으로 소싱 출장을 갈 때 일반적인 일정이 3박 4일에서 4박5일인데 저는 우선 이 일정 자체가 너무 짧다고 생각합니다. 어차피 바쁜 중에 비행기표 들여 가는 해외 출장인데 최소 주말 껴서 일주일 정도는 잡아야 한다고 봅니다. 그래야 무역박람회든 현지 시장이든 전체적인 분위기를 파악하고 상담도 제대로 하고 그 후에 주변에 있는 다른 소싱처나 현지 공장을 방문할 시간이 생깁니다. 저처럼 해외 출장을 자주 가는 사람은 어차피 자주 방문하기 때문에 짧은 일정이 괜찮지만 1년에 한두 번 출장 가는 분이라면 최대한 한번에 일을 제대로 할 수 있게 여유 있는 일정을 잡아야 합니다.

그러면 먼저 무역박람회를 방문할 때 어떤 접근으로 부스 방문 스케줄을 짜는 게 좋은지, 또 어떤 업체를 우선 순위로 골라 상담하고 구매 결정을 하는 것이 좋은지에 대한 노하우를 설명하겠습니다.

◀ 켄톤 페어 입구 전경 ▶

무역박람회에서 나눠 주는 전시장 지도를 보면 상품 카테고리 별로 큰 관이 구분돼 있습니다. 그래서 지도를 보고 가장 관심 있는 카테고리 관 순으로 방문 스케줄을 짜면 되는데 중요한 점은 지도에는 표기 돼 있지 않지만 동일한 관 안에서도 고유한 특성에 따라 비슷한 종류의 업체끼리 그룹을 져서 모여 있다는 것입니다.

첫째는 제일 돈 많은 메이저 업체의 부스가 모여 있는 존zone 이고, 둘째는 그보단 작은 규모의 공장이지만 최신 유행에 맞는 트렌디한 곳들이 모여 있는 존, 셋째는 그보다 더 작은 나머지 공장이 모여 있는 존입니다.

만일 여러분이 큰 기업에서 시장 흐름을 파악하기 위해 출장 온 분이라면 첫 번째 메이저 브랜드가 모여 있는 곳만 봐도 됩니다. 그곳은 부스 사이즈도 크고 디스플레이도 멋있고 여러 가지 시연 행사, 볼거리도 많아서 재미있게 시간을 보낼 수 있습니다. 하지만 만일 여러분이 실제 장사를 위해 상품을 구매하러 온 경우라면 첫 번째 장소는 별 의미 없습니다. 저 같은 경우도 이런 부스는 나머지 부스를 다 둘러본 후 시간이 났을 때나 둘러봅니다.

우선 제가 무역박람회에서 가장 먼저 방문하는 곳은 두 번째 종류의 공장이 모인 곳입니다. 그곳에 가야 실제 시장에서 팔리고 있는 상품의 트렌드를 알 수 있기 때문입니다. 오히려 메이저 브랜드가 많은 첫 번째 장소에 있는 부스는 현재의 시장 트렌드가 반영된 상품보단 너무 미래지향적이거나 또는 너무 뻔한 상품이 많습니다.

이런 두 번째 종류의 부스가 가진 외관상 특징은 부스 규모는 아주 크지는 않지만 인테리어나 디스플레이가 깔끔하고 진열을 상품 카테고리보다는 특정한 콘셉트나 테마 별로 묶어 어떤 메시지를 전달하는지 이해하기 매우 쉽다는 점입니다. 세련된 상품도 많고 매번 전시회에 참가할 때마다 거의 모든 상품을 신제품으로 교체해 출품합니다. 직원 외모도 깔끔하고 영어도 잘하고 상담도 친절하게 해줍니다. 한마디로 모든 환경이 매우 쾌적합니다.

하지만 저는 이런 곳에서는 주로 구경만 하거나 꼭 필요한 구색 상품 위주로만 소극적으로 소싱합니다. 이런 부스는 대부분 상품 가격이 비싸기 때문입니다. 이런 업체 대부분이 최근 갑작스럽게 돈을 번 곳이 많습니다. 돈을 많이 벌어서 회사 규모가 커졌으니 당연히 직원 인건비도 올라가고 디자인 개발하느라 돈을 들인 만큼 그 비용이 당연히 상품 가격에 반영될 수밖에 없습니다. 그래서 예전 촌스러운 공장 시절 보다 약 30% 정도 원가가 상승합니다. 이렇게 30% 높은 가격을 주고 물건을 소싱해서 돈을 벌 수 있는 나라는 유럽의 선진국이나 일본밖에 없습니다. 한국 시장에선 이런 종류의 부스에서 구매한 상품으론 가격 경쟁에서 이기기 힘듭니다.

중국 현지 공장의 흥망성쇠는 사실상 바이어에 의해 결정됩니다. 자신이 상품 개발을 위해 어떤 노력을 해왔느냐보다는 어떤 바이어를 만나느냐가 그들의 운명을 결정짓습니다. 오로지 생산 능력만 가지고 있던 한 작은 공장이 운 좋게 아주 세련된 디자인 감각을 가진 선진국 바이어를 만나면 하루아침에 이런 두 번째 종류의 세련된 업체로 성장합니다. 사실 이 단계까지는 많은 공장이 성장할 수 있지만 여기서부터가 문제입니다. 업체가 한 단계 성장하면 제조 단가가 올라가기 때문에 만일 기존에 좋은 디자인을 공급해주던 바이어가 올라간 가격을 문제 삼아 더 낮은 원가를 제공하는 공장을 찾아서 떠나버리면 갑자기 공장의 제품 디자인 수준이 형편없어집니다. 가격은 올라간 상태에서 디자인이 예전 같지 않은 공장은 아무 쓸 데가 없습니다. 예전같이 좋은 디자인을 공급해 주는 신규 바이어를 만나거나 아니면 많은 비용을 들여 선진국 출신의 외국인 디자이너를 채용해서 상품 디자인 수준을 끌어올리지 않으면 순식간에 매출이 바닥으로 떨어집니다. 이 단계에서 외국인 디자이너를 뽑기보단 자체 인력으로 상품 디자인을 해보려고 노력하다 하루아침에 망하는 경우가 많습니다. 그래서 세련되고 규모 있는 번듯한 업체로 성장한 공장의 대부분이 길어야 5년 이내에 사라지거나 아니면 도로 예전의 영세 공장으로 돌아갑니다. 어차피 바이어 입장에서 볼 때 중국이나 동남아 국가 공장이 가진 매력은 디자인보다 가격이기 때문에 가격이 싸다는 매력이 사라지면 바로 등을 돌립니다. 그래서 바이어는 아무리 세련되고 좋은 공장을 발견했어도 그 공장만 고집하기보단 매년 지속적으로 새롭게 떠오르는 공장을 찾아서 발굴해야 합니다.

반면 세 번째 종류의 부스들은 쳐다보기도 싫을 정도로 디스플레이 상태가 안 좋습니다. 우선 부스 사이즈도 작고 상품도 너무 촌스럽습니다. 조명도 어둡고 진열 상태도 제각각이고 무엇보다 직원 매너도 안 좋고 영어도 잘 못해 현지인 통역이 없으면 대화 자체가 어렵습니다. 초보 바이어는 이런 부스를 보면 눈살을 찌푸리고 지나쳐 버리기 쉬운데 바로 이런 곳이 여러분이 집중적으로 공략해야 할 곳, 바로 돈이 되는 부스입니다.

제가 앞에서 핵심 상품과 구색 상품 설명을 했듯이 실제로 회사에 돈을 벌어 주는 상품은 여러 품목의 구색 상품이 아니라 한두 가지 핵심 상품입니다. 구색 상품은 핵심 상품을 더 많이 팔기 위한 들러리에 불과합니다. 핵심 상품은 바로 이런 촌스럽고 영세한 세 번째 종류의 부스에서 소싱할 수 있습니다. 전체적으로 부스에 진열된 상품의 종합 점수가 100점 만점에 30점이라도 그건 중요하지가 않습니다. 그 많은 상품 중 단 하나 100점짜리가 있다면 그 공장은 아주 중요한 소싱처가 될 수 있습니다. 우리가 현지까지 가서 해외 소싱을 하는 이유가 바로 이 경쟁력 있는 하나의 상품을 찾아내는 것입니다. 그 부스의 전체적인 상품 구색이 좋은지 나쁜지는 따질 필요도 없습니다. 고급 보석상에서 파는 보석은 아무리 예뻐도 가격이 비싸서 사다가 되팔 수 없지만 진흙탕 속에서 힘들게 찾은 보석은 큰돈이 됩니다. 그런데 현지 공장 사장은 대부분 디자인 안목이 떨어져 보석을 제대로 알아보지 못합니다. 그래서 그 보석을 다른 쓰레기 같은 상품과 같이 섞어 놓는 경우가 많습니다. 이런 쓰레기장에서 깊이 숨어 있는 보석을 찾아내는 것이 바로 해외 소싱의 묘미입니다.

대부분의 초보 바이어는 이런 촌스럽고 거친 세 번째 종류의 공장보단 환경이 깔끔하고 세련된 두 번째 종류의 공장 부스에서 많은 시간을 보냅니다. 당연히 저도 처음엔 그랬습니다. 하지만 잘 알려진 외국의 유명한 브랜드에서 온 바이어가 그런 멋있는 부스에서 주문을 하는 것이 아니라 저 같으면 쳐다보지도 않을 촌스럽고 작고 영세한 공장 부스에서 상품을 주문하는 모습을 보고 '아, 저기에 뭔가 있을 것 같다'라는 생각이 들었습니다. 그리고 나서 보니 큰 부스에서 바글거리는 사람들 대부분이 구경만 하는 사람들이거나 작은 업체에서 온 바이어고 진짜 큰 주문은 세 번째 종류의 부스에서 일어난다는 사실을 알게 됐습니다. 진짜 선수는 부스의 겉모습만 보고 업체를 판단하는 게 아닌 것이지요.

그렇다면 진짜 선수들은 과연 무엇을 보고 업체를 선택하는 것일까요? 전시장에 나와 있는 수많은 부스 중에서 핵심 상품을 소싱하기 위해선 어떤 기준으로 공장을 선택해야 할까요?

우선 디자인보다는 그 공장의 상품 제조 퀄리티를 봐야 합니다. 어차피 핵심 상품을 소싱하는 목적은 경쟁력 있는 가격이기 때문에 그들이 전시장에 내놓은 상품의 디자인은 당장엔 신경 쓸 필요가 없습니다. 대신 그 상품이 다른 공장에 비해 얼마나 잘 만들어졌는지를 봐야 합니다. 마감 처리는 잘 됐는지 바느질은 꼼꼼한지 컬러 도장은 매끈하게 잘 됐는지 버튼 터치감은 좋은지 등등 기술적 완성도 위주로 업체를 선정해야 합니다. 그리고 상담을 하면서 업체가 얼마나 적극적으로 상품 개발에 관심을 갖는지도 파악해야 합니다. 미래에 대한 욕심이 많은 업체일수록 새로운 디자인 상품 개발에 관심을 가지면서 달려듭니다. 이런 상품 개발 상담은 반드시 그 업체 사장과 직접 하는 게 좋습니다. 아무리 직급이 높아도 공장 오너가 아닌 직원과 상담을 하면 항상 진도가 제대로 나가지 않습니다. 중간에 직원이 회사를 그만두는 일도 한국보다 훨씬 더 빈번합니다. 대다수 월급쟁이 영업사원은 매출을 기준으로 인센티브를 받는데 상품 개발 건은 당장의 매출보단 미래를 위한 투자이기 때문에 직원 입장에선 그리 반가운 상담이 아닙니다.

좀 전에 제가 영세한 공장이 바이어를 잘 만나서 세련된 공장으로 성장하는 과정에 대해 설명했습니다. 제가 상품을 소싱할 때 가장 선호하는 공장은 바로 세 번째 카테고리, 즉 세련되고 비싼 공장으로 성장하기 바로 직전의 작은 규모 공장입니다. 이제 막 유럽이나 일본 브랜드와 대형 거래를 시작한 공장이지요. 선진국 바이어가 이런 영세한 공장과 거래를 트기 시작하면 여러 가지 샘플과 자신이 개발한 디자인을 주면서 상품 개발을 시킵니다. 즉 생산력은 좋지만 디자인 능력이 약해서 상품 단가가 아직 낮은 수준인 영세한 공장을 인큐베이팅 하는 것입니다. 그래서 이런 공장 부스에 가면 선진국 바이어가 개발했거나 개발 중인 상품, 시행착오 중인 상품을 볼 수 있습니다. 바로 이런 상품을 잘 고르면 대박 상품이 나오는 경우가 많지요. 이런 공장 부스의 특징은 선진국 바이어가 개발한 상품과 기존 자신들이 개발한 상품이 전혀 어울리지 않게 진열돼 있는 것입니다. 상품의 카테고리는 비슷한데 누가 봐도 전혀 다른 공장에서 만든 것 같은, 서로 상이한 레벨의 제품이 같은 공간에 언밸런스하게 진열돼 있는 것을 보면 저는 이런 종류의 업체인지 단번에 알 수 있습니다.

짧은 스케줄 안에서 무역박람회를 둘러봐야 할 때 제가 추천하는 방법은 여러분이 원하는 상품 카테고리가 전시된 관에 들어가면 가장 먼저 두 번째 종류의 부스 위주로 전시장을 둘러보는 것입니다. 그러면 우선 눈높이도 올라가고 최근 유행하는 상품 콘셉트가 무엇인지, 어떤 새로운 아이디어 상품이 출시됐는지, 어떤 디자인이 유행하는지 대략 감이 잡힙니다. 그리고 간단한 상담을 하면서 구매하고 싶은 상품 사진을 찍고 가격을 모니터링합니다. 그리고 나머지 대부분의 시간은 세 번째 종류의 부스들, 작고 영세한 공장의 부스를 돌면서 아까 두 번째 종류의 공장에서 찜해 둔 상품과 유사한 상품을 찾습니다.

이때부터는 시간과의 싸움입니다. 처음부터 너무 큰 기대를 하지 말고 서너 시간 여유 있게 투자해 '한두 상품이라도 건져 보자'라는 느긋한 마음을 가져야 합니다. 한 500군데 업체가 있다면 그중에 10군데 업체는 부스 안까지 들어가서 상품을 자세히 들여다보고 그중 한두 업체는 구체적으로 구매 상담까지 하면 성공이라고 봐야 합니다.

전시장에서 상품 사진 찍는 방법도 상당히 중요한데, 대부분의 공장은 전시장에서 자사 상품 사진 찍는 것을 상당히 꺼려 합니다. 물어보지 않고 사진 찍다가는 바로 부스에서 쫓겨날 수도 있습니다. 그렇다고 먼저 사진을 찍어도 되냐고 물어보면 대부분 업체가 바로 거절합니다. 그래서 전시장에서 상품 사진을 찍을 수 있는 유일한 방법은 마치 실제 주문을 할 것처럼 시간을 좀 들여서 상품을 고르고, 고른 상품을 따로 한자리에 모아 놓은 다음 업체 직원과 같이 오더장을 쓰면서 자연스럽게 오더한 상품 사진을 찍는 것입니다. 상품을 구매하려고 오더장까지 쓰는 바이어가 구매할 상품 사진을 찍는 것을 막는 직원은 많지 않습니다. 박람회 부스에서 쓰는 오더장은 어차피 아무런 법적 효력이 없어 크게 신경 쓸 필요가 없습니다.

그렇다면 이런 세 가지 종류의 업체는 전시장 내에서 각각 어디에 위치하고 있을까요? 그건 무역박람회에 따라 다릅니다. 예를 들어 봄 · 가을에 독일에서 열리는 암비안테라는 생활용품 전시장에 가면 대형 브랜드관, 트렌디한 업체가 모여 있는 관, 그리고 세계 각지에서 온 작은 공장의 부스가 있는 관이 각각 나누어져 있어 앞서 설명한 공장 종류대로 전시관이 구분돼 있습니다.

반면 중국이나 인도, 말레이시아 등에서 열리는 무역박람회는 전시장 구분이 상품 카테고리별로만 되어 있고 한 관 안에 여러 종류의 공장 부스가 같이 위치하고 있습니다. 일반적으로 부스 사이즈가 아주 크고 부스의 구조물이 임대 구조물이 아닌 자체 제작 인테리어를 한 곳은 메이저 브랜드 부스일 가능성이 높습니다. 그리고 이런 업체는 주로 전시장의 메인 중앙 동선 좌우에 있습니다. 그리고 메인 동선을 살짝 벗어난 곳에 부스 인테리어나 구조물에 크게 돈을 들이지 않았지만 상품 디스플레이가 세련되고 조명이나 장식물이 깔끔해 보이는 부스는 두 번째 종류의 업체일 가능성이 높습니다. 그리고 세 번째 종류의 공장은 주로 각 전시장의 맨 가장자리나 구석 등 외진 자리에 위치하는 경우가 많습니다. 또 메인 전시장의 자리가 다 차서 전시장 야외 중앙 광장이나 구석에 임시로 천막을 쳐서 간이 전시장을 만들어 놓을 때가 있습니다. 이런 곳 역시 세 번째 공장들이 주로 모여 있는 곳입니다. 제가 제일 소싱하기 좋아하는 곳이기도 하지요.

저는 매번 일본 바이어가 어디서 소싱하는지를 눈여겨보는데 이런 천막으로 만든 간이 전시장에 가면 항상 유명한 일본 브랜드 바이어를 자주 발견합니다. 일본은 우리보다 해외 소싱을 수십 년 앞서 시작한 나라이기 때문에 아직도 배울 것이 많습니다. 그래서 일본 바이어만 몰래 따라다녀도 해외 소싱의 절반은 성공한 것이란 이야기도 있습니다. 이런 천막 부스에 있는 영세해 보이는 업체라도 실제 페어가 끝난 후 공장에 같이 가보면 실제로 어마어마한 제조 설비를 갖춘 훌륭한 공장인 경우도 자주 있습니다. 그래서 부스의 겉모습보다는 상품과 가격을 중심으로 업체를 골라야 합니다.

상담 시 구매 의사 전 단계에서 꼭 챙겨야 할 중요한 포인트들

중국이나 인도 제조공장은 전 세계를 대상으로 영업해 조금만 경쟁력 있으면 귀신같이 알고 전 세계 바이어가 몰려듭니다. 빈익빈 부익부 시장이지요. 그래서 경쟁력 있는 상품을 만드는 공장은 자체 소화 가능한 생산 물량을 초과하는 오더를 받는 경우가 많습니다. 이렇게 기존 바이어가 오더한 상품 생산이 많은 콧대 높은 공장 입장에선 신규 바이어, 특히 내수 시장 규모가 별로 크지 않은 한국 바이어는 상대적으로 소홀할 수밖에 없는 것이 현실입니다. 전시장에서는 성실하게 상담을 해주는 척하지만 막상 전시가 끝나고 공장에 돌아가서 전시 기간 중 받은 오더장을 검토할 때가 되면 태도가 달라지는 경우가 많습니다. 그들 입장에선 당연히 오더량이 많은 바이어 중심으로 생산 스케줄을 잡을 수밖에 없지요.

그래서 여러분이 전시장에서 힘들게 정말 좋은 공장을 찾아 상품을 주문했다 해도 더 신경 써야 할 부분이 많습니다. 좋은 공장일수록 여러분이 주문한 수량보다 더 많은 양의 오더를 다른 바이어에게 받았을 가능성이 높습니다. 해외 소싱 경험이 많은 분은 잘 알겠지만 전시 기간 중 이런 잘나가는 업체의 부스 상황은 전쟁터를 연상케 할 정도로 정신이 없습니다. 수백수천 개의 명함이 오가고 여기저기 업체 요구 사항을 적은 메모가 넘쳐납니다. 이렇게 정신없이 페어가 끝나면 중간에 실수로 잃어버린 자료도 수두룩합니다. 만일 여러분이 아주 큰 수량의 오더를 했다면 당연히 업체 측에서 꼼꼼하게 상담 자료를 챙겨 놓았겠지만 그렇지 않은 경우라면 여러분의 명함과 상담 자료는 중간에 분실됐을 가능성이 상당히 높다고 봐야 합니다. 전시장에서 상담하면 구매하기로 결정한 상품을 한군데 모아 공장 직원이 사진을 찍는데 저는 이 사진도 상당히 불안합니다. 사진이 실수로 카메라에서 지워질 수도 있고 카메라 안에 비슷한 사진이 수천 장 저장돼 있다면 나중에 그 사진이 누가 고른 상품 사진인지 매칭하기 어려워집니다. 그래서 업체 직원이 상품 사진을 찍을 때 여러분은 뒷짐만 지고 있을 게 아니라 같이 사진을 찍어둬야 합니다. 절대로 공장 직원만 의지하면 안 됩니다. 그래서 만일 공장에서 나중에 여러분이 오더한 상품이 어떤 상품인지 모른다고 할 때 여러분이 직접 찍어 놓은 사진을 보여 줄 수 있어야 합니다. 또 워낙 비슷비슷한 제품이 많기 때문에 사진을 찍을 때는 여러 각도로, 즉 여러 상품이 모두 한꺼번에 화면에 보이는 풀샷, 그리고 상품 한 개마다 따로따로 한 장씩 정면에서 하나, 위에서 하나씩 사진을 찍어 놓는 것이 좋습니다.

그다음으로 신경 써야 할 부분은 주문 내역서입니다. 주문 내역서는 주로 공장 직원이 작성하는데 이 역시 여러분도 같은 내용을 자기 노트에 따로 적어야 안심이 됩니다. 여러분의 명함을 공장 직원이 적은 주문 내역서 위쪽에 스테이플러로 찍어 놓고 동시에 상담한 공장 직원 명함 역시 여러분이 적은 주문서 노트 위쪽에 스테이플러로 찍어 놓습니다. 업체 직원에게 명함을 그냥 줘 버리면 분실되는 경우가 많습니다.

바이어가 많아 복잡한 부스에서 여러분이 주문할 상품을 한군데 모아 놓고 직원에게 오더장을 적어달라고 하면 업체 직원이 나중에 사진 찍고 주문 내역서를 작성해서 이메일로 보내 줄 테니 상품을 그대로 놓고 먼저 가라고 하는 경우도 있습니다. 하지만 절대 그대로 부스를 떠나면 안 됩니다. 나중에 꼭 문제가 생깁니다. 꼭 업체 직원이 사진 찍는 걸 확인하고 시간이 걸려도 종이에 주문 내역서를 적는 걸 보고 거기에 여러분이 준 명함이 스테이플러로 찍히는 것을 확인한 후에 부스를 떠나는 것이 좋습니다.

상품 가격 역시 전시장에서 결정해야 합니다. 부스가 바쁠 때는 지금은 오더장만 작성하고 가격은 나중에 알려준다는 업체도 있습니다. 이렇게 하면 상담 시 업체가 알려준 가격과 페어가 끝난 후 업체에서 보내 준 정식 주문장프로포마에 적힌 가격이 달라지는 경우가 종종 있습니다. 물론 가격이 오르는 경우가 많지요. 단순히 실수로 그럴 수도 있지만 전시가 끝나고 주문받은 오더 양이 워낙 많다 보면 업체를 걸러내기 위해 주문량이 적은 업체에겐 가격을 올려서 '오더하려면 하고 안 할 거면 말라'라는 식으로 주문 취소를 은근히 유도할 때도 있습니다. 그래서 전시장에서 상담할 때 업체가 알려준 가격을 따로 노트에 적어 놓는 것이 좋습니다. 그래야 나중에 업체가 가격을 올려 불러도 상담할 때 받아 적은 노트를 보여주면서 가격을 바로잡을 수 있습니다.

그리고 업체가 얘기해 준 가격에 어떤 내용이 포함되고, 어떤 내용이 포함되지 않는지, 반드시 상담하는 시점, 즉 구매 결정을 내리기 전에 딜을 하는 것이 중요합니다. 이미 상품을 구매하겠다고 딜을 마무리해버리면 그다음에 발생하는 여러 가지 이슈는 공장에선 당연히 바이어에게 추가 비용을 따로 요구하게 마련입니다. 가격 상담을 할 때 가장 먼저 체크해야 부분은 그 가격이 Ex-Work 가격인지 FOB 가격인지를 확인하는 것입니다. 또 대금 결제 방식이 TT 해외 계좌 이체 방식인지 LC 신용장 거래 방식인지 미리 얘기해 줘야 합니다. 요즘은 예전에 비해서 LC 거래를 받지 않는 업체가 많아져 만일 여러분이 LC 방식으로 상품을 구매하고 싶으면 미리 그 공장이 LC 거래가 가능한지 물어보고 LC 거래에 들어가는 각종 수수료 등을 업체가 부담할 것인지도 확인해야 합니다. 주문 결정 전에는 대부분 공장이 이런 서류 비용을 자기 부담으로 한다고 하지만 주문할 때 미리 얘기를 안 하고 상품 가격이 정해진 다음에 LC 거래 이야기를 꺼내면 추가 비용을 바이어에게 부담하라고 하는 공장이 많습니다.

공장과 가격을 확정하기 전에 또 하나 따져봐야 할 중요한 요소가 패키징 옵션입니다. 상품을 개별 패킹으로 주문할 것인지, 아니면 큰 메인 박스 안에 종이 칸막이만 끼워서 여러 상품을 넣는 카톤 패키지로 주문을 할 것인지, 개별 패킹의 재질은 종이 박스로 할 것인지 비닐로 할 것인지, 그 두께는 얼마나 되고 종이면 어떤 재질의 종이인지, 비닐은 어떤 종류의 비닐로 할 것인지 등등 여러 패키징 옵션에 대한 의사결정이 제품 가격에 영향을 줍니다. 온라인으로 판매하는 상품은 대한통운, 우체국택배 같은 외주 택배사를 이용하기 때문에 현지 공장에서 한국으로 보낼 때의 패킹 상태가 바로 소비자에게 택배를 보낼 수준이면 좋습니다. 그래야 물류에서 택배를 보낼 때 추가 박스비, 포장비가 들지 않습니다. 그러기 위해선 박스 안쪽에 '스티로폼'로 보완재가 양 코너, 그리고 상품의 앞뒤 면에 있어야 하는데 그 보완재 두께에 따라서 또 가격이 달라집니다.

이런 패키징 추가 옵션 비용은 제품 구매 의사를 밝히기 전 단계에서 이야기를 잘하면 아주 특별한 요구 사항이 없는 한 공장에서 어느 정도 부담하는 조건으로 협상 가능합니다. 업체 입장에서는 바이어가 구매 의사를 결정하기 전에는 협상을 깨고 싶지 않아 추가 패키지 비용을 자신들이 부담한다고 할 수도 있지만 바이어가 이런 추가 비용에 대한 언급 없이 상품을 덜컥 주문한다고 하면 공장 측에선 굳이 처음부터 패키지 비용 얘기를 꺼낼 필요가 없지요. 진도가 한참 나간 후에 패키지를 이렇게 저렇게 해달라고 하면 그에 따른 비용은 당연히 바이어가 낼 수밖에 없습니다. 그래서 모든 추가 비용에 대한 이슈는 항상 미리 이야기를 해서 매듭지어 놓아야 합니다.

그리고 한 가지 더 팁을 드리자면 개별 박스와 카톤 박스를 담는 큰 박스가 있습니다. 여러분이 공장에서 상품을 받아서 물류센터에 적재할 때 쓰는 박스가 바로 이 큰 박스인데 이것을 '마스터 박스'라고 부릅니다. 이 마스터 박스 겉면에는 박스 안에 있는 상품명이 인쇄돼 있는데 이 때 상품명에 상품 사진을 인쇄해서 마스터 박스 겉면에 부착해 달라고 요구하는 게 좋습니다. 사실은 개별 상품마다 그 포장 박스에 상품 사진을 인쇄해서 붙여 달라고 하면 더 좋지만 업체가 추가 비용을 요구할 수 있기 때문에 마스터 박스만이라도 상품 사진을 붙이는 게 좋습니다. 주문할 때는 별것 아닌 것 같지만 실제로 물류센터에서 상품을 찾을 때 이 사진이 업무 효율은 물론 오배송을 줄이는데 큰 기여를 합니다. 그리고 이왕이면 여러분이 실제로 쇼핑몰에서 상품을 판매할 때 사용할 실제 상품명을 미리 정한 후 업체에 알려줘서 마스터 박스나 개별 박스에 상품명을 인쇄하면 물류센터에서 직원이 상품 찾기가 훨씬 편해져 이 역시 오배송을 줄이는 데 큰 도움이 됩니다.

또, FTA 계약을 맺은 국가 간에는 해당 품목에 대해 관세가 없거나 감면받을 수 있습니다. 이 혜택을 받으려면 해당 상품이 FTA 계약 국가 내에서 제조됐다는 '원산지 증명원'이란 서류가 필요합니다. 그래서 사전에 이 서류를 공장에 반드시 요구해야 합니다. 이 원산지 증명원은 상품을 직접 제조한 공장만 발행 가능합니다. 여러분이 상담한 공장이 해당 상품을 직접 제조한 공장이 아니라 무역회사나 도매회사인 경우에는 원칙적으로 이 원산지 증명원 서류를 발급해 줄 수 없어 여러분이 낼 필요 없는 관세를 부담해야 하는 일이 생깁니다. 이럴 땐 관세 비용을 상품 가격에서 빼달라고 요구하든지 원산지 증명원 서류가 꼭 필요하다고 강하게 요구하면 업체 측에서 재주껏 서류를 준비해 주기도 합니다.

다음으로 챙겨야 하는 부분은 CO 마크 Country of Origin, 즉 원산지 표기에 대한 부분입니다. 해외에서 국내로 수입하는 모든 상품에는 'Made in OOO'식으로 원산지 표시가 지워지지 않게 박음질, 인쇄, 등사 스텐실, 식각에칭 방식 등으로 상품 본체에 표기돼야만 세관을 통과할 수 있습니다. 원산지가 프랑스나 이탈리아처럼 국내 소비자가 선호하는 나라라면 문제가 안 되겠지만 아무래도 'Made in China' 표시가 상품에 버젓이 인쇄되면 매출에 도움이 되지 않습니다. 그래서 수입하는 입장에선 가급적 원산지 표시 마크를 영구 인쇄 방식이 아닌 나중에 쉽게 뗄 수 있는 스티커 방식을 선호합니다. 그런데 스티커처럼 반영구적인 방식으로 원산지 표기를 하려면 반드시 관련 예외 조항에 의거해 합당한 경우라야 합니다 예외 조항은 '물품의 물리적 특성상 원칙적인 방법에 의한 원산지 표기가 불가한 경우', '원칙적인 방법으로 원산지 표기를 하면 물품이 훼손되는 경우, 또는 예외적인 방법이 관행화된 경우'입니다. 이런 경우에는 라벨을 이용하거나 스티커를 붙이거나 꼬리표를 다는 등의 비영구적인 방법으로 원산지 표기가 가능합니다. 그 외에는 모든 수입상품에 원산지 표기가 영구적으로 인쇄돼야 하는데 만일 원산지 표기가 제대로 되어있지 않은 상태에서 상품이 입고되다 통관 과정에서 적발되면 세관 창고에 상품이 압류되고, 다시 제대로 상품에 원산지 표기를 한 후에야 통관이 가능합니다. 당연히 비용은 현지에서 원산지 표기 작업을 진행하는 것보다 훨씬 더 많이 들어갑니다. 게다가 이렇게 원산지 표기와 관련돼 세 번 이상 적발되면 그 수입업체는 세관의 블랙리스트에 올라 벌금은 물론 향후 모든 수입 상품에 대해 일반 업체보다 훨씬 더 강도 높은 검사를 받게 됩니다.

그래서 수입하는 상품의 성질에 맞게 관련 법 규정을 꼭 확인하고 어떤 방식으로 원산지 표기를 해야 하는지를 미리 파악해 상품 주문 시점에서 반드시 공장에 내용을 자세하게 전달해 줘야 합니다. 일반적으로 공장의 MOQ에 맞는 상품을 주문할 때는 공장 측에서 원산지 표기에 들어가는 비용을 부담하지만 도매시장이나 온라인 업체에서 상품을 소량 주문할 때는 원산지 표기 비용을 따로 바이어에게 청구하는 업체가 많습니다. 어떤 경우엔 아예 원산지 표기 작업을 해 줄 수 없다고 하는 곳도 있습니다. 그럴 땐 상황이 좀 복잡해집니다. 중간에 무역상을 끼고 일을 진행할 경우엔 일정 비용을 지불하면 무역상이 공장에서 구매한 상품을 자기들 창고로 옮긴 후 인부를 써서 원산지 표기 작업을 할 수 있지만 이 비용이 만만치 않습니다. 그래서 원산지 표기 작업을 할 수 없다는 업체를 만나면 아쉽지만 과감하게 구매를 포기하는 것이 여러 면에서 좋습니다.

반드시 알아야 할 해외 소싱 시행착오 줄이는 방법

전시장 등 해외 소싱처를 방문할 때는 만일을 대비해서 백업 업체를 반드시 한 개 이상 확보하는 것이 중요합니다. 상품 디자인, 가격, MOQ

등 모든 면에서 마음에 드는 업체를 발견해서 열심히 상품을 주문하고 한국에 돌아왔는데 그 후 한동안 아무런 소식이 없어서 연락을 해보면 아예 연락을 받지 않거나 사정이 생겨서 상품을 수출하기 어렵다고 하는 경우가 있기도 합니다. 한국이라면 부랴부랴 다른 업체를 수소문할 수 있지만 힘들게 비용 들여 외국에서 찾은 업체가 이렇게 나오면 정말 황당할 수밖에 없습니다. 하지만 해외 소싱을 하다 보면 이런 일은 비일비재합니다. 그래서 소싱처는 한 군데만 신뢰해서는 안 되고 반드시 만일을 위해 백업 업체를 확보해야 합니다.

상담을 할 때는 협조적이던 업체가 갑자기 연락이 두절되거나 태도가 돌변하는 이유는 여러 가지가 있을 수 있습니다. 여러분 이후에 부스에 방문한 다른 한국 업체가 더 많은 물량을 주문하면서 다른 한국 업체에게 상품을 수출하지 말라고 부탁했었을 수도 있고 이미 한국에 있는 바이어가 상품 독점계약을 했는데 여러분과 상담한 직원이 그 사실을 모르고 물건을 판다고 했을 수도 있습니다. 상담한 직원이 실수로 상품 가격을 너무 싸게 불러 그 가격으론 도저히 수출이 불가능하다는 것을 나중에 알고 수출을 거부하는 경우도 있지요. 그래서 가장 좋은 조건이라고 생각되는 업체에서 먼저 상담을 하고, 그다음으로는 그보다는 비록 디자인이나 가격적인 메리트가 조금 떨어지더라도 만일을 위해 한두 군데 그와 유사한 업체와 상품 상담을 해 놓는 것이 안전합니다.

또 해외 소싱 출장 시 사용하는 명함엔 회사 이메일보단 개인 이메일을 표기하는 것이 좋습니다. 어쩔 수 없이 회사 이메일이 프린트된 명함을 소지해야 하는 직장인의 경우엔 명함에 따로 개인 이메일을 추가로 적어 놓는 것이 좋고 만일 개인사업자라면 회사 메일 계정이 있더라도 해외 출장 시에는 개인 메일이 프린트된 별도의 명함을 따로 만들어 가지고 가는 것이 좋습니다. 만일 개인 이메일을 추가하고 명함에 기재하는 것이 번거롭다면 개인 위챗 주소를 명함에 넣으면 됩니다. 누구나 당시에는 회사 이메일을 오래 사용할 것 같지만 실제로 사회생활을 하다 보면 이직이나 회사명을 바꿀 상황이 빈번하게 발생합니다. 여러분이 직장인이든 개인사업자든 관계없이 소싱처에 대한 정보는 소중한 개인 자산입니다. 소싱처에서 중요한 할인 프로모션이 있거나 중요한 직원이 회사를 옮기는 경우 고객에게 이메일을 보내는데 여러분의 명함에 개인 이메일이 적혀 있으면 여러분이 어떤 곳에서 일을 하든 업체에서 보낸 중요한 이메일을 받을 수 있습니다.

각 출장 별로 별도의 '주문 노트'를 만들어 놓으면 나중에 시간이 흐른 뒤 원하는 업체를 찾을 때 상당히 편리합니다. 소싱처에서 상담을 하면 대부분의 경우 상품 주문서는 현지 업체가 그 자리에서 작성해 여러분에게 그 카피본을 주거나 나중에 이메일로 보내 주는데, 현지인이 작성한 주문서 카피본은 글씨를 알아 보기도 어렵고 내용과 상품을 매칭하기도 어렵습니다. 나중에 이메일로 보내온 상품 설명도 사진이 첨부되지 않은 경우가 많아서 상품명과 실제 상품을 매칭하는데 애를 먹는 경우가 많습니다. 그래서 반드시 업체가 적는 주문서와는 별도로 여러분이 따로 노트에 주문한 상품명이나 모델명, 가격, MOQ 등의 정보를 기재해 놓아야 합니다. 또 서툴러도 상품의 모양을 스케치해서 그려 놓으면 나중에 상품과 내용을 매칭할 때 상당히 편리합니다. 그리고 나서 각 페이지의 오른쪽 상단 귀퉁이에 업체가 준 명함을 스테이플러로 찍어 놓습니다. 이래야 명함을 잃어버릴 위험도 없고 업체를 찾기도 편리합니다.

그리고 소싱 기간 중 카메라나 핸드폰으로 찍은 사진은 구글 포토 앱을 이용해서 날짜별, 소싱 출장별로 폴더를 만들어서 관리하면 언제든 사진이 필요할 때 바로 다운 받을 수 있습니다.

현지 공장 해외 영업 직원은 이직률이 높습니다. 그래서 장시간 공들여 상담한 직원에게 나중에 연락해보면 다른 회사로 이직한 경우가 종종 있습니다. 말단 직원일수록 이런 일이 더 비일비재하지요. 물론 이럴 땐 그 직원에게 공장의 다른 직원을 소개받으면 되지만 새로운 사람과 처음부터 모든 상담을 다시 시작해야 하기 때문에 기껏 협의한 부분이 모두 물거품이 돼 버립니다. 그래서 저는 현지에서 상담을 할 때는 시니어급 이상의 직책을 가진 직원을 소개해 달라고 합니다. 그리고 가능하면 꼭 사장님이 누군지를 물어봐서 인사를 나누고 명함을 교환해 놓습니다. 공장 사장과 친하게 되면 직원 수준에서 결정하지 못하는 할인을 해주기도 하고 관련 공장에 대한 정보나 한국이나 다른 나라의 중요한 바이어 정보 등 여러모로 도움 되는 정보를 얻을 수 있습니다. 그래서 저는 부스에서 상담이 끝나면 꼭 상담한 사장님 및 직원과 함께 사진을 찍고 사장님 위챗으로 그 자리에서 바로 전송해 줍니다. 이렇게 단체 사진을 찍으면 나중에 저를 기억하기도 쉽고 분위기가 마치 오래 거래한 사이처럼 상당히 화기애애해집니다.

전시장이나 인터넷으로 리스팅한 업체를 직접 눈으로 확인하고 상품을 주문하기 위해 현지 공장을 방문할 때가 있습니다. 주로 이런 공장은 대도시가 아닌 지방 중소 도시에 위치해 있는데 그럴 때는 여러분이 묵는 숙소가 중요합니다. 영세한 공장은 상관없지만 만일 여러분이 방문하려는 공장이 전 세계로 상품을 수출하는 상당히 수준 높은 곳이라면 여러 가지 면에서 그들에게 좋은 이미지로 보일 필요가 있습니다. 우선 그 큰 공장이 여러분에게 거래 자체를 허락해 줄지도 모르는 일이고, 가격이나 MOQ 협상은 물론 다른 해외 바이어가 대량으로 주문하는 특정 상품을 여러분이 구매하는 것을 허락해 주는 것도 그들 마음에 달려 있습니다. 그래서 얻어 낼 것이 많은 좋은 공장일수록 가능한 그들에게 호감을 주고 잘 보일 필요가 있습니다. 그들은 대부분 한국에 대한 별다른 사전 정보가 없기 때문에 여러분이 이름만 들어도 알만한 국내 대형 브랜드 직원이 아닌 이상 여러분의 옷차림이나 말투, 매너 등과 같은 표면적인 모습만 보고 어떤 수준의 바이어인지를 판단합니다. 제가 현지 공장 사장들에게 들은 바로는, 바이어 수준을 판단하는 가장 쉬운 방법이 바이어가 현지의 어떤 호텔에 묵는지를 물어보는 것이라고 합니다. 그래서 저는 여러분에게 현지 공장을 방문할 때는 가능한 그 지역에서 가장 유명하고 좋은 호텔에서 묵는 것을 추천합니다. 사실 대부분의 현지 공장이 작은 지방 도시에 위치하고 있어 아무리 좋은 호텔이라 해도 일박에 십만 원 중반을 넘는 곳이 많지 않습니다. 물론 그 도시 물가 수준을 감안하면 일박에 2, 3만 원짜리 호텔도 충분히 지낼만하지만 저는 추가로 십만 원을 투자해서 공장에 좋은 인상을 주는 편이 훨씬 장기적으로 이익이 된다고 생각합니다.

그리고 별것 아닌 것 같아도 공장에 방문할 때 선물을 가져가면 그 효과가 상당히 좋습니다. 선물은 공장 사장은 물론 말단 직원 것도 반드시 챙겨야 합니다. 저는 주로 사장님한테는 한국 술, 직원에겐 공항 면세점에서 파는 잘 알려지지 않아서 검색이 불가능한 한국산 저가 화장품 세트를 사 갑니다. 이 정도 선물 구입하는데 다 합쳐서 십만 원도 안 드는데, 이 정도 금액은 여러분이 공장에서 향후 얻을 이익을 계산해 보면 상당히 훌륭한 투자입니다.

또 현지 공장 방문 후 상담이 끝나면 공장 사장과 직원과 함께 식사하는 경우가 많은데 이때 멀뚱멀뚱 말도 없이 밥만 먹기보단 분위기 좋게 이야기를 리드하는 것이 중요합니다. 물론 유머감각 있고 사교성이 뛰어난 사람은 아무 문제 없겠지만 저같이 부끄러움을 많이 타는 사람은 이 순간이 상당히 곤혹스럽습니다. 그래서 저는 현지 공장에 방문하기 전에 미리 그 지역의 역사나 사회적 이슈, 중요한 인물 등을 조사해 식사

중 대화 소재로 사용합니다. 어느 정도 성공을 거둔 공장 사장 입장에선 당장 회사에 이익이 되는 바이어도 중요하지만 외국에서 온 좋은 친구를 하나 사귀는 것도 개인적으로 의미 있는 일일 수 있어 이런 작은 노력과 성의가 비즈니스에서도 결국 좋은 결과로 이어질 수 있습니다.

04

중소 온라인 셀러에 **적합한 핵심 해외 소싱처**

개인이나 중소 회사가 해외 소싱으로 국내에서 온라인으로 판매하고 있는 상품군은 크게 의류, 패션잡화, 화장품, 위생용품, 소형가전, 생활용품, 주방용품, 소가구, 인테리어 소품, 시즌 상품, 조명, 홈 패브릭, 식품, 완구, 게임용품, 포장용품, 스포츠, 캠핑용품, 애견용품, 건강용품 등 다양합니다. 하지만 이 역시 한 품목씩 깊게 들여다보면 일부 상품군은 어느 정도 업력이 있어야 가능하거나 초기 시장조사나 투자비용 등이 많이 들어가 기존에 판매 경험이 많지 않은 셀러가 함부로 뛰어들기 어려운 경우가 많습니다.

우선 의류나 패션잡화 제품은 해외 디자인이 국내 소비자가 선호하는 콘셉트와 맞지 않는 경우가 대부분이라서 제대로 장사를 하려면 국내에서 제품을 디자인하거나 카피하려는 샘플 상품이 있어야 합니다. 이 경우 해외 소싱 역할은 현지에 있는 상품을 바로 사 오는 것이 아니라 이미 존재하는 샘플 제품을 좋은 품질로 국내보다 싸게 생산할 수 있는 제조공장을 찾는 것을 의미합니다. 생산이 들어가기 때문에 MOQ도 많아지고, 또 제대로 생산이 될지도 의문이라 많은 시행착오를 겪을 가능성도 높습니다. 그만큼 준비 기간도 오래 걸리고 패션 제품 특성상 경쟁이 너무 치열해 초보 온라인 셀러에겐 그리 적합한 상품군이 아니라고 생각됩니다. 그래서 많은 분이 처음에는 동대문이나 남대문 도매시장에서 국내 사입으로 온라인 판매를 하다가 확실히 잘 팔리는 상품이 생기면 특정 상품을 대량 생산하기 위해 광저우 도매시장에서 해외 소싱을 하려고 합니다. 하지만 그 상품이 본인만 파는 특별한 상품이 아닌 이상 이미 남들도 잘 팔린다는 정보를 다 알고 있습니다. 그래서 광저우에서 생산해서 한국에 들여왔을 때는 벌써 경쟁 셀러들이 발 빠르게 더 싼 가격에 수입을 해와 소비자 가격이 흐려질 가능성이 높습니다.

화장품 역시 다들 아시다시피 한국이 전 세계에서 품질 대비 가장 가격 경쟁력 높은 생산국이기 때문에 특별한 브랜드나 기능성 제품이 아닌 이상 화장품 자체를 해외 소싱하는 것은 큰 의미가 없습니다. 하지만 용기나 패키지 단가는 해외가 훨씬 저렴해 국내에서 세련되게 디자인한 후 해외에서 패키지를 제조, 수입한 후 국내 보틀링 업체에서 화장품 내용물을 채워 판매하는 경우가 많습니다. 하지만 이 역시 생산이 들어가기 때문에 MOQ가 많습니다. 특히 화장품 용기는 몰딩 비용이 많이 들어가 MOQ가 일반적인 제품보다 훨씬 높습니다. 한 디자인당 최소 천만 원 정도 비용이 들기 때문에 개인이나 중소업체가 수천만 원의 공병 비용을 감당하기 부담스럽습니다.

이외에도 식품이나 건강제품은 식품 안전 검사와 관련 법규가 상당히 까다롭고 한국의 폐쇄적인 유통망을 뚫기 상당히 어려운 품목입니다. 완구, 조명 제품은 한 품목당 안전 검사 비용이 상당히 비싸 소량으로 수입하는 것 자체가 불가능한 구조입니다.

이렇게 보면 결국 업력이 오래되지 않은 작은 규모 회사가 비교적 손쉽게 해외 소싱으로 국내 시장에서 경쟁력 있게 판매할 수 있는 상품은 다음과 같습니다.

- 소가구 : 의자, 협탁, 수납가구, 소형 침대 등
- 홈 패브릭 : 이불, 담요, 커튼, 수건, 슬리퍼, 욕실 가운 등
- 생활·주방용품 : 그릇, 컵, 청소용품, 생활 수납, 조리기구, 주방 소품, 욕실용품 등
- 인테리어 소품·시즌 상품 : 디퓨저, 장식용품, 거울, 그림, 액자, 선물용품, 조화, 화병, 시즌 상품 등
- 위생용품 : 화장도구, 화장 수납, 목욕용품, 위생 소품 등
- 게임용품 / 스포츠·캠핑용품 / 애견용품

실제로 최근 국내 온라인 쇼핑몰 상황을 볼 때 위에 언급한 상품군 시장에선 오히려 군소 개인사업자가 기성 브랜드보다 더 경쟁력 있게 사업을 전개하는 모습을 볼 수 있습니다. 반대로 얘기하면 이런 상품 카테고리에 한해서는 뚜렷한 브랜드나 강자가 없어 상품만 좋고 가격 경쟁력만 있으면 누구라도 바로 선두로 올라갈 수 있는 시장 분위기가 형성된 것이지요. 바로 최근 급격하게 소상공인 친화적으로 변한 해외 소싱 환경이 이런 변화의 배경이라고 생각합니다.

그렇다면 위에 언급한 카테고리 상품을 수입할 수 있는 해외 소싱처에 대해 본격적으로 설명하겠습니다. 우선 소싱처는 크게 주로 수출을 목적으로 하는 무역박람회와 내수 시장 판매를 목적으로 하는 지역 로컬 도매시장으로 구분할 수 있습니다. 하지만 앞서 설명했듯이 최근에는 점차 무역박람회에서도 소량 구매가 가능해지는 추세이고 로컬 도매시장에서도 해외 수출 비중이 점점 높아지고 있어 두 소싱처의 경계가 점점 무너지고 있습니다.

그리고 바이어 입장에서도 각각의 장단점이 있기 때문에 어떤 특정한 상품을 구매하려고 해도 무역박람회와 현지 로컬 시장 두 군데를 모두 둘러 보고 자기 상황에 가장 적합한 곳을 확인하고 최종 구매 의사 결정을 하는 편이 좋습니다.

제가 중소 규모의 온라인 셀러들에게 추천하는 무역박람회와 로컬 도매시장은 다음과 같습니다.

◀ 중소 온라인 셀러에게 추천하는 주요 무역박람회 ▶

박람회명	개최지	참가 업체 수	참관 인원
광저우 국제 소비재 무역박람회 1~3기	중국 광저우	25,000개	35만 명
홍콩 가정용품& 기프트 무역박람회	홍콩	4,000개	5만 명
홍콩 메가쇼 Part 1, 2	홍콩	4,000개	5만 명
이스트 차이나 무역박람회	중국 상해	2,500개	3만 명
도쿄 기프트쇼	일본 도쿄	2,700개	20만 명
메종&오브제	프랑스 파리	3,000개	20만 명
암비안테	독일 프랑크푸르트	4,500개	14만 명
델리 가구&핸드크래프트 &기프트 박람회	인도 뉴델리 노이다	매회 다름	매회 다름
말레이시아 가구 박람회	말레이시아 쿠알라룸푸르	매회 다름	매회 다름
상해 가구 박람회	중국 상해	3,000개	16만 명
광저우 가구 박람회	중국 광저우	3,000개	20만 명
동관 가구 박람회	중국 동관	1,000개	12만 명

◀ 중소 온라인 셀러에게 추천하는 주요 로컬 도매시장 ▶

이우 도매시장 광저우 도매시장
심천 도매시장 칭다오 도매시장
난통 도매시장 커차우 도매시장

1) 무역박람회

광저우 국제 소비재 무역박람회 1, 2, 3기

가장 잘 알려져 있지만 또 그만큼 해외 소싱하는 사람이라면 반드시 가야 하는 곳이 바로 켄톤 페어라는 이름으로 더 유명한 광저우 국제 소비재 무역박람회입니다. 워낙 취급 품목이 다양하다 보니 총 3기, 각 5일씩 세 번으로 나뉘어 페어가 개최됩니다. 1기에는 대형 기계류, 소형 기계류, 자전거, 오토바이, 자동차 스페어 부품, 화학제품, 하드웨어, 공구류, 운송수단, 건설기계, 가정용 전자제품, 소비자 전자제품, 컴퓨터 · 통신 제품, 조명, 건축 · 장식자재, 위생 · 욕실 장비, 보안장비가 전시됩니다.

2기에는 주방용품 · 테이블웨어, 일반 세라믹 제품, 아트 세라믹, 홈데커레이션, 유리제품, 도자기, 가구류, 직물 · 나무 · 철 공예품, 정원용품, 석제품 · 철제품, 가정용품, 개인 케어 제품이 · 미용품, 화장품류, 욕실 · 청소용품, 시계류 · 광학기기, 완구류, 선물용품, 페스티벌 용품, 공예품이 전시됩니다.

마지막으로 3기에는 남성 및 여성 의류, 아동복, 외투, 홈 텍스타일[8], 패션 액세서리 및 부자재, 모피 및 가죽, 피혁 제품, 캐시미어 제품, 스포츠 캐주얼 의류, 신발, 사무용품 및 가방, 스포츠용품 및 여행, 레크리에이션 제품, 의료기기, 의약품 및 건강 제품, 미용 및 뷰티케어 제품, 가정용 의료기기, 성 건강 제품 및 장비, 보건 및 재활 장비, 식품[9]등이 전시됩니다.

소비재에 관한 거의 모든 제품을 볼 수 있다고 생각하면 될 정도로 그 카테고리가 광범위한데, 간단히 요약하면 1기에는 가전, 기계, 장비 등의 상품이, 2기는 그야말로 온갖 잡다한 생활, 주방, 홈, 가구, 미용, 완구 등 생활 관련 제품이, 3기는 의류와 신발 그리고 이불, 쿠션 등 홈 텍스타일 제품이 대부분을 차지한다고 보면 됩니다.

---

8) 커튼, 침구, 벽지, 매트리스, 수건, 베개, 다양한 쿠션, 냅킨, 식탁보, 타월, 앞치마, 주방 섬유, 매트, 청소 직물 등

9) 곡물, 유제품, 육류 및 육류 가공 제품, 계란 및 낙농 식품, 과일 및 과일 가공 제품, 야채 가공식품, 수산물, 사탕 및 과자류, 케이크 및 비스킷, 식품 첨가물, 벌꿀 제품, 주류, 커피, 과일, 주스, 생수, 각종 차류, 음식 포장 및 기타 관련 제품

◀ 켄톤 페어 1기 부스 배치도 ▶

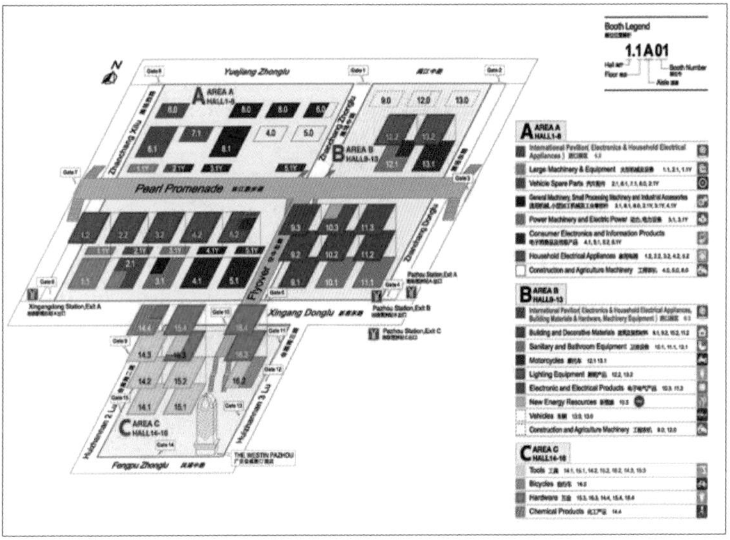

◀ 켄톤 페어 2기 부스 배치도 ▶

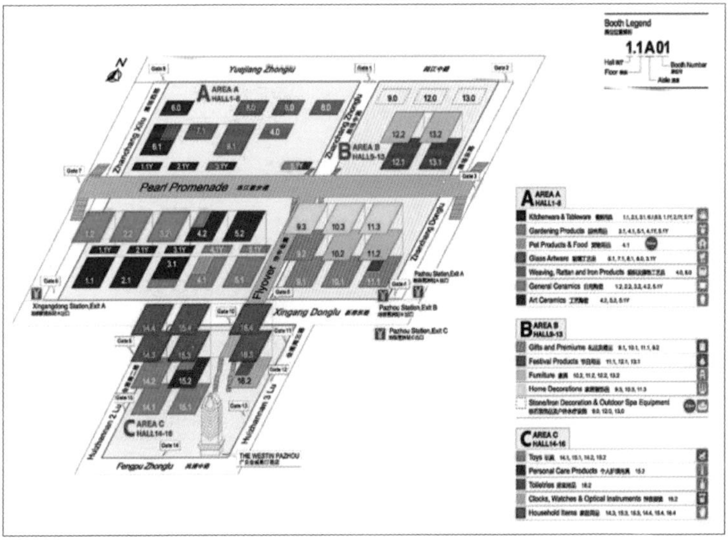

◀ 켄톤 페어 3기 부스 배치도 ▶

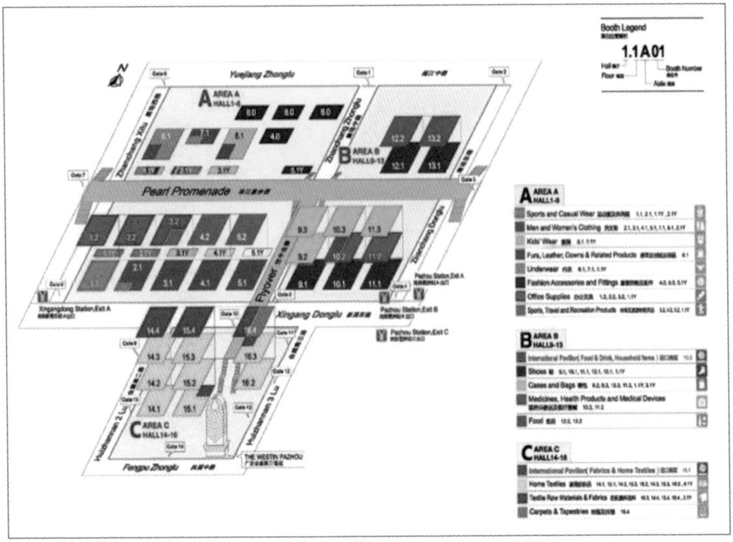

켄톤 페어는 현재 전 세계에서 열리는 무역박람회 중에서 규모나 참가업체, 관람객 수 등 모든 면에서 가장 큰 곳이기 때문에 상품을 수입하는 분은 물론 유통업계 종사자라면 꼭 방문할 가치가 있습니다.

또, 켄톤 페어에서 전시되는 상품 카테고리 중 대부분이 따로 그 상품만 취급하는 별도의 무역박람회가 존재합니다. 예를 들어 화장품은 차이나 뷰티 엑스포, 가구는 상해 · 광저우 가구 박람회, 홈 패브릭은 상해 인터텍스타일 등 상품 카테고리별로 전문 박람회가 존재합니다. 그래서 많은 수입업체는 자신의 수입 분야에 해당하는 전문 박람회에 참가해서 핵심 상품을 주문하고 또 켄톤 페어에 와서 그와 연관된 카테고리, 예를 들어 홈 패브릭 업체는 상해 인터텍스타일에서 이불을 주문하고 켄톤 페어에서는 침대나 조명 등을 수입하는 식으로 두 개의 박람회를 함께 참가합니다. 어떤 특정한 상품 카테고리에 연연하지 않고 여러 종류의 상품을 취급하는 사람에겐 당연히 한번 방문해서 여러 카테고리 상품을 한번에 소싱할 수 있는 켄톤 페어가 가장 적합한 소싱처입니다.

사실 다른 소싱처에 따로 방문하지 않고 이곳에서만 소싱해서 사업을 운영하는 회사도 많습니다. 하지만 문제는 켄톤 페어가 워낙 잘 알려진 박람회다 보니 웬만한 경쟁업체가 전부 참가해 상품이나 공장 정보가 오픈될 위험이 있습니다. 그리고 아무리 전시장이 커도 워낙 여러 품목을 다루다 보니 아무래도 특정 상품만 전문으로 취급하는 박람회보단 그 카테고리에 해당하는 공장이 참가할 수 있는 공간이 부족할 수밖에 없고 또 부스 가격도 비쌉니다. 그러다 보니 기존 고객이 탄탄한 공장은 켄톤 페어는 더 이상 나가지 않고 카테고리 전문 페어만 참가하는 경우가 많아지고 있습니다. 그래서 사업이 어느 정도 크고 더 깊이 있게 상품을 소싱하고 싶으면 켄톤 페어와 함께 해당 상품의 전문 무역박람회를 병행 참관하는 것이 좋습니다.

◀ 켄톤 페어 외부 전경 ▶

◀ 켄톤 페어 중앙 통로 ▶

◀ 전시장 내부 모습 ▶

◀ 고른 상품은 사진을 찍고 바로 가격과 MOQ를 사진에 적어 두면 편합니다 ▶

◀ 그림액자공장 부스 내부 모습 ▶

◀ 슬리퍼 공장 부스 ▶

◀ 도기 저금통 부스 상담 모습 ▶

켄톤 페어는 총 16개 홀로 구성돼 있는데 한 홀 사이즈가 가장 큰 코엑스 전시장 사이즈로 보면 됩니다. 문제는 한 홀이 여러 층으로 구성돼 있다는 것입니다. 즉 실제로는 홀이 16개가 아니라 45개 정도 된다고 봐야 합니다. 게다가 부스와 부스 사이 간격이 다른 전시장에 비해 상당히 촘촘해서 한 홀을 다 둘러보는데 시간이 꽤 소요됩니다. 전체 전시장을 다 둘러보려면 뛰듯이 걸어도 5일의 전시 기간으로는 부족합니다.

그래서 많은 바이어들이 사전에 우선순위를 정해 놓고 꼭 봐야 할 홀부터 시작해 시간이 남으면 나머지 홀을 둘러보든지, 아니면 기존 거래처의 부스 위치를 미리 알아 내 그곳부터 우선적으로 방문하는 방법으로 동선을 짭니다. 참가 인원이 여러 명이라면 각각 둘러볼 홀을 맡아서 흩어져서 일을 본 후, 저녁에 다시 호텔에 모여서 둘러본 부스와 상품 사진을 공유하면서 의견을 나누기도 합니다. 이렇게 최종 후보 부스를 고르면 페어 마지막 날 함께 해당 부스에 방문해 최종 수입 의사 결정을 합니다.

총 3기에 걸쳐 열리는 켄톤 페어 중에서 중소 사업자에게 가장 적합한 건 바로 2기입니다. 1기 제품은 주로 가전이나 공구, 자재 위주 전시인데 가전제품은 홍콩 가전 전시회가 따로 있어 굳이 켄톤 페어에서 상품을 수입할 필요가 없습니다. 3기 제품은 패션과 홈 텍스타일인데 패션은 국내 시장에서 경쟁력 있는 상품을 찾기 어렵고 홈 텍스타일 제품은 상해 인터텍스타일과 이스트 차이나 페어에 더 좋은 공장이 참가합니다.

그래서 켄톤 페어 중에서 한국 시장에서 중소업체가 수입해서 팔 만한 물건이 가장 많은 곳이 바로 2기입니다. 2기에 대해 좀 더 자세히 설명하겠습니다.

2기는 크게 주방용품, 생활용품, 가든 용품, 바구니, 장식 세라믹, 식기, 유리용품, 시계, 애완용품, 선물용품, 시즌 상품, 가구, 홈 데코, 장난감, 화장품 · 위생용품, 홈 패브릭 용품으로 구성돼 있습니다. 모두가 온라인에서 중요한 카테고리로 한 개씩 자세히 설명하겠습니다.

주방용품 중 프라이팬, 냄비, 뚝배기 같은 조리용품은 한번 매출이 터지면 그 볼륨이 상당하지만 단품별로 공장에서 요구하는 MOQ가 워낙 크고 잘 알려진 브랜드가 아니면 소비자가 구매를 망설이는 상품이라 중소업체가 함부로 뛰어들기엔 위험 부담이 큰 아이템입니다. 그래서 이런 전통적인 주방용품보단 프라이팬 뒤집기, 국자 같은 주방 소품이나 홈베이킹 도구들, 주방 아이디어 소품처럼 크기가 작고 기존에 시장에서 못 보던 새로운 상품 위주로 소싱하는 것이 좋습니다. 새로운 기능이나 디자인의 텀블러나 보온 · 보냉컵같이 시장에서 특별히 독보적인 브랜드가 없는 상품도 개인이 접근하기 용이한 아이템입니다.

생활용품은 상품군이 워낙 다양해서 일일이 설명하기 힘들지만 그중 중소업체가 재미를 보고 있는 몇 가지 아이템을 소개하면 디자인이 예쁜 빨래 바구니, 재활용 분리수거 바구니 같은 수납용품과 설거지통, 기능성 옷걸이, 테이블 매트, 혼자 사는 가구에 적합한 작고 예쁜 청소 및 설거지 용품, 전자레인지에 데울 수 있는 패브릭 보온 주머니 등이 있습니다.

가든 용품은 우리나라 실정에 맞지 않으니 생략하고 장식 세라믹 제품은 주로 도자기로 만든 티포트나 동물, 꽃 장식이 들어간 홈 인테리어 제품이 대부분인데 이 역시 국내 시장에선 회전이 빠르지 않은 상품이라 꼭 이런 제품이 구색상 필요한 분들이라면 MOQ가 큰 켄톤 페어보단 MOQ가 적은 로컬 마켓에서 수입하는 편이 좋습니다. 그나마 장식 세라믹 존에서 국내 시장에서 팔릴만한 제품은 화장대 위에 올려놓고 반지 같은 작은 보석을 담는 도자기 보석함입니다.

식기는 켄톤 페어에서 상당히 큰 면적을 차지하고 있습니다. 정말 싸고 예쁜 물건이 많고 디스플레이도 잘 돼 있어서 둘러보기만 해도 기분이 좋아집니다. 하지만 문제는 한국 소비자는 양식기보다는 한식기를 주로 구매해 서양 문화권에 맞춰 제작된 중국 공장 제품이 국내와는 거리가 있다는 것입니다. 국그릇은 너무 크고 한국에서 주로 쓰는 밥그릇이나 반찬 그릇 사이즈는 아예 찾아보기 힘듭니다. 그래서 한국에서 유통되는 식기는 아직 국산 제품이 많습니다. 켄톤 페어에서 수입할 만한 식기는 주로 단색의 저가 양식기 세트인데 MOQ가 만만치 않고 세트를 구성하기 위해선 여러 아이템을 사야 하고, 컬러도 구색상 3,4개 고르다 보면 한 공장에서만 투자해야 할 금액이 수천만 원이 넘어갑니다. 그래서 중소업체에선 식기 역시 꼭 필요하면 MOQ가 적은 로컬 시장이 적합한 소싱처라고 생각이 됩니다.

유리용품 중 쉽게 접근할 수 있는 아이템은 물컵, 와인잔, 맥주잔입니다. 이 상품 역시 MOQ가 크지만 원가가 워낙 싸고 국내에서 회전이 빠른 아이템이라 한국에서 보기 힘든 예쁜 디자인 제품만 고른다면 충분히 도전해 볼 만한 상품입니다. 식기와는 달리 구색도 서너 가지만 잘 고르면 충분해 한 공장 당 천만 원 이하로 딜 한 개 정도를 만들어서 테스트 해볼 수 있습니다.

시계는 수입할 만한 제품이 벽 시계인데 최근 집에 벽 시계를 사용하는 가구가 줄어드는 추세여서 저는 과감하게 생략합니다. 탁상용 전자시계는 수요는 있는데 이미 국내에 상품을 팔고 있는 업체가 워낙 많아서 무난한 제품이 대부분인 켄톤 페어보단 새로운 기술이나 디자인 제품이 많은 홍콩 가전 박람회에서 소싱하는 것을 추천합니다.

애완용품은 요즘 워낙 유행이라고 하지만 아직 절대적인 시장 규모가 크지 않습니다. 수요는 확실히 있지만 회전이 늦습니다. 애완용품에 개인적인 애착이 있어서 시간을 두고 천천히 시장에서 입지를 다지려는 분이면 몰라도 빠른 수익을 원하는 분에겐 추천할 만한 아이템이 아닙니다. 실제로 켄톤 페어에서 차지하는 존의 사이즈도 해마다 줄어들고 있습니다. 전문적인 애완용품이 필요한 분이라면 켄톤 페어보다는 상해 애완용품 박람회에 가는 것이 좋습니다.

시즌 상품 존은 주로 크리스마스나 핼러윈, 부활절 같은 특별한 날을 위한 상품을 수출하는 업체가 모여 있는 곳인데 전 세계적으로 이런 스페셜 데이에 대한 흥미가 줄어들어 관련 상품 매출이 예전 같지 않은 것이 사실입니다. 국내 시장 역시 그나마 크리스마스 정도가 기념일로서의 명맥을 유지하고 있지만 관련 상품 매출은 해가 갈수록 반 토막 나는 추세입니다. 과감하게 생략하는 것이 좋습니다.

가구 제품은 매년 3개의 큰 관에서 열리는데 켄톤 페어의 장단점이 명확히 나타납니다. 사실 가구를 전문적으로 수입하는 사람은 켄톤 페어보단 3월에 열리는 광저우 가구 박람회나 9월에 열리는 상해 가구 박람회를 주로 갑니다. 특히 광저우 가구 박람회는 인접 도시에서 개최되는 심천 가구 박람회와 동관 가구 박람회와 날짜가 겹쳐 열리기 때문에 세 종류의 가구 박람회를 동시에 관람하기도 합니다. 게다가 최근 중국 인건비가 올라가면서 중국 가구 공장의 가격 경쟁력이 약해지고 동남아로 시장이 많이 넘어갔습니다. 그 결과 중국에서 수입하기에 가격 경쟁력 있는 가구 품목이 예전보다 많이 줄면서 이제 가구를 수입하려면 중국만이 아니라 말레이시아와 인도네시아, 인도 박람회까지 가야 하는 상황이 됐습니다. 그래서 현재 가구 제조 시장은 금속 제품은 인도, MDF나 필름 가구, 모던 가죽 소파는 말레이시아, 고급 티크 가구는 인도네시아, 오크 가구와 패브릭 가구천 소파, 의자는 중국으로 시장이 분화됐습니다. 이런 상황에서 켄톤 페어만 가서 전 종류의 가구를 수입하는 것은 일부 품목은 훨씬 높은 가격으로 구매하는 것입니다. 제 경험상 켄톤 페어에서 어느 정도 경쟁력 있게 수입할 만한 가구 상품은 디자인 철제 의자류, 플라스틱 사출 의자 정도입니다. 나무가 들어간 제품은 말레이시아보다 1.3배 정도 비싸고 철재가 많이 들어간 가구 역시 인도보다 많게는 1.5배 이상 비쌉니다. 원목을 사용한 식탁이나 거실가구 역시 인도네시아나 인도보다 많이 비쌉니다. 사실 중국에서 생산되는 가구 중에서 가격 면에서 가장 경쟁력 있다고 판단되는 제품은 참나무 원목을 사용해서 만든 컨템퍼러리 스타일의 고급 가구들인데, 국내에선 이런 장르의 가구 시장이 아직 크지 않고 이런 가구를 만드는 공장은 켄톤 페어가 아닌 상해 가구 박람회나 광저우 가구 박람회에 주로 나오기 때문에 켄톤 페어에서 이런 제품을 사는 것이 큰 의미가 없습니다.

홈 패브릭 제품은 이불, 담요, 쿠션 커버, 카펫, 앞치마, 커튼, 에코백 등 패브릭이 들어간 모든 제품을 말합니다. 국내 시장 규모가 꽤 큰 제품군입니다. 이중 이불, 담요 상품은 이미 국내의 큰 업체가 시장을 대부분 점유하고 있고 워낙 대량으로 수입해 싼 가격으로 유통하고 있어 중소업체가 함부로 뛰어들기 어려운 상품이라고 판단됩니다. 그래서 중소업체가 파고들 수 있는 상품은 앞치마나 쿠션 커버, 소형 러그, 샤워가운처럼 모양이 간단하고 소재나 가격보단 디자인이 판매에 큰 영향을 끼치는 소품이 좋습니다. 이런 상품은 주로 켄톤 페어 3기에서 수입할 수 있는데 저는 개인적으로 이런 류의 상품은 전 세계 고객을 대상으로 하는 켄톤 페어보다는 일본 바이어가 많이 찾는 이스트 차이나 페어나 상하이 인터텍스타일 같은 중형 박람회를 더 선호합니다. 의류, 패션잡화를 제외하면 실제로 패브릭 소품을 수출하는 업체 수도 비슷비슷하고 켄톤 페어 3기는 주로 이불이나 카펫처럼 큰 상품을 수출하는 큰 회사가 많이 참가하는데 비해 이런 중형 페어는 패브릭 소품을 취급하는 중소 공장이 상대적으로 많이 참가하기 때문입니다.

홈 데코 제품은 켄톤 페어에서 세 개의 큰 관을 사용할 정도로 비중이 큰 카테고리입니다. 그만큼 다른 페어에 비해 경쟁력도 높습니다. 홈 데코 카테고리 상품은 특별히 어떤 상품이라고 정해진 것 없이 모든 카테고리 상품 중에서 디자인이 강한 상품은 전부 모았다고 보면 됩니다. 예쁜 주전자, 예쁜 보석함, 예쁜 거울, 방석, 러그, 그림, 조명, 소형 가구, 쓰레기통 등 일반적인 상품보다 30% 가격이 더 비싸지만 디자인, 데커레이션에 있어서 더 비싸게 가격을 책정할 수 있는 상품입니다. 여기에 전통적인 홈 데코 상품인 디퓨저, 향초 등 방향 제품이 포함됩니다. 디자인 감각이 중요한 홈 데코 카테고리 업체는 불과 5,6년 전만 해도 켄톤 페어에 가면 100개 업체 중 한두 개 정도만 살 물건이 눈에 띌 정도로 그 수준이 열악했는데 지금은 정말 많이 달라졌습니다. 또한 이 카테고리는 로컬 시장에 비해서 디자인이나 상품 퀄리티의 수준 차이가 월등히 차이나기 때문에 꼭 켄톤 페어에 와야지만 수입할 수 있는 상품이 많습니다.

홈 데코 상품을 수입하려는 분께 한 가지 팁을 드리자면 켄톤 페어가 열리는 전시장 바로 건너편에 거의 같은 기간 동안 '진안 페어'라는 무역박람회가 열리는데 켄톤 페어 C관에서 걸어갈 수 있는 거리여서 켄톤 페어 기간 중에 하루 정도 시간을 내서 둘러보기 좋습니다. 규모는 켄톤 페어의 약 10분의 1 정도지만 모든 전시장이 홈 데코 관련 공장이라 홈 데코 상품을 수입하는 분이라면 꼭 가볼 가치가 있습니다. 특히 진안 페어의 조화와 소가구제품은 켄톤 페어보다 훨씬 더 경쟁력 있는 공장이 많이 참가합니다. 또, 켄톤 페어는 자릿값이 비싸서 작은 부스만 참가하는 공장이 이곳에선 훨씬 더 큰 부스에서 더 많은 상품을 전시하고 있어 더 깊이 있는 상품을 고를 수도 있습니다.

◀ 켄톤 C관 건너편의 진안 HOME&GIFT 페어 ▶

장난감은 아직도 큰 규모로 전시가 진행되지만 최근 스마트폰 성장세로 해가 갈수록 그 규모가 작아지는 일종의 사양산업이 되고 있습니다. 아직도 전통적인 봉제 인형이나 고급 자재를 사용한 교구 수요가 있지만 아동 · 유아 제품은 수입도 까다롭고 수입 인증 비용도 비싸 추천하고 싶은 카테고리는 아닙니다.

화장품, 이미용품, 위생용품은 1개 관을 사용하고 있는데 규모는 작지만 워낙 많은 업체가 촘촘히 전시를 하고 있어 잘만 고르면 좋은 상품을 건질 가능성이 높습니다. 앞서 설명한 대로 화장품이나 내용물 자체를 수입하기보단 용기나 디자인이 가미된 관련 소품 위주로 소싱하는 편이 좋습니다. 최근에는 집에서 즐기는 목욕 시장이 커지고 있어 입욕제나 예쁜 수세미, 때밀이 장갑, 목욕 솔 같은 제품이 중소업체가 공략하기 좋은 상품이라고 생각됩니다.

◀ 디자인성이 가미된 때밀이 수건 공장 부스 ▶

홍콩 가정용품&기프트 박람회, 홍콩 메가쇼 1,2부

많은 분이 '홍콩 가정용품&기프트 박람회'와 '홍콩 메가쇼'를 헷갈리는데 이 두 페어는 개최 회사만 다르지 바이어 입장에선 사실상 거의 같은 업체가 참가하는 동일한 박람회라고 봐도 됩니다. 이 페어는 광저우 켄톤 페어 2기 전후로 나눠서 개최돼 켄톤 페어를 방문하면서 앞뒤로 스케줄을 붙여 방문하는 사람이 많습니다. 봄에는 켄톤 2기 이전에 홍콩 가정용품 박람회가 열리고 켄톤 2기가 끝나는 시점에 홍콩 선물용품 박람회가 열립니다. 가을에는 마찬가지로 켄톤 페어 2기 전에 홍콩 메가쇼 1부 가정용품, 후에 홍콩 메가쇼 2부 선물용품가 개최됩니다. 봄 · 가을 모두 가정용품 박람회는 켄톤 페어의 홈 데코, 생활, 주방 카테고리의 축소판으로 보면 됩니다.

홍콩 페어는 부스 렌트 비용이 켄톤 페어보다 싸 켄톤 페어에 참가하지 못하는 신생 업체를 많이 볼 수 있고, 기존에 워낙 고객층이 두터워 굳이 비싼 켄톤 페어에 참가할 필요를 느끼지 못하는 좋은 공장도 만날 수 있습니다. 켄톤 2기가 끝나고 개최되는 선물용품 박람회 역시 켄톤의 기프트&프리미엄관의 축소판인데 저는 개인적으로 이곳에선 특별히 매력적인 업체를 많이 발견하지 못해서 최근엔 참가하지 않습니다.

홍콩 페어는 켄톤 페어 보다 대만과 홍콩 업체 참가가 많은 것이 또 다른 특징인데, 예전엔 홍콩, 대만 업체가 디자인이 훌륭해서 그나마 경쟁력이 다소 있었지만 최근에는 중국 업체 디자인력이 워낙 발전해서 가격이 비싼 홍콩, 대만 업체에게 상품을 살 특별한 이유가 없는 것이 사실입니다. 그래서 최근에 홍콩 페어와 켄톤 페어를 같이 방문하는 분을 보면 꼭 홍콩 페어에서 상품을 수입하겠다는 목적보단 홍콩 페어는 잠깐만 둘러 보고 나머지 시간은 홍콩 리테일숍을 방문해 새로운 디자인 상품이나 매장 디스플레이 등의 시장조사 목적으로 방문하는 경우가 많습니다.

이스트 차이나 무역박람회

매년 봄에 상해에서 열리는 이스트 차이나 무역박람회는 잘 알려지지는 않았지만 중소업체라면 꼭 방문해야 하는 중요한 곳입니다. 특히 숨은 좋은 공장이 많이 참가해 경쟁 업체에게 알려주기 아까운 곳이기도 합니다. 주로 상해, 지앙수, 저장, 안휘, 후젠, 장시, 산동, 난징, 닝보시 등 말 그대로 중국 대륙의 동쪽 지역에 위치한 공장이 참가하는데 품목은 의류와 홈 패브릭, 가정용품, 선물용품 등입니다.

이 중에서 의류는 한국 시장과는 콘셉트가 잘 맞지 않기 때문에 과감히 패스하고 나머지 가정용품, 선물, 패브릭관을 주로 둘러보면 됩니다. 이곳 역시 켄톤 페어에 비해 부스비가 저렴해 켄톤 페어에 나갈 형편이 못 되는 신규 업체가 많이 참가합니다. 그러다 보니 켄톤 페어 참가 업체보다 MOQ나 제조 공정, 디자인 변경, 샘플 제작 등 여러 면에서 태도가 유연해 중소 수입업체 입장에서 거래가 좀 더 유리합니다. 또 이 페어는 예전부터 일본 바이어가 많이 참가해 일본 소비자 취향에 맞는 상품을 많이 발견할 수 있는 것도 특징입니다.

개장 시작부터 열심히 돌아다녀서 폐장 시간까지 둘러보면 하루면 의류를 뺀 나머지 관을 다 둘러볼 수 있어 일정이 촉박한 분에게도 적합한 박람회라고 생각됩니다. 또한 상해에서 이우시장까지 자동차로 2시간 반 정도면 갈 수 있어 이우시장과 연계해서 방문하는 것도 좋습니다.

이런 중형 박람회의 문제점은 역시 신생업체가 많이 참가하다 보니 공장에 대한 신뢰 이슈입니다. 최근엔 LC 신용장 거래보단 TT 송금 방식을 많이 선호하기 때문에 아무리 적어도 주문 총액의 30%를 먼저 선금으로 보내야 하는데 신뢰 문제가 해결되지 않으면 아무래도 걱정되는 부분입니다. 그래서 거래를 확정하기 전에 공장 사진을 확인하든지 기존 거래 업체가 어느 곳인지 물어봐 최대한 가능한 범위 안에서 확인할 수 있는 부분을 체크하는 것이 좋습니다. 그래도 가장 안전한 것은 직접 공장 방문 후 구매 결정을 하는 것입니다. 이스트 차이나 무역박람회는 특히 각 관마다 부스를 지역별로 구분해 같은 지역에서 나온 공장끼리 한데 모여 있는 것이 특징입니다. 마음에 드는 업체를 발견하면 그 지역의 다른 공장도 나중에 같이 방문하면 좋습니다.

◀ 이스트 차이나 박람회 부스 전경 ▶

언어도 문제입니다. 켄톤 페어에선 웬만한 부스에선 영어로 충분히

상담 가능하지만 이런 규모의 페어에서는 참가 업체의 절반 정도가 영어로 의사소통이 안 되는 곳이라고 봐야 합니다. 중국어가 서투른 바이어는 어차피 하루면 다 둘러보는 규모의 페어이기 때문에 비용을 좀 들여 현지 통역인을 구하는 것이 좋습니다.

도쿄 기프트쇼

개최 측 추산 20만 명이 참가한다는 도쿄 기프트쇼는 세련되고 예쁜 물건이 정말 많아서 구경만 해도 행복해지는 박람회입니다.

◀ 도쿄 기프트쇼 주요 카테고리 ▶

가구, 생활용품, 패션잡화, 주방용품, 완구, 문구, 뷰티용품, 목욕용품 등 여러 카테고리 상품을 볼 수 있는데 문제는 가격이 비싸 국내 판매가

를 두 배 이상 붙일 수 없다는 것입니다. 혹시나 회전이 느려서 할인 판매까지 한다면 사실 원가도 건지기 어려운 가격의 상품이 많습니다. 그래서 수입업자보단 쇼핑하러 온 일반 소비자가 더 많습니다. 우리나라에서 열리는 리빙앤디자인 박람회보다 10배 정도 크고 상품은 2~3배 세련됐다고 생각하면 됩니다. 그래서 중소 수입업체에겐 도쿄 기프트쇼는 수입할 상품을 사러 가는 곳이라기보다는 켄톤 페어 같은 대형 박람회에 가기 앞서 눈높이를 올리고 참고할만한 디자인을 보러 가는 목적으로 방문하는 곳입니다. 비단 상품 디자인 말고도 제품 POP나 패키지 아이디어, 디스플레이 방식 등 상품과 연관된 모든 커뮤니케이션 관점에서 보고 배울 것이 정말 많아 공부 목적으로도 꼭 방문할 가치가 있다고 생각됩니다. 특히 일본은 캐릭터 산업이 발달돼 있어 만일 한국에서 자신 있게 운영하고 있는 상품 카테고리가 있는 분이라면 제품에 활용할 캐릭터를 도쿄 기프트쇼에서 찾아 라이선스 계약을 하는 것도 좋은 방법입니다.

사실 많은 업체가 도쿄 기프트쇼를 방문하는 가장 큰 목적은 카피할만한 상품을 찾는 것입니다. 특히 이 쇼에서는 많은 부스에서 샘플을 하나씩 팔기도 하고 주문을 해도 MOQ가 적어 상품을 사다가 중국 공장에 가서 디자인만 조금 변형하거나 더 염치없는 업체는 그대로 카피해서 시장에 팔기도 합니다. 하지만 요즘엔 매출의 대부분이 온라인에서 발생하기 때문에 카피 제품을 그대로 인터넷에 팔기 어렵다는 점을 감안하면 대놓고 그대로 카피하는 일은 지양해야 합니다.

◀ 도쿄 기프트쇼 부스 전경 ▶

메종&오브제·암비안테

'메종&오브제'는 봄 · 가을 프랑스 파리에서 열리는 홈&인테리어&기프트 용품 박람회입니다. 이와 유사한 제품 카테고리 박람회인 '암비안테' 역시 봄 · 가을 독일 프랑크푸르트 메세라는 곳에서 열립니다. 이 두 박람회의 가장 큰 차이점은 메종&오브제는 주요 타깃이 개인 숍인 반면 암비안테는 대형 업체라는 점입니다.

◀ 메종&오브제 부스 배치도 ▶

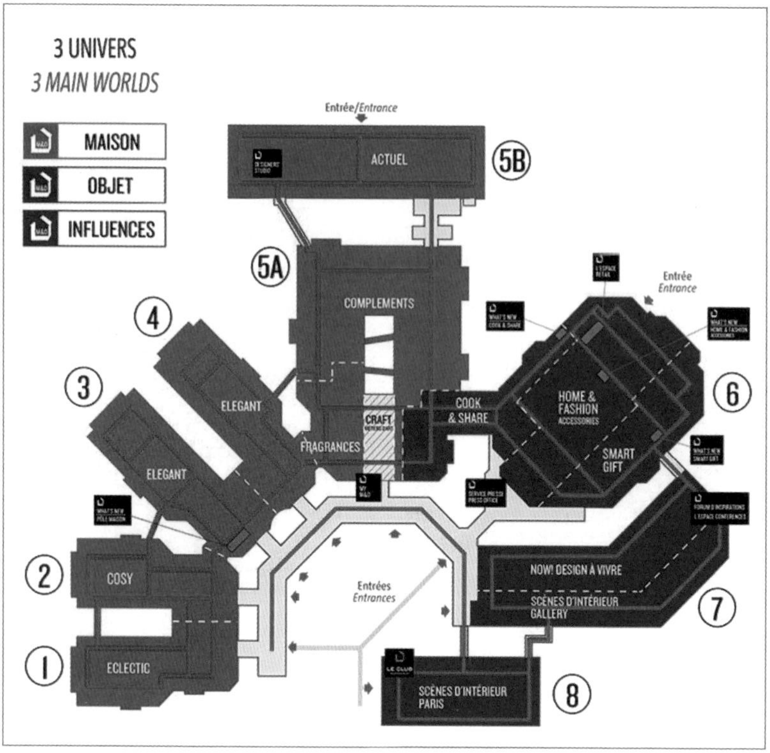

메종&오브제는 이름처럼 메종가구, 인테리어 용품 상품과 오브제선물용품 상품을 판매하는 업체가 콘셉트별로 구분돼 전시됩니다. 수입업체 입장에서 메종&오브제 박람회는 일본 도쿄 기프트쇼와 방문 목적이 비슷한데 차이가 있다면 도쿄 기프트쇼 상품은 기본적인 디자인 콘셉트가 중국산과 유사해 배수를 구매가의 두 배 이상 붙이지 못합니다. 메종&오브제에서 판매하는 상품은 디자인이 워낙 유니크하고 중국산과 차이가 커 구매가에서 세 배 정도를 붙여서 비싸게 팔아도 판매가 일어날 수 있습니다.

저의 유통업계 경험상 안 예쁜 물건은 아무리 싸게 팔아도 악성 재고로 남지만 정말 디자인이 예쁜 상품은 가격이 비싸도 언젠가는 임자를 찾아갑니다. 다만 시간이 좀 오래 걸리는 게 문제입니다. 메종&오브제에서 예쁜 물건을 비싸게 산다면 그것은 주력 상품이 아닌 구색 상품으로 의미가 있다고 봅니다. 그래서 저는 메종&오브제에서는 주로 켄톤 페어에서 찾기 힘든 디자인, 주로 카피하기 어려운 앤티크하거나 유럽 느낌이 많이 나는 인테리어 소품을 주로 구입합니다.

◀ 메종&오브제 부스 전경 ▶

암비안테 역시 메종&오브제와 비슷한 콘셉트, 비슷한 디자인 수준

의 상품을 전시하는데 MOQ가 높고 가격은 메종&오브제보다 30~40% 저렴합니다. 한국 수입업체 입장에서 공략해 볼 만한 곳은 포르투갈이나 폴란드 등 생활 수준이 상대적으로 낮은 나라에서 온 공장입니다. 인건비가 싼 나라의 공장은 디자인은 훌륭하고 가격이 상대적으로 적당합니다. 또한 최근에는 유럽 상품이 원산지 표시가 특정 나라 이름이 아닌 'Made in EU'로 표기돼 판매에 도움이 됩니다. 그래도 켄톤 페어에서 구매하는 상품과는 가격 차이가 많이 나기 때문에 암비안테에서 상품을 수입하는 국내 업체는 중국산 제품에 거부감 있는 소비자가 많이 찾는 백화점이나 고급 매장을 운영하는 곳이 대부분입니다. 그렇지 않다면 국내에 잘 알려진 브랜드 상품을 수입해야 하는데 이미 웬만한 유럽 브랜드는 국내 독점계약이 맺어져 있어 중소업체가 접근하기 힘든 영역입니다.

제가 생각하는 암비안테의 가장 큰 매력은 암비안테가 홈&리빙 카테고리에서 유일한 국제 무역박람회라는 점입니다. 물론 대다수 전시장이 유럽 업체로 채워져 있기는 하지만 월드WORLD 관에 가면 비유럽권 나라에서 온 공장을 볼 수 있습니다. 중국 업체는 워낙 켄톤 페어가 국제적으로 유명해 굳이 이곳까지 비용 들여 올 일이 없지만 자국에 유명 국제 무역박람회가 없는 말레이시아, 스리랑카, 필리핀, 인도네시아, 네팔, 미얀마, 모로코, 튀니지 등의 업체를 많이 볼 수 있습니다. 한 장소에서 이런 여러 나라 업체를 만날 수 있는 곳은 아마 암비안테가 유일한 곳 같습니다.

이런 나라 상품은 대중성은 떨어지지만 나중에 판매할 타깃을 잘 설정해서 고르면 가끔 대박 아이템을 건지기도 합니다. 최근에도 암비안테에서 모로코 도자기 상품을 대거 수입해서 백화점 행사로 아주 큰돈을 번 업체도 있고 저도 암비안테에서 수입한 미얀마 바구니를 성공적으로 판매했던 경험이 있습니다.

이런 소소한 장점도 있지만 암비안테는 현재 메종&오브제와 켄톤페어 사이에서 그 장점이 모호해져 해가 갈수록 규모나 관람객이 줄어드는 추세입니다. 워낙 전 세계적으로 디자인이 상향 평준화되고 소비자의 브랜드 의존도가 낮아지다 보니 가격이 싼 상품을 이기기 어렵게 돼 가고 있는 것이지요.

◀ 암비안테 부스 전경 ▶

델리 가구&핸드크래프트&기프트 박람회

IHGF : Indian Handicrafts and Gifts Fair

이런 양극단적인 추세에서 해가 갈수록 점점 크고 있는 박람회가 바로 인도 뉴델리에서 열리는 가구&핸드크래프트&기프트 박람회, 줄여서 IHGF입니다. 이유는 간단합니다. 최근 미국과 유럽 대부분의 홈&기프트 용품 회사 현지 OEM 공장이 중국과 인도 두 나라에 있기 때문입니다. 켄톤 페어가 뜬 것도 바로 이런 이유이고 같은 이유로 최근 인도로 수입업체가 몰리고 있습니다. 인도는 아직 인건비가 중국보다 훨씬 싸고 두꺼운 실, 금속, 유리, 가죽, 대리석, 망고나무 등 원자재 가격이 전 세계적으로 경쟁력 있습니다. 대신 중국처럼 최신 기계 시설이 없는 공장이 많아서 대부분 수작업으로 제품을 생산합니다. 그래서 아주 디테일한 공정이 필요한 제품은 중국에 비해 완성도가 떨어지지만 반대로 사람 손을 타야만 완성도가 높아지는 제품은 경쟁력이 높습니다.

이런 여러 환경을 고려할 때 국내 유통업체가 인도에서 주로 공략할 상품은 두꺼운 실을 사용해서 만든 패브릭 제품, 주로 카펫, 발 매트, 쿠션을 우선 꼽을 수 있습니다. 쿠션 커버를 예로 들면 중국에서 1.7달러 정도에 수입하는 제품을 인도 남쪽 지방에선 1달러 이하로 구입할 수 있습니다. 발 매트도 전 세계 거의 대부분의 물량을 인도에서 생산한다고 해도 과언이 아닙니다. 다음으로는 금속 제품이 있습니다. 거울, 금속 커피 테이블, 코너 테이블, 금속으로 만든 인테리어 오브제 제품은 물론 싸구려 제품은 중국산이 경쟁력이 있지만 디자인성이 높은 중고가 제품은 인도를 따라갈 나라가 없습니다. 유리제품 역시 저가 상품이 아닌 중고가 상품은 가격이나 컬러감이나 모양 모두 인도 제품이 상당히 경쟁력 있습니다. 가죽 제품은 가격은 정말 싼데 인도의 소가 잘 아시다시피 영양 상태가 좋지 못해 가죽 퀄리티는 별로 좋지 않습니다. 그래서 소파처럼 큰 제품은 경쟁력 없지만 퀄리티가 별로 티나지 않는 쿠션 커버나 퍼프정사각형 의자 제품은 가격이 워낙 싸 판매가 상당히 잘됩니다. 인도의 망고나무와 철 가격도 워낙 저렴해 이 두 재료를 사용한 가구도 가격경쟁력이 상당히 좋지만 모든 공정이 수작업으로 이뤄져 인도에서 가구를 주문하면 불량률이 상당히 높아서 저는 추천하지 않습니다. 게다가 망고나무는 벌레가 잘 살아 수입 물량 중 1개라도 벌레가 사는 가구가 있으면 인도에서 한국으로 오는 도중에 컨테이너 안에서 벌레가 전 가구로 퍼집니다. 저도 이 문제로 수입한 가구 물량을 모두 폐기한 적이 있습니다.

◀ IHGF 박람회 외부 모습 ▶

인도 제품은 잘만 고르면 가격이 워낙 싸서 대박을 치는 경우도 많지만 그만큼 사고 위험도 높습니다. 몇 개 업체 예로 전체를 이야기하는 것은 맞지 않지만 인도 거래를 오래 한 수입업체가 공통적으로 하는 이야기니 여러분도 여러모로 주의를 기울여야 합니다. 인도 업체와 거래하면서 가장 큰 문제는 약속한 딜리버리 타임을 지키지 않는 것입니다. '100개를 주문받아 만들고 있다가 어떤 고객이 천 개를 주문하면 기존에 만들던 100개는 다 팽개쳐 버리고 천 개 물건을 만든다'라는 말이 있을 정도로 공장의 도덕성이 우리가 기대하는 것과는 거리가 먼 경우가 많습니다. 그러지 않아도 다른 나라보다 리드 타임이 긴 데 중간에 이런 일까지 생기면 주문하고 나서 기본 6개월은 걸려야 상품이 도착한다고 봐야 합니다. 상황이 이렇기 때문에 인도 상품은 납기일이 정확해야 하는 홈쇼핑이나 대형마트 등과 거래하는 분은 상당히 조심스럽게 접근해야 합니다.

IHGF는 1년에 봄 · 가을 두 번에 걸쳐 개최되는데 특이한 점은 박람회장 옆에 3분의 1 정도 크기로 '퍼머넌트 마트Permanent Mart'라는 곳이 있습니다. 이곳은 IHGF가 열리지 않는 기간에도 365일 오픈해 페어 기간이 아니어도 상품 상담을 할 수 있습니다. 꽤 큰 4층 건물에 부스가 빼곡히 들어차 있고 인도의 웬만한 큰 공장 부스가 다 있어 충분히 방문해 볼 가치가 있습니다. IHGF 기간 중에는 가구, 홈 데코 상품 이외에도 의류, 액세서리 제품도 전시하는데 국내와는 기본적으로 스타일이 많이 달라서 대중적으로 히트칠만한 상품을 찾기는 어렵지만 이국적이고 좀 특별한 상품을 찾는 분은 방문할 가치가 있다고 생각됩니다. 일반 의류는 어렵겠지만 린넨으로 만든 집에서 입는 편한 가운류는 최근 일본에서 인도 제품이 큰 히트를 치고 있다고 하니 한번 체크해 볼 필요가 있습니다.

2) 로컬 도매시장

이우 푸티엔 도매시장

로컬 도매시장 '이우에 없으면 세상 어느 곳에도 없다'라는 말이 있을 정도로 최근 국내 온라인 셀러 사이에서 이우시장에 대한 관심이 급증하고 있습니다. 하지만 제가 볼 때 이 말은 상당히 과장된 것 같습니다. 물론 이우시장이 해가 갈수록 규모도 점점 커지고 상품 퀄리티도 예전에 비해 빠르게 높아지고 있는 것은 사실이지만 앞서 설명한 무역박람회에서 구입할 수 있는 상품과는 구색이나 디자인, 퀄리티, 사후 서비스 등 모든 면에서 아직 많이 낙후된 곳이라는 것은 인정해야 합니다.

기본적으로 이우시장은 공장에서 직접 매장을 얻고 도매 장사하는 곳이 아니라 중간 도매상이 여러 공장에서 상품을 매입하거나 위탁받아 영업하는 곳이 대부분입니다. 그래서 공장 입장에선 기존 바이어가 정상적으로 주문하는 신상품이나 수출 실적이 좋은 상품을 굳이 적은 마진으로 도매시장에 줄 필요가 없습니다. 당연히 팔다 남은 상품, 잘 안 팔리는 상품, 하자 있는 상품처럼 뭔가 사연 있는 상품을 도매시장에 뿌리는 경우가 많습니다. 물론 운이 좋으면 이우시장에서도 무역박람회에 있는 것과 동일한 상품을 발견할 수도 있지만 그런 경우는 흔치 않습니다. 그래서 이우시장을 찾는 주요 바이어는 선진국이 아닌 중동이나 아프리카, 아시아 지역처럼 상품 퀄리티나 디자인에 덜 민감한 나라에서 온 사람이 많습니다.

그래도 이우시장은 상품의 구색이 그 어떤 무역박람회보다 다양하고 1년 365일 영업하는 곳이라 특정 페어 기간이 아니라도 언제든지 필요한 상품을 구입할 수 있습니다. 또 무엇보다 소량 구매가 가능해 유통 사업을 하면 반드시 방문할 필요가 있는 곳입니다. 그리고 최근 이우시장 매출이 점점 증가하면서 이우시장에 좋은 물건을 공급하는 현지 공장이 늘고 있습니다. 발품을 좀 팔 각오를 하고 구석구석 시장을 둘러보면 보면 꽤 쓸만한 물건을 찾는 경우도 이전보다 많아졌습니다.

◀ 최근 국내 셀러가 많이 찾는 중국 이우시장 ▶

이우시장은 기본적으로 로컬 시장이라 수출 관련 서비스가 전혀 없다고 봐야 합니다. 그래서 이우시장 상품을 수입하려면 중간에 반드시 검수와 물류 대행업체를 이용해야 합니다. 수수료는 전체 금액에 따라 상이하지만 오더 금액 전체의 10~20% 선에서 책정하면 됩니다. 이 비용을 지불하기로 약속하면 이우시장을 둘러볼 때 통역 가이드를 지원받을 수 있고, 여러 업체에서 상품을 주문하고 나면 상품 사진이 잘 정리된 세부 견적서를 받아 볼 수 있습니다. 그리고 바이어가 한국에서 상품 대금 선금[10]을 보내면 그 돈을 들고 다시 업체를 방문해 상품 배송일을 정합니다. 그리고 지정한 날에 물류센터에서 여러 업체에서 주문한 모든 상품을 한곳에 모아 바코드 작업, 원산지 표기 작업, 패키지 작업을 하고 마지막으로 한국으로 배송해줍니다. 배송 방식은 상품 양에 따라 다양한데, 한국에서 여러분이 사용하는 대금 선금 · 포워딩 업체[11]가 이우 물류대행업체와 연락하면서 가장 저렴한 방법을 고르게 됩니다. 그래서 이우시장에서 상품 가격이 천 원인 상품이 있다고 치면 여기에 물류업체 수수료 150원이 붙으면 1,150원이 되고, 물류와 통관비, 부가세 등이 붙어 한국 물류센터 도착가는 대략 1,450원이 나옵니다. 일반적으로 무역박람회에서 직접 수입하면 도착가를 FOB 가격에 1.3배를 예상하면 되는데 이우시장의 경우는 1.4~1.5배가 된다는 점을 꼭 알아야 합니다.

한국에서 이우시장을 가려면 상해 공항이나 항저우 공항을 거쳐 2시간 반 정도 걸리는 고속버스를 타는 방법이 가장 일반적입니다. 미리 물류 대행업체를 선정하면 물류 대행업체에게 이우시장으로 가는 밴 차량을 섭외해 달라고 부탁하면 인당 2만 원 정도로 편하게 원하는 숙소까지 갈 수 있습니다.

---

10) 일반적으로 50%

11) 물류, 통관 대행업체

◀ 이우시장 내부 배치도 ▶

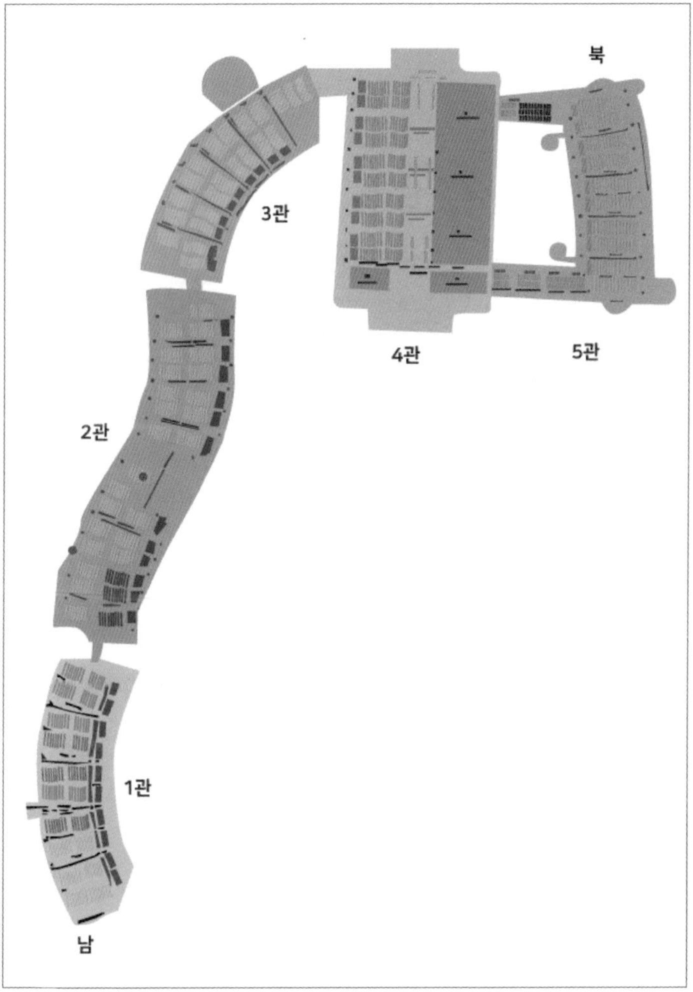

◀ 이우시장 1관 약도 ▶

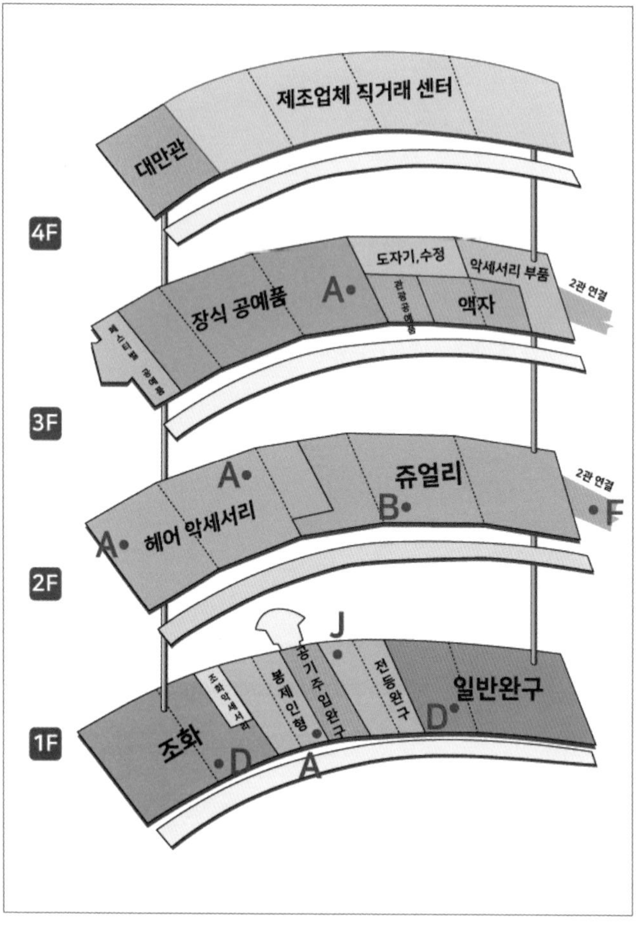

제조업체 직거래 센터
대만관
4F
도자기, 수정
악세서리 부품
2관 연결
A
장식 공예품
관광공예품
액자
3F
A
쥬얼리
2관 연결
B
F
A
헤어 악세서리
2F
J
공기주입완구
조화악세서리
봉제인형
전동완구
일반완구
D
1F
조화
D
A

◀ 이우시장 2관 약도 ▶

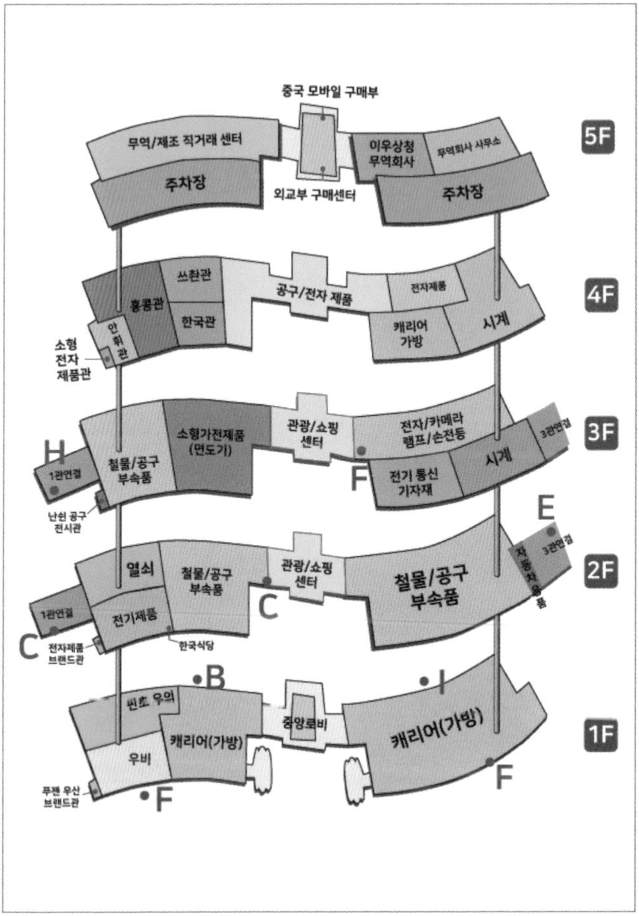
중국 모바일 구매부
무역/제조 직거래 센터
주차장
외교부 구매센터
이우상청 무역회사
무역회사 사무소
주차장
5F
쓰촨관
홍콩관
한국관
안휘관
소형 전자 제품관
공구/전자 제품
전자제품
캐리어 가방
시계
4F
H
1관연결
철물/공구 부속품
소형가전제품 (면도기)
관광/쇼핑 센터
F
전자/카메라 램프/손전등
전기 통신 기자재
시계
3관연결
난쉰 공구 전시관
3F
E
열쇠
철물/공구 부속품
1관연결
전기제품
C
전자제품 브랜드관
한국식당
관광/쇼핑 센터
C
철물/공구 부속품
자동차 용품
3관연결
2F
B
I
우비
캐리어(가방)
중앙로비
캐리어(가방)
푸젠 우산 브랜드관
F
F
1F

◀ 이우시장 3관 약도 ▶

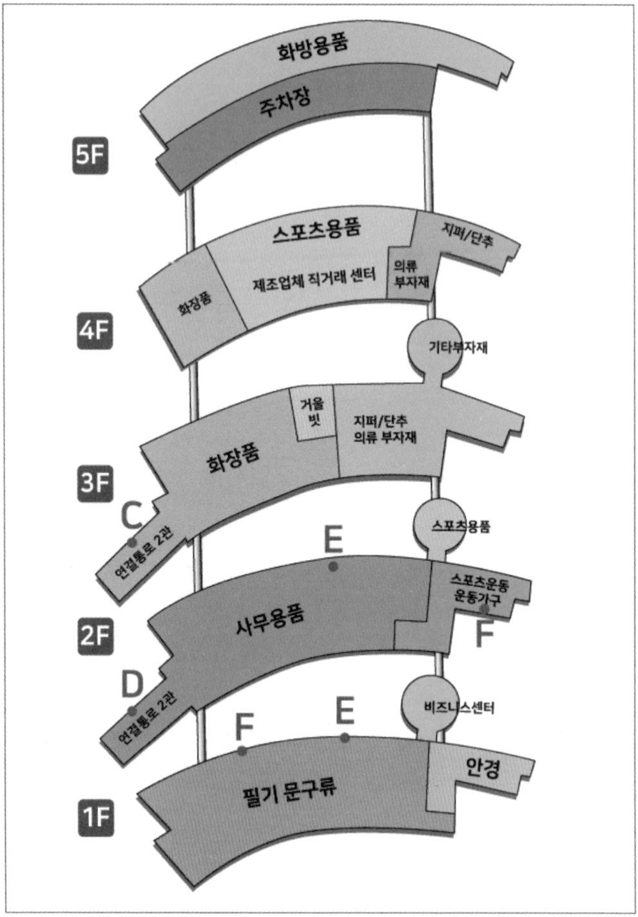

화방용품
주차장
5F
스포츠용품
지퍼/단추
의류 부자재
화장품
제조업체 직거래 센터
4F
기타부자재
거울 빗
지퍼/단추 의류 부자재
화장품
3F
C
연결통로 2관
스포츠용품
E
스포츠운동 운동가구
사무용품
2F
F
D
연결통로 2관
F
E
비즈니스센터
안경
필기 문구류
1F

◀ 이우시장 4관 약도 ▶

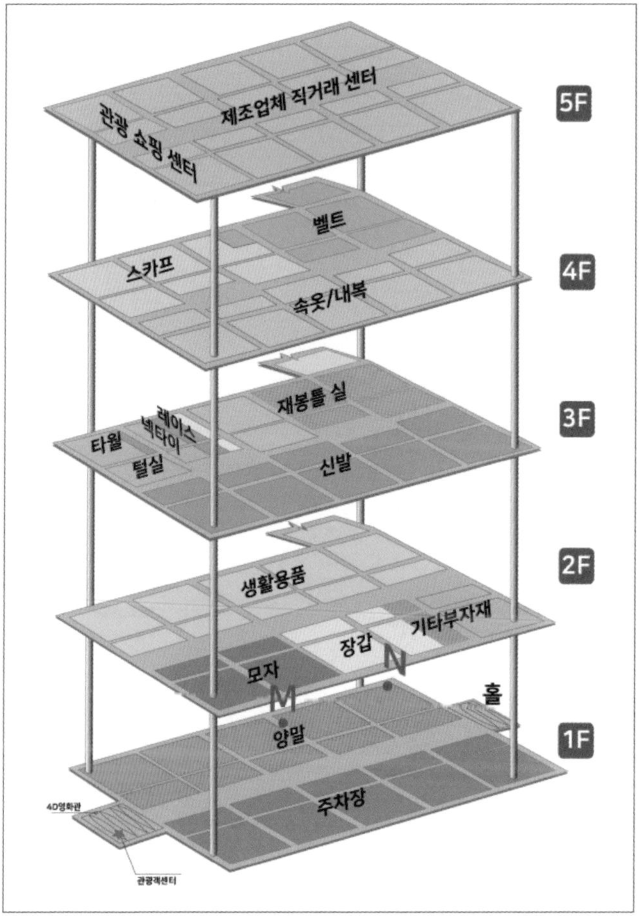
5F
관광 쇼핑 센터
제조업체 직거래 센터
4F
벨트
스카프
속옷/내복
3F
재봉틀 실
레이스
넥타이
타월
털실
신발
2F
생활용품
기타부자재
장갑
모자
N
M
홀
1F
양말
주차장
4D영화관
관광객센터

◀ 이우시장 5관 약도 ▶

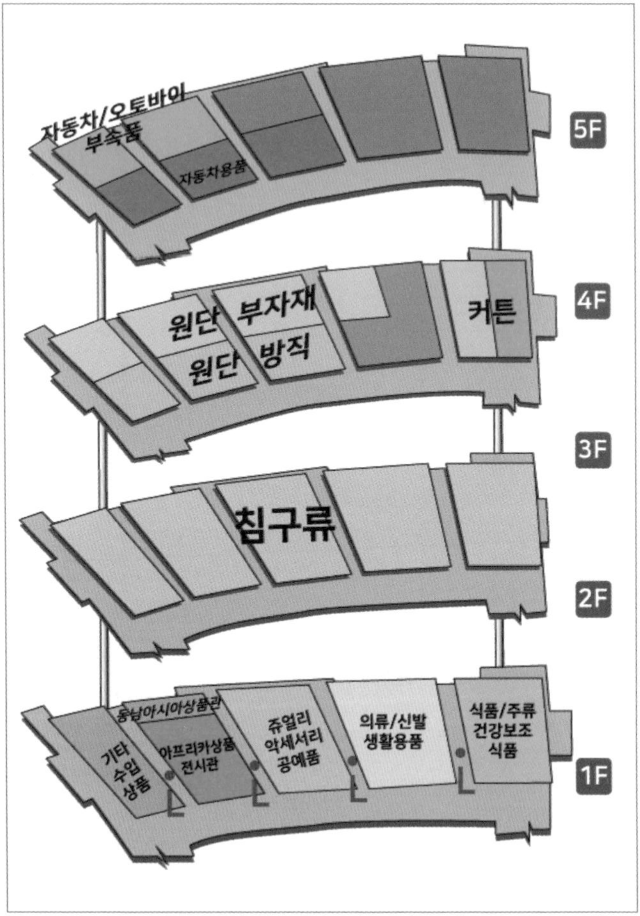
자동차/오토바이
부속품
자동차용품
5F
원단 부자재
원단 방직
커튼
4F
3F
침구류
2F
동남아시아상품관
기타
수입
상품
아프리카상품
전시관
쥬얼리
악세서리
공예품
의류/신발
생활용품
식품/주류
건강보조
식품
1F

이우시장은 총 5관으로 구성돼 있습니다. 각 관마다 4~5층으로 1관에는 인형과 패브릭 상품, 리본, 액세서리, 액세서리 부자재, 홈 데코 상품이 있습니다. 1관에서 주로 구매할 만한 물건은 방석, 쿠션, 목베개 같은 패브릭 소품과 3층에 있는 홈 데코 상품입니다. 4층에는 주로 중고가 홈 데코, 인테리어 소품이 있는데 켄톤 페어나 IHGF에 비하면 디자인 수준이 많이 떨어지지만 가구, 이불 매장을 운영하는 분이 매장을 디스플레이 하거나 구색 상품에 필요한 소량 제품 구매에는 나쁘지 않습니다. 2관은 포장재, 우산, 금속제품, 가방, 자전거, 애완용품, 잡화, 소형가전, 생활가전제품 등 여러 상품이 잡다하게 섞여 있습니다. 주로 아이디어 생활잡화 상품이 괜찮습니다. 3관은 문방용품, 안경, 운동용품, 미용용품, 그림, 액자가 있는데 요가 매트나 아령 같은 가벼운 스포츠 용품과 미용 액세서리, 액자 등은 국내에서 팔 만한 물건을 꽤 많이 발견할 수 있습니다.

한국 분들이 가장 많이 방문하는 4관은 양말, 스타킹, 장갑, 모자, 스카프, 타월, 신발, 슬리퍼 그리고 생활용품이 있습니다. 의류에 비해 목도리나 장갑, 양말 같은 패션잡화 제품은 비교적 스타일에 민감하지 않은 상품군이기 때문에 무난한 디자인 위주로 잘만 고르면 매력적인 상품을 고를 수 있습니다. 생활용품은 이우시장 전체 상품군 중에서 그나마 가장 경쟁력이 있어 충분히 시간을 투자하면 좋은 상품을 건질 수 있습니다. 재미있는 것은 식기류인데, 이우시장에서 파는 식기는 어딘가 미세하게 하자가 있어서 검품 과정에서 탈락한 상품이 대부분입니다. 그래서 가격이 상당히 매력 있습니다. 하지만 문제는 디자인별로 재고가 많지 않고 재주문을 할 수 없다는 것입니다. 재주문을 하게 되면 원청 공장에 의뢰해야 하는데 그렇게 되면 MOQ도 높고 가격도 정상가를 지불해야 합니다. 한국에서 식기를 정상적으로 유통하려면 디자인별로 식약청 검사를 받아야 하는데 얼마 되지도 않은 양을 수입하면서 디자인별로 검사 비용을 지출할 수 없으니 식기를 구매할 때는 반드시 원하는 제품의 재고 보유 수량을 확인하고 검사 비용을 감안해 제품을 수입할 가치가 있는지 판단해야 합니다.

새로 생긴 5관에는 자동차용품과 침구류를 파는데 자동차 액세서리도 한국에선 일부 제품을 빼고는 시장이 점점 축소되고 있고, 침구류는 이우시장 수준이 워낙 국내 소비자 눈높이와는 거리가 있어 간단한 무릎 담요나 발 매트 제품을 제외하고는 살만한 물건이 없습니다.

이우는 시 자체가 도매시장이라고 말해도 과언이 아닐 정도로 푸티엔 시장 외에도 도매시장이 곳곳에 많습니다. 하지만 전시관 형태를 띤 곳은 푸티엔 시장뿐이고 나머지 도매시장은 길거리에 골목을 사이에 두고 로드숍처럼 구성되어 있습니다. 황위엔 의류도매시장, 이우 자동차용품 도매시장, 라리엔쭈안예지에 원단 도매시장, 용썽 종이 시장, 스치아토우 장식 재료 전문 시장, 이우 디지털 시장, 예전 터미널 근처에 있는 도자기 도매시장, 액자 도매시장, 차茶 관련 도매시장 등 제가 아는 곳만 열 곳이 넘습니다. 물류 대행업체를 이용하는 분이라면 현지인에게 물어 관심 있는 시장에 방문하면 되는데 최근 푸티엔 시장이 커지면서 많은 로드숍 도매시장이 푸티엔 상가 안으로 이사를 했기 때문에 이우에선 굳이 밖에서 고생하지 말고 푸티엔 시장만 둘러봐도 충분하지 않나 싶습니다.

광저우 도매시장

광저우에도 홈 데코, 생활용품, 주방용품 도매시장이 많지만 대부분이 광저우를 찾는 이유는 의류와 패션잡화, 신발, 액세서리 제품을 구매하기 위해서입니다. 하지만 의류 제품은 워낙 국내 소비자의 수준과 차이가 커 광저우 도매시장에서 파는 상품을 직접 구매하기보단 국내에서 제품 디자인이나 샘플링을 해 와서 광저우 지역 의류 제조공장에 하청을 주는 경우가 대부분입니다. 그래서 광저우 도매시장에서 사다가 팔 만한 물건은 주로 스카프, 양말, 목도리, 슬리퍼 같은 간단한 패션잡화 제품이고 액세서리 역시 광저우에선 부자재만 수입하고 디자인과 제조는 한국에서 하는 경우가 많습니다. 광저우 의류 도매시장에서 그나마 국내에서 경쟁력 있는 제품은 저가의 원피스나 '몸빼 바지'라고 부르는 고무줄 달린 바지인데 수도권이나 메인 상권이 아닌 지방 도시나 할인마트에서 크게 행사를 해서 꽤 많은 매출을 올리는 분을 종종 봤습니다.

사실 한국에서 많은 분이 광저우 도매시장에 방문하는 큰 이유는 바로 짝퉁이나 유명 브랜드와 비슷한 스타일의 상품을 구매하기 위해서입니다. 가죽제품은 꾸이화강, 시계는 짠시루가 대표적인 짝퉁시장인데 최근 짝퉁 관련 법률이 엄격해져 재미로 한두 개 사는 것이 아니라면 절대로 짝퉁 제품을 수입해 판매할 생각을 하면 안 됩니다. 패션 관련 용품이 아닌 생활용품이나 주방용품, 인테리어 소품은 광저우 도매시장 가격이 이우시장보다 비싸고 구색도 떨어지기 때문에 추천할만한 곳이 아니라고 생각됩니다.

이외에도 광저우 따두스 신발 도매상가, 신아시아 국제 전자제품성, 난티엔 국제 호텔 용품 시장, 관하이 원단 도매시장, 신지샤시 호텔 용품 시장, 스취엔스메이 국제 장식 재료 시장, 잉푸우진 가죽 도매시장, 이파 가죽 도매시장, 화이 장식 재료 시장, 화난 철물 가전성, 지엔춘 아동복 도매시장, 방촌 차TEA 도매시장, 야오이 국제 차茶 도매시장 등이 있습니다.

◀ 광저우 주요 도매시장 ▶

시장	주요 품목
꾸이화강	가방, 가죽제품
쓰산항	중저가 여성의류, 악세서리
화두스링	가방 원단
짠시루	시계, 가방, 의류, 잡화, 신발
즈위엔강	가방, 가죽제품
싸허	초저가 의류, 속옷, 레깅스

화싸 원단무역센터	부단, 부자재, 털실
빠이마 의류시장	여성의류, 악세서리, 아동복

심천 도매시장

의류 제품은 광저우, 소품은 이우가 중국에서 가장 대표적인 도매시장이듯이 가전제품, 가전 액세서리, 주변기기 도매시장이 가장 많이 모여 있는 곳이 바로 심천선전입니다. 특히 심천의 화창베이 전자 도매시장은 우리나라 용산 전자상가의 열 배 이상 크기로 중국의 웬만한 전자제품은 모두 이곳에서 공급된다는 말이 있을 정도입니다. 이곳에선 주로 메인 전자제품보단 컴퓨터 주변기기, USB 용품, 배터리, 핸드폰 주변기기, 핸드폰 액세서리, 이어폰, 헤드폰 및 음향 액세서리, 카메라 주변기기 등 브랜드 없이도 팔릴만한 디자인이 뛰어나고 새로운 아이디어가 첨가된 트렌디한 제품을 위주로 소싱을 하는 것이 좋습니다.

가전제품을 수입할 때 가장 신경 써야 할 부분이 바로 전기 안전검사인데, 플러그 없는 USB나 5V 미만으로 작동되는 배터리 제품은 검사를 받지 않아도 된다는 사실을 꼭 알아야 합니다. 그리고 중국은 우리나라와 전자제품의 플러그 모양이 다르기 때문에 발주 시 한국 모양으로 변경을 꼭 요청해야 합니다.

◀ 심천 주요 도매시장 ▶

시장	주요 품목
화창베이 전자상가	노트북, 카메라, 핸드폰, 케이블, 전자부품 등
대도시 전자성	LED 관련 제품 등
중전 디지털 세트 중심	소형 음향기기, 녹음기 등
사이거 전자시장	전자공구. 전자부품, 계측기계 등
국제 전자성	무전기, 녹음기, IP카메라 등
동문시장	의류, 잡화 등
쑤강 문구완구도매시장	문구, 완구 등

칭다오 도매시장

의류제품과 액세서리 도매상가가 많은 칭다오청도도 한국 분들이 많이 방문하는 도시지만 최근 광저우 쪽으로 관련 상품 도매상가가 집중되고 있어 굳이 시간을 따로 내 방문을 할 만한 곳은 아니라고 생각됩니다.

◀ 칭다오 주요 도매시장 ▶

시장	주요 품목
지모루 시장	악세서리, 귀금속, 가방, 의류 등
청양 시장	식품, 농산물, 수산물, 주방용품, 잡화, 완구 등
지묵 시장	의류, 신발, 가방, 잡화, 악세서리 등
리춘 차(茶)도매 시장	차, 차 관련 용품

커차우 원단 도매시장

상해에서 약 한 시간 반 정도 거리에 있는 커차우는 도시 전체가 원단 시장이라고 부를 정도로 제가 본 가장 큰 원단 도매 도시입니다. 항저우, 닝보 등에 패브릭 공장이 많은 이유가 바로 이 커차우 원단시장이 근처에 있어서 아닌가 싶습니다.

◀ 커차우 원단 도매시장 외부 전경 ▶

커차우에는 이우의 푸티엔 도매시장처럼 상가 건물 형태의 도매시장도 여럿 있고 로드숍 형태의 도매시장도 도시 곳곳에 퍼져 있어 하루 만에 전체를 둘러보는 것이 불가능합니다. 근처 도시의 많은 패브릭 제품, 가구 생산공장이 원단을 바로 이곳에서 구매하기 때문에 만일 여러분이

커차우에서 원단을 바로 구매해서 믿을 만한 제조공장에서 맡겨 상품을 제작한다면 일반 공장에서 구매하는 가격에 비해 훨씬 저렴한 원가로 상품을 제조할 수 있습니다.

그 대표적인 예가 바로 커튼입니다. 일반적인 중국 커튼 공장에서 커튼을 구매하면 FOB 가격이 한 세트에 1만 5,000원 정도 나옵니다. 그 제품에 들어가는 원단 가격은 커차우 기준으로 2천 원도 안 하기 때문에 만일 여러분이 2천 원에 원단을 사서 커튼 공장에 제작만 맡긴다면 8천 원 아래로 FOB 가격을 만들 수 있습니다. 이런 과정이 복잡하다면 커차우에서 원단을 사서 국내로 수입한 후 국내에서 맘 편하게 원하는 제조공장에 생산을 맡기는 방법이 있습니다. 당연히 중국 공장에서 생산하는 것보단 가격이 비싸지만 워낙 원단 가격에서 원가를 많이 세이브해서 국내에서 조금 비용이 더 들어도 안전하고 편한 환경에서 디자인을 개발할 수 있다는 장점을 고려하면 충분히 경쟁력 있는 방법이라고 생각됩니다.

◀ 커차우 원단 도매시장 내부 전경 ▶

다만 워낙 시장 환경이 열악하고 언어도 안 통하고 제품 불량률도 높다고 악명 높은 곳이어서 커차우에서 거래하려면 대행업체를 사용해서 검품 절차를 반드시 거치는 것이 좋습니다.

에필로그

지금 당장 가볍게 시작하는 **해외 소싱 창업**

제가 많이 받는 질문 중 하나가 '해외 소싱이나 온라인 쇼핑에 관한 경험이 전무한 사람도 해외 소싱으로 창업해 성공할 수 있을까요', '경험이 전무한 사람이 만일 창업한다면 제일 먼저 무엇을 준비하고 어떤 방식으로 사업을 시작해야 할까요'라는 것입니다. 제가 이 책에서 누누이 강조한 내용이 바로 진입장벽이 낮아졌다는 것입니다. 즉 기존에 소싱 경험이 없던 사람도 바로 이 세계에 뛰어 들어서 성공할 수 있는 가능성이 어느 때보다 높아졌다는 뜻입니다.

단 성공에는 몇 가지 필수 조건이 있습니다. 만일 여러분이 이 조건을 충족시키기 어려운 상황이라면 아무리 시장의 진입장벽이 낮아졌어도 경쟁에서 이기기 힘듭니다. 창업 성공에 도전할 수 있는 필수조건은 다음과 같습니다.

첫 번째, 여러분이 관심 있는 카테고리에 한해 최근 온라인에서 어떤 물건이 얼마에 팔리는지에 대한 정보를 빠삭하게 알고 있어야 합니다. 단순히 그때그때 시장조사로 얻는 단편적인 정보가 아닌 요즘 어떤 물건이 대세인지, 어떤 마케팅을 통해서 어떤 가격대에서 상품이 팔리는지, 시장 전반에 걸친 인사이트가 있어야만 합니다. 이런 인사이트는 단시간에 얻어지는 것이 아닙니다. 오랜 기간 소비자 입장에서 직접 상품을 비교 검색해 보고 직접 구매하고 셀러와 소통도 해보고 반품도 해보면서 서서히 쌓여지는 것이지요. 그래서 여러분이 온라인 시장에 정통한 열성 소비자가 아니라면 시간을 들여 충분한 경험을 쌓는 게 중요합니다.

두 번째로 기본적인 디자인 툴을 다룰 줄 알아야 합니다. 요즘 아무리 온라인 상품 등록이 편해졌다고 해도 결국엔 포토샵이나 일러스트레이터 같은 디자인 툴을 어느 정도 다룰 실력이 있어야 경쟁에서 이길 수 있습니다. 관련 일을 외주 줘도 본인이 직접 상세페이지나 섬네일 정도는 수정할 실력은 있어야 남에게 일도 제대로 시킬 수 있고 문제가 생겼을 때 바로 해결할 수 있습니다. 상품 상세페이지나 섬네일은 자주 리뉴얼해야 합니다. 기획전도 필요할 때마다 만들어야 하는데 매번 이런 자질구레한 일을 외주 주기 번거로울 수 있습니다. 그래서 여러분이 이런 디자인 툴에 자신이 없다면 장사를 시작하기 앞서 시간을 투자해서 이 문제를 해결하는 것이 좋습니다.

세 번째는 언어 능력입니다. 요즘은 대부분 기본적인 영어 회화가 가능해 큰 문제는 아니지만 만일 영어가 정말 자신 없는 분이라면 상품을 구매하고 수입하는 데 자주 쓰는 단어나 문장만이라도 미리 공부해 둬야 합니다. 그리고 웬만한 무역박람회나 현지 공장을 방문할 때는 대부분 영어가 유창한 직원이 있어 영어로 대화하면 되지만 로컬 도매시장은 아예 영어를 할 줄 모르는 업체가 대부분입니다. 이럴 때는 중국어 통역이 가능한 현지 인력을 대동하는 경우가 많은데 여기서 문제가 많이 발생합니다. 현지 인력 대부분이 한국어가 부족해 제대로 된 통역을 기대하기 어렵습니다. 그리고 만일 여러분이 중국 말에 일자무식이라면 통역하는 사람이 그 점을 이용해서 업체 사장과 짜고 뒤로 부당한 커미션을 받기도 합니다. 그래서 아주 기본적인 수준이라도 중국어를 할 줄 아는 것이 여러모로 유용합니다. 중국어는 깊게 들어가면 아주 어렵지만 기본 문법이 간단해 학원을 한 달만 다녀도 어느 정도 수준의 회화가 가능합니다. 이 정도 수준이라도 중국어를 하면 통역하는 사람이 긴장을 해 사기당할 위험이 크게 줄어듭니다.

이 세 가지 조건이 어느 정도 충족되면 이제 남은 조건은 상품 소싱 능력입니다. 사실 5,6년 전만 해도 장사를 시작하는 데 있어서 가장 중요한 조건이 영업 능력, 영업망 확보였지만 지금은 그렇지 않습니다. 요즘엔 좋은 가격에 좋은 상품을 소싱해 오면 얼마든지 판매할 수 있는 환경이 갖춰졌습니다. 당장 네이버 스마트스토어에서 팔 수도 있고 수많은 쇼핑몰 역시 개인사업자 상품 입점에 상당히 우호적입니다. SNS로 상품을 홍보하기도 편하고 이와 관련된 서비스를 대행해 주는 업체도 주변에 널려 있습니다. 그래서 영업이나 마케팅 능력도 물론 중요하지만 지금 시장 환경에서 가장 중요한 성공 조건이 바로 상품 소싱 능력입니다. 그렇다면 기존에 전혀 소싱 경험이 없는 분 입장에선 어떻게 경쟁력 있는 상품 소싱 능력을 갖출 수 있을까요?

정답은 바로 여러 소싱처를 직접 가서 경험해 보는 것입니다. 온라인 쇼핑몰을 크게 운영하는 사람도 실제로 해외 소싱처 방문 경험이 많지 않은 경우가 대부분입니다. 해외 소싱처를 방문한다 해도 본인이 가던 곳만 가지 다른 소싱처에 대해서는 전혀 모르는 경우가 많습니다. 사실 대부분 해외 소싱을 알리바바에서 진행하는 경우가 많지요. 앞서 얘기했듯이 알리바바 소싱과 실제 현지 소싱과는 상품성이나 가격 면에서 큰 차이가 있습니다. 그래서 직접 가서 보는 것이 여러분의 소싱 경쟁력을 키우는 데 상당히 중요합니다. 현지를 직접 방문한다는 것이 시간과 비용 등 여러 가지 이유로 망설여지는 게 사실입니다. 하지만 그래서 사업을 처음 시작하는 분에겐 더욱 의미 있습니다. 기존에 온라인 유통 경험이 많은, 시장 잔뼈가 굵은 경쟁자와의 싸움에서 이기기 위해서는 그들이 없는 경쟁력을 갖추는 게 중요합니다.

그래서 만일 제가 사업에 처음 뛰어드는 입장이라면 구체적인 사업 계획을 짜기에 앞서 우선 가정 먼저 해외 소싱처를 방문할 것 같습니다.

국내 온라인 시장조사로 어느 정도 소싱을 희망하는 상품 품목이 정해지면 그 상품을 구매할 수 있는 다양한 종류의 소싱처를 리스트업하고 처음엔 구경 삼아 방문한다는 가벼운 마음으로 현지를 직접 가봅니다. 직장을 다니거나 다른 일을 하고 있는 분이라면 한 달에 한 번, 매번 4박 5일 정도로 대략 4~5개월 정도 소싱처 견학 스케줄을 짜는 것을 추천합니다. 그리고 나서 어느 정도 소싱처별로 장단점이 파악되면 그때 가서 가장 적합한 곳에 이메일로 상품을 주문하든지 필요하면 다시 한번 방문해서 상품을 구매합니다.

저 같으면 처음엔 우선 알리바바 사이트를 이용해서 구매하고 싶은 상품을 리스트업하고 그 상품을 판매하는 공장들과 알리바바 메시지로 연락을 주고받으면서 상품 세부 설명을 받고 나중에 직접 방문할 공장의 후보 리스트를 만듭니다. 리스트를 나라별, 지역별로 그룹핑 해 놓은 후 나중에 그 지역에서 열리는 무역박람회나 로컬 도매시장에 방문할 일이 생기면 인근 지역에 위치한 공장을 함께 방문하면 좋습니다. 이렇듯 동일한 상품이라도 알리바바를 통해 알게 된 공장, 무역박람회, 로컬 도매시장 등 여러 종류의 소싱처를 방문하면서 소싱처별로 장단점이 어떻게 다른지를 대략 파악해 놓는 것이 좋습니다. 이 정도까지 소싱처 방문을 하면 여러분이 처한 여건에서 가장 적합한 소싱처에 대해 올바른 판단을 할 수 있게 됩니다. '여기서 하면 되겠다'라는 자신감이 어느 정도 생기게 됩니다. 이때가 비로소 상품을 구매해도 되는 단계인 것입니다.

소싱처에 직접 방문하는 것은 시간이 문제지 비용이나 방법은 큰 문제가 아닙니다. 대부분의 소싱처가 선진국보단 중국이나 말레이시아, 베트남처럼 물가가 싼 나라가 대부분이기 때문에 숙박비, 식비, 교통비로 들어가는 돈이 그렇게 많지 않습니다. 비행기 비용을 제외하면 사실 그 기간에 한국에 있으면서 일상적으로 쓰는 돈과 비슷합니다. 가장 많이 걱정하는 부분이 교통 편인데 일반적으로 사전에 한국에서 공장에 연락해서 방문 일정을 알려주면 공장에서 기사가 딸린 차편을 제공해줍니다. 사실상 아주 먼 거리를 이동하는 경우가 아니라면 따로 교통 편을 걱정할 필요가 없습니다. 만일 공장에서 차량을 제공해 주지 않으면 다른 방법으로 로컬 '우버'를 이용하면 됩니다. 동남아 국가에선 '그랩', 중국에선 '디디'를 쓰면 되는데 그랩은 한국 신용카드를 등록하면 바로 이용 가능하고 중국 디디는 현지 카드를 등록해야 합니다.

사업을 처음 시작하는 분이라면 아무래도 MOQ 수량이 적은 현지 로컬 시장에서 상품을 구매하는 것으로 소싱을 시작하는 걸 추천합니다. 이 경우엔 반드시 여러분이 구매한 상품을 시장 상인에게 받아서 검수하고 통관에 필요한 여러 서류를 만들어서 한국으로 배송해 줄 대행업체가 필요합니다. 웬만한 중국 로컬 도매시장 근처에는 이런 일을 대행해 주는 한국 업체가 많아 인터넷 검색으로 관련 업체 정보를 쉽게 찾을 수 있습니다. 이렇게 소싱해 온 물건의 반응이 좋으면 바로 제조공장으로 갈아타야 합니다. 이미 여러분은 사전 소싱처 답사를 통해 유사한 상품을 제조하는 공장을 알고 있어 비교적 빠른 시간에 제조공장을 찾을 수 있겠지요.

만일 여러분에게 공장 정보가 없다면 로컬 도매시장에서 팔고 있는 상품과 유사한 상품을 제조하는 공장을 찾는 데에만 수개월이 걸리고 그 사이에 한국에서 해당 상품의 유행이 끝날 수도 있습니다. 그러면 뒤늦게 상품이 대량으로 도착해도 매출이 예전 같지 않아 재고 처리로 큰 고생을 하게 됩니다. 이런 일은 실제 주변에서 빈번하게 일어나는 일입니다. 그래서 같은 물건이라도 소싱할 수 있는 여러 채널을 미리 확보하는 것이 중요합니다. 처음엔 MOQ가 낮은 도매시장에서 소량으로 사서 시장을 테스트해보고 반응이 좋으면 최대한 빠른 시간 내에 준비된 공장에서 대량으로 사다가 시장에 푸는 방법이 가장 돈을 벌 수 있는 확실한 방법입니다.

해외 소싱 마스터

초판 1쇄 발행 2020년 1월 2일
초판 11쇄 발행 2023년 6월 1일

지은이 이종구
발행인 정진욱
편집 윤하루
디자인 박마리아

발행처 라디오북
출판등록 2018년 7월 18일 제 2018-000161호
주소 (07299)서울시 영등포구 경인로 775
전화 0507-1360-8765
팩스 050-7078-8765
이메일 hello.radiobook@gmail.com

ISBN 979-11-964576-7-9 (13320)
값 20,000원

*라디오북은 라디오데이즈의 출판 전문 브랜드입니다.